Rural Communities
Legacy and Change

农村社区资本与农村发展

【美】

Cornelia Butler Flora & Jan L. Flora 著

肖 迎 翻译

民族出版社

前　言

美国农村社区是一个由不同的人们和文化构成的混合体，农村居民大部分是分布在西弗吉尼亚的矿工，现在已几乎完全失业；是分布在全美农村地区加工厂的拉丁移民；是那些努力建设整合社会资本和链合社会资本以应对农村社区变化的私业主。美国农村民众正在实施创新计划，以解决他们的生存问题。

《农村社区资本与农村发展》一书关注农村社区资本，包括自然资本、文化资本、人力资本、社会资本、政治资本、金融资本和建设资本。社区资本整体框架在概念及其社会学解释的基础上，帮助读者了解美国农村社会。书中强调资产基础（the assets-based）的社区研究方法，关注使用社区现有的资源解决地方问题，如：阶级、种族、性别及受排斥群体问题，更多地关注社区机制以应对经济结构问题、移民问题、环境变化问题、全球化问题、农村社区问题，关注普遍存在的变化背景下，农村社区在促进社区变化及持续发展过程中发挥的重要作用；在讨论各级政府解决农村社区问题方式的过程中，本书还探讨了相关的解决方案。

全书由 12 章构成。第一章，农村景象及地方的重要性。说明了四种情况现在主宰着美国农村，即城市蔓延、宜人居住社区的快速发展、贫困的农村、偏远的农村。这一章也介绍了市场、国家和公民社会，并贯穿于整本书中。第二章，自然资本。说明需要对全球气候变暖、国外物种的引进及与自然资本有关的各种问题给予更大的关注。第三章，文化资本。关注社会分层、主流文化和冲突。

第四章，人力资本。强调要提高对农村贫困及反贫困意义的关注。第五章，社会资本。强调整合社会资本和链合社会资本的重要意义。第六章，政治资本。说明政治资本可以转变为社会资本、文化资本、金融资本和建设资本，转变的过程是行使权力的过程，这一章也分析了与增长和反增长联系在一起的明智增长。第七章，金融资本。说明金融资本由代表交换价值的各种金融工具构成，较之其他资本类型具有高度的流动性。介绍新的金融工具让农村受排斥群体获益。第八章，建设资本。它指永久的物质基础设施和设备，可以支持社区积极的生产活动，书中介绍了几种方法，并强调调动政治资本以提供社区的建设资本，如电信服务。第九章，全球经济。表明美国农村社区正在受到世界范围内经济重组的影响，作为全球化的重要部分，要更多地关注移民问题和国际贸易协议问题。第十章，农村消费。消费带来全球气候变暖、环境变化、资源损耗，要考虑我们自己作为消费者时的文化含义。第十一章，农村治理。从管理到治理，表明了市场、国家、公民社会在不同的层面上提供服务、创造经济活力联合的重要性。第十二章，促进农村变化。说明社区发展就是人们努力工作，提高社区整体的生活质量。尽管社区发展经常涉及经济发展，但经济发展只是社区发展的一个部分。鉴赏式调查方法（AI）和资产基础分析方法是带来社区变化的创新方法，通过建设农村社区资本，能开发系统的资产战略。

在该书的英文版中，科琳莉娅·巴特勒·福罗拉博士（Dr. Cornelia Butler Flora）和简·福罗拉博士（Dr. Jan L. Flora）运用课堂经验和社区研究经验，运用详细的资料论证社区资本框架和社区发展要素之间的关系，并利用了可靠的数据加以分析论证。

在中文翻译中，我运用我的研究经验了解美国农村社区，翻译的过程也是我学习的过程，并在书中补充了相关解释，帮助中国读者更好地理解书的内容。

我们的目的就是要引导读者——课堂内外的读者——参与社区发展变化的动态过程,把握影响这些变化的全球力量,我们也想让农村发展领域的管理官员和具体的实践者更好地利用这本书,了解农村社区,采取行动,使农村社区成为适宜生活、工作和娱乐的地方。

肖迎

2009 年 10 月 18 日

Preface

Communities in rural America are a complex mixture of peoples and cultures struggling to survive by implementing innovative approaches to their problems. These residents range from miners who have been laid off in West Virginia, to Laotian immigrants relocating in rural areas to work at manufactures, to entrepreneurs building high bonding social capital and bridging social capital to confront the changing rural communities.

The book: The Rural Community Capitals and Rural Development, focuses on various capitals in rural areas, among others, natural capital, cultural capital, human capital, social capital, political capital, financial capital, and built capital. This integrative approach of the capitals framework provides the readers to understand rural society based on the concepts and explanations of social science. Issues emphasized include an assets-based approach to community, focusing on what was already present in each community to address local issues of class, race, gender, and other types of exclusion, focusing much more on community agency in response to structure, immigration and climate change, globalization and rural communities, increasing a focus on the central role of communities in organizing a sustainable future, generating community change in the context of ubiquitous change, and providing an alternative to looking solely at governments in addressing change in rural communities.

The book consists of twelve chapters. Chapter 1, The Rural Landscape and the Importance of Place, explains that four major circumstances predominate in rural America: sprawl in areas near cities, rapid growth near natural amenities, persistent poverty, and rural and remote areas. The chapter includes the introduction of the concepts of market, state, and civil society used throughout the book. Chapter 2, Natural Capital, shows that global warming, introduction of exotic species, and other issues related to natural capital increasingly will require greater recognition. Chapter 3, Culture Capital and Legacy, focuses on stratification, domination, and resistance. Chapter 4, Human Capital, increases the focus on rural poverty and its implications. Chapter 5, Social Capital and Community, emphasizes the implication of different combinations of community bonding social capital and bridging social capital. Chapter 6, Political Capital, explains that political capital can be transformed into built capital, social capital, cultural capital, and financial capital. That transformation is the exercise of power, and the chapter illustrates that in analyzing the smart growth movement with relation to the growth machine and antigrowth forces. Chapter 7, Financial Capital, explains that financial capital consists of instruments that express exchange value and that have a high degree of liquidity compared to other forms of capitals, introduces new financial instruments utilized in favor of excluded groups in rural areas. Chapter 8, Built Capital, it includes permanent physical installations and facilities supporting productive activities in a community, introduces ways that rural communities have mobilized political capital to provide their own telecommunications services. Chapter 9, The Global Economy, shows rural communities are being affected by worldwide economic restructuring, increases the focus on the immigration and the international trade agreements as an important part of globalization. Chapter 10, Consumption in Rural America, brings in global warming and its implications for cultural change in terms of how we think of ourselves as consumers. Chapter 11, Governance, from governments to governance, showing the importance of coalitions of market, state, and civil society actors at various levels to provide services and generate economic viability. Chapter 12, Generating Community Change, illustrates community development as what people do to improve the overall quality of life in the community. Although community development often involves economic development, economic development is only one part of community development. Appreciative inquiry and assets-based analysis is an innovative approach to community change that shows the importance for rural areas of shifting from a deficit approach to an assets strategy for systemic change that builds from rural community capitals.

In the English edition, Dr. Cornelia Butler Flora and Dr. Jan L. Flora have applied their experiences with class and with communities, showing the relationships between material and social elements of community capitals framework and community development. They have used the reliable new data were available.

In this Chinese translation, I apply my research experiences to understand the rural America, to translate them into Chinese, and to add some explanations that help Chinese readers better understand the content of the book.

Our goal is to engage readers-----both in the classroom and outside it-----in the dynamic process of community change and the global forces that influence that change. We want also to provide the book that would allow the rural development officers/practitioners using it to better understand rural communities and empower them to act to make the rural communities better places to live, work, and play.

Xiao Ying
10/18/2009

致 谢

我要向美国农业与社会学杰出教授、北部中心区农村发展研究中心(the North Central Regional Center for Rural Development, NCRCRD)前主任科琳莉娅·巴特勒·福罗拉博士(Dr. Cornelia Butler Flora)和社会学教授简·福罗拉博士(Dr. Jan L. Flora)表达最深厚的感激之情,他们让我有机会阅读和翻译他们的著作,并给了我很多支持和鼓励以更好地理解著作内容,同时对中文书名提出了非常有价值的建议。

我也要向社会学副教授 Anastasia Prokos 博士表达我的感激之情,她给了我一个温暖的家,远远超出了房东所做的一切。她介绍我认识了很多美国朋友和美味的美国饮食,我们经常谈论彼此的教学生涯和经验,有关中美文化有趣的相似与差异的话题让我们度过了一段段难忘的时光。

特别的感谢要送给 Pamela K. Cooper 女士,她相当负责任地帮助我解决各种问题,尽量抽时间与我交流,帮助我提高口语水平,在她的指导、鼓励和关心下,我度过了许多美好的日子。

我想要感谢的人还包括 Nikki D. Adamo,一名在读研究生;Denise Bejelland 女士,全球农业计划副主任;Shelley Taylor 女士,农业海外学习办公室主任;Difei Shen 博士,全球农业计划协调员;Chrisy Moutsatsosn 女士,妇女研究计划副教授;焦书勤女士;她们都使我的访学生活变得丰富和难忘。我也要向北部中心区农村发展研究中心（NCRCRD）的Mary Emery女士和Corry Bregendahl女士说谢谢，我们在同一间办公室里分享了许多温暖的时光。

爱荷华州Ames市美丽的季节让我始终保持充沛的精力。

同样的感激要送给我的家人，感谢我的母亲刘玉萱，一直给我爱和关怀；感谢我的丈夫刘清，支持和鼓励我追求我的理想，哪怕它们超越了国界；感谢我的姐姐肖虹，总是与我一起分享快乐和分担沮丧；感谢我12岁的女儿刘楚潇、17岁的侄子邢睿杰，他们经常和我讲学校里的故事，并常常提醒我，非常想念我做的中国菜。

最后的、但最诚挚的感激要给云南省科学技术协会，资助本书得以付梓出版。

肖迎

2009年10月18日

Acknowledgements

I would like to express my deepest appreciation to Dr. Cornelia Butler Flora, Charles F. Curtiss Distinguished Professor of Agriculture and Sociology and former director of the North Central Regional Center for Rural Development (NCRCRD), and to Dr. Jan L. Flora, Professor of Sociology, for giving me the opportunity to read and translate their book into Chinese and for all of the support and encouragement they gave to help me gain a better understanding of the content of the book. They also gave me valuable suggestions in regard to the title of the Chinese version. Translating this book was a great learning process.

I also want to express my deep gratitude to Dr. Anastasia Prokos, Assistant Professor of Sociology, for providing me a warm home. Dr. Anastasia was more than a landlord to me; she is also a friend who introduced me to her friends and to good American food. We spent a lot of great times together talking about our teaching careers/experiences and the interesting differences and similarities between American and Chinese cultures.

A special thanks goes to Ms. Pamela K. Cooper who was the main person responsible for helping me deal with all kinds of situations. She also took time to talk with me to help me improve my spoken English, and I spent lots of beautiful time under her guidance, encouragement, and her care for me.

Others I would like to thank include Nikki D'Adamo, a graduate student at Iowa State University, Ms. Denise Bejelland, Associate Director of Global Agriculture Programs, Ms. Shelley Taylor, Director of the Agriculture Study Abroad office, Dr. Difei Shen, Global Academic Programs Coordinator for Global Agriculture Programs, Ms. Chrisy Moutsatsos, Assistant Professor of Women's Studies Program, and Shuqin Jiao, Assistant University Librarian for Access Services at St. Louis University. They all worked hard to help make my stay at ISU pleasant and unforgettable. Let me also say, "Thank you," to Mary Emery and Corry Bregendahl at the NCRCRD for sharing their office space and for giving me their kind regards.

The beautiful weather in Ames, Iowa kept me in good spirits.

I would like to thank my family. Thanks to my mother, Liu Yu Xuan, for her love and care for me all of the time. Thanks to my husband, Liu Qing, for his support and encouragement for me to pursue my interests and career, even when they went beyond boundaries, field, and geography. Thanks to my sister, Xiao Hong, for sharing my joy and frustrations. And thanks to my 12-year-old daughter, Liu Chu Xiao, my 17-year-old nephew ,Xing Rui Jie, for talking to me about good news and bad news at their school and for reminding me that they loves my cooking very much.

Last, I also want to express my sincere gratitude to Yunnan Association for Science and Technology, for supporting the Chinese translation to be published.

Xiao Ying
10/18/2009

目 录

第一章 农村景象及地方的重要性 ……………………………… 1
一、农村定义 …………………………………………………… 5
(一)偏远 …………………………………………………… 7
(二)美国农村的民族及其变化 …………………………… 9
二、社区定义 …………………………………………………… 11
(一)社区概念 ……………………………………………… 12
(二)社区运行机制 ………………………………………… 13
(三)社区资本 ……………………………………………… 16
三、农村社区及其变化 ………………………………………… 19
(一)适宜居住社区的快速发展 …………………………… 20
(二)持续贫困的社区 ……………………………………… 20
(三)农村和偏远地区 ……………………………………… 21
(四)快速发展的城市远郊 ………………………………… 21
四、关于这本书 ………………………………………………… 22
(一)假设 …………………………………………………… 22
(二)本书的撰写 …………………………………………… 24
本章摘要 …………………………………………………… 25
关键词 ……………………………………………………… 26
参考文献 …………………………………………………… 27

第二章 自然资本 ·· 29
一、土地利用 ·· 31
二、水的关注 ·· 35
  （一）水权 ·· 41
  （二）文化资本与自然资本 ································ 42
三、生物多样性的重要性 ······································ 43
  （一）生物多样性 ·· 44
  （二）侵入性物种 ·· 45
四、气候变化 ·· 46
五、替代能源 ·· 47
  本章摘要 ·· 49
  关键词 ·· 50
  参考文献 ·· 51

第三章 文化资本 ·· 52
一、什么是遗产 ·· 54
二、文化资本冲突与主流文化 ·································· 55
三、社会阶级、分层与主流 ···································· 59
  （一）马克思的观点 ·· 59
  （二）韦伯的观点 ·· 61
  （三）布迪厄与社会主流 ···································· 61
四、遗产与家庭 ·· 63

（一）独立的企业家 …………………………………… 66
　　（二）管理者和专业人才 ………………………………… 67
　　（三）工人阶级 …………………………………………… 68
　　（四）穷人 ………………………………………………… 69
　五、社区传承的遗产 ………………………………………… 70
　　（一）家庭对遗产的影响 ………………………………… 71
　　（二）学校的作用 ………………………………………… 71
　六、性别、种族、民族的影响 ……………………………… 73
　　（一）性别与遗产 ………………………………………… 73
　　（二）种族与遗产 ………………………………………… 74
　　（三）民族与遗产 ………………………………………… 75
　七、不平等：谁的遗产 ……………………………………… 77
　　本章摘要 …………………………………………………… 78
　　关键词 ……………………………………………………… 79
　　参考文献 …………………………………………………… 80

第四章　人力资本 ……………………………………………… 82
　一、什么是人力资本 ………………………………………… 83
　　（一）南部种植园经济 …………………………………… 84
　　（二）大平原家庭农业生产 ……………………………… 85
　　（三）西部劳动力密集的公司农业 ……………………… 87
　二、作为劳动力的人力资本 ………………………………… 88

(一)地方劳动力特征 ·· 88
　　(二)二元劳动力市场 ·· 91
　　(三)机会结构与人力资本 ·· 93
三、建设人力资本 ·· 95
　　(一)农村学校 ·· 95
　　(二)投资给农村的穷人 ·· 97
　　(三)健康与人力资本 ··· 108
　　本章摘要 ··· 109
　　关键词 ··· 110
　　参考文献 ··· 112

第五章　社会资本 ··· 115
一、什么是社会资本 ··· 119
　　(一)社会资本定义 ··· 119
　　(二)社会资本是新东西吗？从协会到孤独的保龄 ····················· 120
二、整合社会资本和链合社会资本：同质性还是包容性？ ················· 127
　　(一)社会资本缺失(整合性低，链合性低) ··························· 129
　　(二)内外宗派主义的冲突(整合性高，链合性低) ····················· 130
　　(三)通过地方精英人物的外来影响(整合性低，链合性高) ············· 130
　　(四)私业主的社会基础设施(整合性高，链合性高) ··················· 131
三、企业的社会基础设施 ··· 133
　　(一)合理的选择 ··· 134

（二）包容与多样的网络 …………………………………… 136
　　（三）资源调动 ………………………………………………… 138
四、结论 …………………………………………………………… 139
　　本章摘要 ………………………………………………………… 140
　　关键词 …………………………………………………………… 141
　　参考文献 ………………………………………………………… 143

第六章　政治资本 …………………………………………… 145
一、什么是政治资本 ……………………………………………… 146
　　（一）定义权力与行使权力 …………………………………… 146
　　（二）竞争理论 ………………………………………………… 147
　　（三）多元论与精英统治论 …………………………………… 148
　　（四）多元论和事件分析技术 ………………………………… 148
　　（五）精英统治论和幕后发生了什么 ………………………… 151
二、权力与经济利益 ……………………………………………… 153
　　（一）权力的阶级基础理论 …………………………………… 153
　　（二）增长机器 ………………………………………………… 156
　　（三）明智增长 ………………………………………………… 159
　　（四）地方与缺位的业主 ……………………………………… 163
三、权力结构与社区变化 ………………………………………… 165
四、理解权力结构和提高受排斥群体的政治资本 ……………… 166
五、谁受益 ………………………………………………………… 169

本章摘要 …………………………………………………………… 169

关键词 ……………………………………………………………… 170

参考文献 …………………………………………………………… 172

第七章 金融资本 …………………………………………… 174
一、金融资本的概念 …………………………………………… 176
(一) 金融资本的定义 ……………………………………………… 176

(二) 保持金融资本的运行记录 …………………………………… 176

(三) 金融资本的形式 ……………………………………………… 178

(四) 公共与私人的金融资本 ……………………………………… 179

(五) 资本流动 ……………………………………………………… 179

二、金融资本和社区需要 ……………………………………… 180
(一) 公共及私人对资本的需求 …………………………………… 180

(二) 农村金融机构 ………………………………………………… 182

三、资本来源 …………………………………………………… 184
(一) 存款 …………………………………………………………… 184

(二) 利率 …………………………………………………………… 185

(三) 债券 …………………………………………………………… 186

(四) 股票 …………………………………………………………… 187

四、金融资本的变化规则 ……………………………………… 190
(一) 规则时代 ……………………………………………………… 190

(二) 撤销管制 ……………………………………………………… 191

五、商业金融资本和社区 ··193
(一)保持地方的金融资本 ··193
(二)新的金融资本 ··195
(三)降低风险,保留金融资本 ··197
(四)政府的间接作用 ··198
(五)农村社区可选择的金融资本源 ··································199
本章摘要 ···200
关键词 ···201
参考文献 ···203

第八章 建设资本 ··205
一、建设资本的定义 ··206
(一)建设资本 ··207
(二)获得与消费 ··208
(三)建设资本的类型 ··209
(四)农村社区面临的问题 ··211
二、政府与私人提供的建设资本 ······································214
(一)私人收费类型 ··214
(二)公共的和集体的产品及服务 ··································216
(三)社区选择 ··217
三、政府选择:水系统 ··218
(一)水服务 ···219

（二）水质 ……………………………………………………220

四、私人选择：垃圾处理 ………………………………………221
　　（一）作为经济冒险的垃圾 …………………………………222
　　（二）政府回应 ………………………………………………227
　　（三）社区回应 ………………………………………………228
　　（四）气候和垃圾的联系 ……………………………………230

五、联邦政府的作用：创造联系 ………………………………231
　　（一）交通 ……………………………………………………231
　　（二）公共交通 ………………………………………………232
　　（三）电信 ……………………………………………………233

六、激励行动 ……………………………………………………234
　本章摘要 ………………………………………………………235
　关键词 …………………………………………………………236
　参考文献 ………………………………………………………237

第九章　全球经济 ……………………………………………239

一、农村与全球经济的联系 ……………………………………244
　　（一）出口自然资本 …………………………………………244
　　（二）进口人力资本 …………………………………………245

二、变化中的全球一体化：金融资本增长的重要性 …………247
　　（一）国际货币政策 …………………………………………247
　　（二）贸易关系和国内财政政策 ……………………………250

（三）新公司 ·· 250
　　（四）贸易协议和国际劳动力市场 ···························· 251
三、对农村的影响 ·· 252
　　（一）20世纪80年代的土地危机 ······························ 253
　　（二）农村加工业 ·· 258
　　（三）国际劳动力市场 ··· 259
四、机会与风险：全球经济中的农村 ···························· 261
　　（一）全球经济的变化特征 ······································ 261
　　（二）全球经济中的农村社区 ··································· 264
五、打击还是参与 ·· 266
　　（一）农业与能源政策 ··· 266
　　（二）宜人的社区与服务 ·· 267
　　（三）友好型社区 ·· 269
　　本章摘要 ··· 271
　　关键词 ·· 272
　　参考文献 ·· 273

第十章　美国农村消费 ··· 276
一、消费为什么重要 ·· 278
二、联盟 ·· 281
三、劳动力的变化 ·· 291
　　（一）妇女成为非农劳动力 ······································ 291

（二）服务部门的发展……………………………………292
四、目标广告与部门市场…………………………………………293
　　（一）目标广告………………………………………………294
　　（二）部门市场………………………………………………294
　　（三）收入不平等……………………………………………296
　　（四）消费者真穷吗…………………………………………297
五、消费增长的影响………………………………………………298
　　（一）人力资本………………………………………………298
　　（二）社会资本………………………………………………303
　　（三）自然资本………………………………………………304
　　（四）金融资本………………………………………………307
　　（五）建设资本………………………………………………308
　　（六）文化资本………………………………………………309
　　（七）政治资本………………………………………………312
　　本章摘要………………………………………………………313
　　关键词…………………………………………………………314
　　参考文献………………………………………………………314

第十一章　农村治理………………………………………………316
一、什么是治理……………………………………………………318
二、地方政府的组织及功能………………………………………320
　　（一）地方政府的权力………………………………………320

（二）农村治理类型 ·· 321
三、地方政府面对的挑战 ·· 324
　　（一）财政压力 ·· 324
　　（二）更多的责任，更少的钱 ·· 326
　　（三）多重的治理结构 ·· 327
　　（四）支撑农村的治理 ·· 329
四、提供公共服务：一个合作的样本 ·· 330
五、维护公民参与 ·· 332
六、经营区域资源 ·· 334
　　本章摘要 ·· 337
　　关键词 ·· 338
　　参考文献 ·· 338

第十二章　促进农村变化 ·· 341
一、社区与发展 ·· 344
二、社区发展的模式 ·· 345
　　（一）技术支持模式 ·· 346
　　（二）冲突模式 ·· 349
　　（三）自我帮助模式 ·· 353
　　（四）鉴赏式调查模式（AI） ·· 357
三、影响变化的因素 ·· 361
　　（一）社区变化联系 ·· 362

（二）实施变化战略的规划与设想……………………363
四、经济发展方式………………………………………366
　（一）公司招募…………………………………366
　（二）自我发展…………………………………367
　本章摘要……………………………………………369
　关键词………………………………………………370
　参考文献……………………………………………371

第一章 农村景象及地方的重要性

克瑞斯汀在"伊甸园"中成长,这个学校教师的女儿,出生在1970年,在加利福尼亚曼摩斯(Mammoth)湖(原文)度过了她的童年。曼摩斯湖四周是雄伟的山峰、茂盛的森林以及内华达州境内水晶般清澈的塞拉利昂湖(Sierra)湖的延伸。城镇有2000居民居住在这样的一个自然环境中。然而,从1954年开始发生了变化,全天候公路修通、成倍的游览车开放使用,吸引着大量滑雪者来到曼摩斯(Mammoth)的北面。到2000年,城镇人口超过了1970年时人口的3倍。高尔夫球场替代了放马场,成为最好的旅游目的地。现在,克瑞斯汀在她父母教过书的学校工作,但她已不能住在这个湖边,土地开发和投资使房价上涨,远远超过了一名教师所能支付的范围,所以克瑞斯汀只能住在另一个郡并乘车上下班,往返80英里。由于油价上涨,她甚至要与他人合用一部车,她发现,在她热爱的地方,继续做她热爱的工作已经变得越来越困难了。

韦德·斯基德尔在矿山的开采过程中成长,他住在西弗吉尼亚的麦克道尔(McDowell)郡,是斯基德尔家族的第五代。韦德的童年是在"地下"度过的,崎岖的阿巴契亚山脉几乎对他没有影响。他只读了10年书,在矿山工作不需要高的教育水平,可以按他的文化水平提供相应的工作,一定程度上,工作稳定,薪水较高。但随着传输煤炭的机器出现,操作这部机器只需要5个工人,同时,一些矿脉也开始枯竭,煤矿公司首先拆除了长长的围墙,然后变成了被机器削平山顶的露天煤矿,他失业了。公司搬离了他生活的城市，也搬离了他们建设的城市，不再维护水供给系统，维护住房也越来越贵。1990 年和 2000 年间，这个郡损失了 22% 还多的人口，韦德（Wade）代表着陷入贫困的某个地方的某个人。2002 年，凶猛的洪水袭击了这个郡，麦克道尔郡的大多数社区都被毁掉了。他们的家园被毁，而恢复计划要持续到 2012 年，那时，韦德的儿子刚好读完高中，他的女儿也将进入少年阶段，他意识到，如果孩子们要过一种体面的生活，他们必须读大学。

莫里丝和梅·汤普森正面临着改变生活的决策。他们的土地在爱荷华州的厄尔温（Irwin）附近，是从梅的父母那儿继承来的，土地可能使他们陷入债务，因为需要更换联合收割机和播种机，原来的机器已用了将近 40 年，经常出故障。20 世纪 90 年代后期，猪价低，汤普森关闭了他的养猪场，过去他们用玉米和大豆喂猪，自己养，自己卖给苏族（Sioux）城的大饲养场，自 90 年代后，这个饲养场也关闭了。汤普森只能种玉米和大豆。很不幸，他们拥有的土地数量又太少，不能得到当地银行的贷款购买新机器，要得到贷款，他们必须再买土地或从邻居那儿租一些土地。

汤普森有几种选择可以考虑，一些邻居已与墨非（Murphy）农业养殖场签订合同，这是一个由史密斯菲尔德公司（Smithfield Foods）补贴的大型联合养殖场，养殖方式要求对养殖地和粪堆给予大量投资，这样很容易得到地方的贷款，因为地方与联合养殖场已有 10 年的合同，这种合同虽然能够缓解因猪价不稳定造成的风险，但也会带来另外的风险，主要是粪水溢出或是能源成本的提高。另外，因这样的合同，他们不再能够从厄尔温（Irwin）农业服务公司购买饲料添加剂、种子、肥料和杀虫剂；墨非将统一配送饲料。如果他们决定扩大规模，他们必须从厄尔温的罗宾逊（Robinson）农具有限公司买新的设备。

第一章
农村景象及地方的重要性

还有另一个选择是朋友推荐的，这个朋友是在爱荷华的农民实践（Practical Farmers）组织上认识的。这个组织从事替代农业。他们圈养猪，把猪卖给 Neiman 农场，通过它再卖给高级餐厅和邮订客户，这种投资较少，但要求很多技术和知识，如果猪的质量达不到要求，就卖不出去，这类合同也有风险。

莫里丝在当地的联合学校有工作，夏季有假期，最重要的是有健康保险。而汤普森感到他好像"只能种田"，所有的选择带给了他一家更多的问题，如：他们应该借钱买更多的土地和设备呢，还是建盖猪场签订养猪合同？他们应该冒险采用新方法为专门的市场养"快乐的猪"呢，还是他们应该卖掉设备或租出土地，让其他人来种地？实际上他的兄弟姐妹不同意卖地。他家或许应该重新替代机器，从退休的农民那里租土地，在种和收的季节里尽量减少离田的工作。

比利与她的丈夫克雷顿要搬到亚特兰大。他们在乔治亚州的伊屯顿（Eatomon）长大，一直在普特南（Putnam）郡享受着优美的群山和高大的松林所营造的环境。伊屯顿是他们的老家，他们在种植的季节回到这里。但比利却不能找到工作，尽管她在州属学院获到商业管理学位。1990 年到 2000 年间，普特南郡快速发展，然而，在伊屯顿的美国黑人，特别是妇女几乎不能就业，因为纺织厂搬到海外，当地一些妇女只能为在湖边建退休房的富人提供服务。克雷顿高中毕业就在霍顿屋业（Horton Homes）的工厂找到了工作，但他发现，他能在亚特兰大找到更好的工作，这似乎有些奇怪。在发展变化中，伊屯顿比当地大多数社区都成功，它走了一条从种棉花到乳品业到加工业，再到现在的娱乐经济或退休经济的发展道路，然而，那里的大多数黑人很难找到比最低薪水多一点的工作。

这是真正的美国农村吗：加利福尼亚的滑雪场、西弗吉尼亚的矿山、爱荷华的农业以及乔治亚的移民和制造业？家庭农业和小的农村社区构成了美国农村的形象，部分是因为政治家、说客以及媒体开发了这样的农村形象，支持了农业政策就是农村政策的神话。事实上，农村包含了滑雪场、矿山、加工业、农业、安享晚年的社区、美国印第安人保护区、适宜居住的社区，很多、很多，但总体来看，21世纪的美国农村社区比起城市还有很多区别。

农村的多样性扩展了这些问题，它们都是当前社会经济变化的反映，如在厄尔温的农村社区以及更为边远的社区同样有要关注的问题，要知道他们的人口是否变得更少以至于不能维持社区事务；曼摩斯湖宜人的社区快速发展，这里的居民要紧紧抓住保护环境和小城镇价值特征的问题；在乔治亚州的伊屯顿，从大城市中心上下班是很远的路程，发展是根本的，因为要扩大休闲经济和加工业，但伊屯顿的黑人不能公平享受它的发展成就，伊屯顿的人口很容易离开，其贫困程度比起乔治亚州的任何地方都要高；生活在麦克道尔的人面临贫困和很高的移民比例。尽管矿山创造了财富，但几乎1/3的人生活在贫困线以下，平均年收入13000美元，比西弗吉尼亚的任何地方都低。

尽管人们习惯认为农村的生活很单纯，但农村面临着与城市一样多的问题，再加上分散和偏远。实际上，农村与城市紧密联系在一起，纽约的垃圾会进到西弗吉尼亚的农村垃圾填埋场；芝加哥供应的意大利香肠可能是来自用爱荷华州的玉米喂肥的牲畜，而玉米是用提高生产率的肥料种植的，这些肥料污染了农村的水资源；圣弗兰西斯科的房价上涨，为俄勒冈州的伐木业创造了就业，然而，这些就业却因森林枯竭而逐渐消失；波士顿关注空气质量就有可能关闭西弗吉尼亚的煤矿。

因而我们要看到美国农村的多样性：它的社区；它在21世纪

面临的社会问题；解释那些社会问题的历史原因。农村社区要用自己的历史和越来越扩大的联系创造性地解决那些问题。

一、农村定义

通过命名一个地方，并说明它的特征，是为了让人们知道那里的人和机构，知道应该怎样行动。研究者和决策者依靠联邦政府的两套体系定义美国的城市和农村。一套由美国人口普查局(the U.S. Census Bureau)制定，它把全美国的地域分为城市和农村，目的是区分出城市和农村；另一套则在预算管理办公室（OMB）领导下设计，关注大城市和小城市内的城乡统一。政府建立地方标识一般是为了管理目的：确定哪些地方有资格获得政府的特定项目。近年来，联邦政府的项目使用了15种以上的农村定义。人口普查局确定的农村人口有3000万生活在预算管理办公室确定的大城市中，确定的城市人口有2000万生活在预算管理办公室确定的非大城市中。

经济学家安德鲁·艾泽曼（Andrew Isserman）观察到了分割与统一之间的重要区别。在利害关系上，这是对农村实际情况的误解，联邦项目和资金的误导，破坏和混乱了人们的交流。他提出两种选择，以加强基础研究和政策：对联邦政府而言，理想的办法是对城市、郡、农村利用同样的数据；直接而实际的选择是以不同的方式利用现有的郡的数据，因为大多数郡是城市和农村的混合体。新的城乡人口密度划分方法论是想在一个郡的框架内尽可能地区分城市和农村（Isserman, 2005）。

学者做标记一般是为了分析的需要，但因为政府收集数据，学者常常也要利用政府的分类。

1.1 农村的定义

没有一个单一的、普遍承认的农村定义能为所有的政策目的服务。定义的选择影响到谁从政策中受益,谁不能受益的问题。理解不同的农村定义的政策含义,关键的考虑如下:

1. 农村定义建立在不同的地理单位上,每一种定义都有明显的优势和劣势;

2. 两种最普遍使用的分类体系,即美国人口普查局和预算管理办公室导致了确定农村定义有很大的区别。而以人口规模为主将会砍掉美国农业部农村项目的资格(定义建立在国会提供的现状和政府管理制定的规则上):

1)农村住房:20 000人或不到;

2)电信借贷:5 000人或不到;

3)水提供及排污资助:10 000人或不到;

4)再出租借贷:25 000人或不到;

5)农村商业项目:在大城市之外5 000人或不到;

6)2000年之前的用电:1993年1 500人或不到;2000年2 500人或不到;

3. 当农村定义与关键的人口、经济、服务提供如医院或学校的规模联系在一起时,政策和项目较易瞄准;

4. 随着人口、上班方式的变化,农村定义也要变化;也可以是人口地理界线的变化结果。

5. 支持某种农村定义,数据使用是基本的。

大都市和非大都市由预算管理办公室定义。2003年,预算管理办公室定义的大城市是:1)有一个或更多城市区的中心郡;2)在经济上与中心郡捆绑在一起的拓展郡,通过上班方式进行检测。这些郡包括:是否有住在郡内25%的工人乘车到中心郡上班;是否有25%的工人来自中心郡,即众所周知的"逆向"上班方式。非大都市的郡在大都市界限以外,进一步细化成两种类型:1)城市区,集中了人口超过10 000人的城市群;2)非核心的郡。

第一章 农村景象及地方的重要性

> 很多资源可以用来帮助理解复杂的农村定义。与社区信息中心（www.raconline.org/maps）有伙伴关系的农村扶持中心和经济研究服务部（http://ers.usda.gov/Briefing/Rurality/WhatisRuaral/）都从郡的角度定义；美国教育部检查校区和设计农村学点时则使用地理信息系统、距离和人口密度等作为标识。（http://nces.ed.gov/pubs2007/ruraled/measuring.asp）
>
> **资料来源：**
> Adapted from Coburn, Andrew F., A. Clinton MacKinney, Timothy D. McBride, Keith J. Mueller, Rebecca T. Slifkin, and Mary K. Wakefield. 2007. "Choosing Rural Definition." Issue Brief No.2, March. Rural Policy Research Institute Health Panel. Also
> online; available: www.cdktest.com/rupri/Forms/RuralDefinitionsBrief.pdf; accessed September 8, 2007.
> U.S. Department of Agriclture. Economic Research Service. "Measuring Rurality: What is Rural?" Briefing Room, updated March 22, 2007. Online; available: www.ers.usda.gov/Briefing/Rurality/WhatIsRural/; accessed September 8, 2007

1.1说明了怎样评价不同的农村定义。媒体及广告使用地方标识是想唤起人们对农村的特定印象。

过去，小规模、遥远、相对同质的农村文化，基于自然资源的经济，强烈的地方认同感一直是人们对农村形象的认识，但是，全球化、全球联系、生活方式的变化以及收入分配的变化，已改变了农村社区的特征，现在，它们既不遥远，也不像从前那样有同质性了。

（一）偏远

偏远是农村形象的一部分，一些人认为，农村人一生都住在城市之外，有些人从来没有去过比一个市场范围更远的地方，有些人从没去过州府。实际上这已不再是真实情况,现在,尽管一些农村人居住的地方确实偏远,但伐木工人、矿工、农民和其他很多农村人定期地搬到能找到工作或能种地的地方,如在麦克道尔郡的一些地方,山民住在山洞中,在外面活动,或当临时建筑工或伐木、卖木过日子,他们创造了自给自足的文化。运河、铁路、高速公路和航空线改变了偏远农村的很多东西,改善的公路系统也改变了农村人的职业和消费方式,居住在城市附近的农村人到城里上班,他们住在一个城镇而在另一个城镇上班,并在郊区的购物中心购买生活用品。

通信技术对偏远农村的影响更大,电子聊天室把农村人与世界各地的人们联系在一起分享信息。农村人也能看来自纽约的戏剧、圣·弗兰西斯科的足球、休斯敦的芭蕾、华盛顿的国会评议会,农村人变得有知识、有见解,像城市人一样的富有。然而,城乡之间的区别还是存在,住在大平原保护区的很多居民得不到电话服务,更少有宽带网络,基于卫星接收的无线电话在山区还有很多问题。尽管偏远,距离不再是一个大的问题,但是那些遥远的、现在还贫困的农村社区较之住在城市扩大区的农村居民和宜人的农村社区的人们来看,他们才更显"偏远"。这张地图基于与城市的距离,反映农村的情况,正像艾泽曼所说的一样,它不基于郡,而是基于地理位置。

第一章
农村景象
及地方的
重要性

美国的农村、城镇、郊区和城市的分布，2003–2004

注：深色代表偏远的农村

图1.1 美国农村、城市密度

（二）美国农村的民族及其变化

爱荷华州的苏族（Sioux）印第安人是沿着谢尔比（Shelby）郡 Nishnabotna 河定居的最早的居民之一。在加利福尼亚的莫诺（Mono）郡北部欧文斯峡谷的派尤特（Paiute）印第安人进入曼摩斯湖地区，这里现在仍然是派尤特人举行仪式的地方，保佑他们能够成功地打猎和采集；肖尼人（Shawnee，印第安人中的一族）和特拉华州的印第安人还会在今天的西弗吉尼亚麦克道尔郡打猎；希腊（Greek）印第安人在被迫西迁之前曾占据过乔治亚州中部，包括普特南（Putnam）郡，这里最初是彻罗基人（Cherokee，北美印第安人）居住地，后来是欧洲人居住地。那时，美国政府强迫彻罗基人搬到俄克拉荷马州，令很多人丧失生计，充满了艰辛。

首先是商业，后来是工业的利益把欧洲人接着是非洲人、亚洲人带到了农村。国家利益刺激着欧洲人，特别鼓励他们到农地上定居；皮毛贸易诱惑着英国人、西班牙人和法国人，然后是美国人的贸易公司。受刘易斯（Lewis）和克拉克(Clark)的探险所刺激[①]，美国人向西遍布了加拿大和美国。然而，在美国定居式的农业开发而言，皮毛贸易只是一个前奏。

美国黑人对美国南部的农业开发，对形成劳动密集型的农业体系至关重要。美国内战[②]之前，美国黑人为逃避密苏里州和阿肯萨斯州的奴隶制进入爱荷华州谢尔比（Shelby）郡，一路上他们获得了自由；在阿拉巴马州伯明翰煤矿工作的美国黑人搬到了麦克道尔郡（McDowell）开矿，他们的孩子直到1951年后期才得以进被分隔开的学校。

亚洲人，特别是中国人参与修建了西部半数的国际铁路，19世纪80年代和90年代，中国人又参与了曼摩斯湖的开矿，当他们被禁止从事开矿时，他们为矿工提供基本的服务如做饭和洗衣。

---

① 1804—1806年，由杰斐逊总统发起，领队为美国陆军的梅里韦瑟·刘易斯上尉和威廉·克拉克少尉，带领探险队共45人，这支自称为"探索军团"的队伍，乘着一只龙骨艇和两只双桅平底船，沿着密苏里河逆流而上，开始了史诗般的探险之旅，这是美国国内首次横越大陆西抵太平洋沿岸的探险。——译者注。

② 1861年4月15日至1865年4月，美国南方与北方之间进行的战争。北方领导战争的是资产阶级，战斗力量是工人、农民和黑人。在南方，坚持战争的只是种植场奴隶主，战争的目的是要保卫奴隶制度，而北方的目的则在于打败南方，以恢复全国统一，废除奴隶制度，以便资本家获得更多的廉价劳动力，从而使得资本主义得到顺利的发展。——译者注。

美国扩张之前，西班牙和印第安文化占领了西部很长时间，消除奴隶制让美国黑人的家庭分散到了整个美国南部的农村，从亚特兰大海岸到德克萨斯州中部，到肯萨斯州和密苏里州的最北部，来自南部腹地和墨西哥的移民一路收割庄稼也到了东部缅因州的最北部和华盛顿州。后来由于东南亚战争，越南、老挝和柬埔寨的难民和一些具有独特文化的如孟高棉人，也进入美国农村。像墨西哥人一样，他们从事美国本土出生的居民不愿意干的工作或临时空缺的工作，如需要老年人的肉制品包装厂。

每个移民家庭都有很多工人，他们存钱，并把消费降到最低。尽管一些亚洲难民留在了中部的农村，但一些人用他们辛苦攒下的钱搬到了城市或沿海地区，利用他们的特长，有的在墨西哥海湾捕鱼，有的则在大城市周围种蔬菜。

因其他国际冲突而产生的难民，如来自苏丹、波西尼亚以及现在的阿富汗人，他们不仅居住在农村社区而且也居住在大城市[①]，不同民族文化的涌入改变了宗教，改变了曾经是非常同质的种族结构。

二、社区定义

农村的很多功能性定义和描述都利用社区作为最小的地理单位，因为数据容易得到和容易比较，同时人们一般也通过社区来活动。针对2000年的人口普查，将近500万的农村人口住在很多人口不到2500人的社区中，如果以人口计算社区，社会学家就很难定义一个社区是什么，因而这一章要说明社区的概念、所用的定义以及农村社区研究与城市社区研究应有的关系。

---

① 鉴于2007年的"9·11"事件，在美国，伊拉克难民的身份得不到资助。——译者注。

（一）社区概念

社会学家在许多方面使用"社区"这个词，并且都关注生活在社区中的人。一种说法是：社区是指一个地方、一个位置，社区成员彼此联系；另外一个是要看到社会体系本身、组织、或者通过一群人来建立组织以满足社区的需要；再有就是社会学家用社区一词描述人们拥有的共同的认同观，而这些人可能并不居住在同一个社区。

社区概念经常基于一个共同的地方。地方涉及人们的关系、文化、环境，既有自然的也有建筑的，并与某个特定的地区相联系。对很多农村人而言，与特定地方相联系的地区可能是一些很不同的地区，这些地区被城镇的、郡的政治边界确定。传统的农村社区其形象与偏远、相对自足，有时候是落后或质朴的文化联系在一起，传统的东西可能并不完全准确，而且在某种程度上，农村人几乎在每一件事上都改变了他们生活的社区。人们在社区生活、工作、做礼拜、购物、跑银行、送孩子上学、与他人交往，当社区的经济基于单一的资源如采矿、种田时，人们甚至有一个共同的谋生观和家庭管理观。

社区的三个要素——地点、社会系统及认同感，现在越来越被分隔开了。过去，社区提供一个地方组织、一系列的社会机构（学校、教堂、管理、商业），通过这些机构，人们每天的需要能得到满足，它是一个人们能够共同分享认同感的地方。然而，改善交通使人们具有了更大的流动性，电信交流又把人们推进了一个更广泛的社交圈中，一些人与另一些人有相同的社区观或者说是价值观，因为他们在做一些相同的事情；而居住在同一个城镇的一些人却没有。因此，我们既要考虑社区的地方特征，也要考虑社区的利益特征。例如，一群高水平的物理学家可能是某个社区的财富，这些人有共同

第一章 农村景象及地方的重要性

的社区认同观,他们通过会议、杂志、e-mail 或者电话彼此联系,但实际上他们却居住在世界各个地方。

较之农村社区的社会组织而言,农村景象可能没有社会组织变化快。汽车能使人们生活在一个城市而工作在另一个城市,购物却在第三个城市;更好的公路把学校联合在一起成为联盟学校,导致社会机构更少地附着于社区,由于农村社区扩大了经济活动,人们的工作变得很难彼此区分,更难被公众看见,因此,农村人像城市人一样,人们只知道他们在消费什么,却不知道他们在做什么。

社区定义既要用农村的也要用城市的。社区可能有政治边界或者简单地只是社会边界,社区可以从政治上加以认识,通过地方政府,有权利向居民征税;也可以是非正式的家庭组织——邻里关系。在大城市,很多问题会让邻里之间联结在一起要求城市提供更好的服务,正像他们鼓励农村社区要掌握自己的经济未来一样。

尽管我们关注的是农村社区,但很多观点也直接与城市社区有关。

(二)社区运行机制

地方社区有三种运行机制:市场、国家、公民社会。公民个人是所有三种机制中的一个部分,但在大多数社区、公司、机构和组织更多地发挥着各自的功能。

1. 市场 市场包括了很多公司和机构,它按照一定的利益交换货物和服务,由于存在着竞争和免费的信息流,它能高效地传送货物和服务给支付费用者,而对于那些不能付费的人或是保护环境者,它又显得特别低效。地方社区经常要为"市场失败者"和外延成本买单。

市场是高度动态的,伴随着竞争,不断地有公司进出。市场机制是在地方的、州的、国家的和国际的层面上,这些机制有时候是竞争性的，有时候是合作性的，有时候也会共同前进或倒退到不同的程度。市场机制的目的是盈利，业主可以是个人，可以是家庭，可以是股东。股东评价公司基于两个因素：上个季度公司创利多少、市值多少。当这两者都让他们不满意时，业主就要替换所雇的经理。公司在市场中的联盟、竞争、合作就说明了这是一个很活跃的方面。

农业，不论是合作公司还是跨国公司，都是市场部门的一个部分。马克思·韦伯指出，现代经济要把管理从业主中分割出来。在农村，这种分割已越来越明显。尽管这一分割肯定能够产生短期的利益和公司净值，但业主缺位容易忽略一些人的声音，而这些人希望提高他们自己的经济参与度；业主并不太愿意参与地方事务，因为这些事务对他们的公司没有直接的影响（Trounstine & Christensen, 1982）。

2. 国家 国家，或者说政府，使市场成为可能。市场运作需要相对稳定的环境。韦伯在1978年提出一个让人们信服的论点，即：要发挥"现代经济"的功能，必须有一个强大的国家。市场需要合约，并通过有效管理和公平机制得以加强。市场需要可信赖的货币提供，需要了解立法系统是否提出适应的规则，也需要了解这个规则对每一个人的适用。因此国家，是来自国际层面的到国家层面的，再到地方层面的政府。国家对市场至关重要。就广义而言，它建立并加强市场运作的规则，是形式上合理的一个榜样。但国家还有另外的责任，就是要提供公共福利，只有关注既是形式上的也是实际上的合理性，国家才能维护它的合法性。

管理政策要明确什么市场能够存在，它怎样发挥作用，对公司而言，管理政策具有积极的一面，也有消极的一面。一方面，它限制公司做什么和怎样做；另一方面它也限制公司竞争什么和怎样竞争，由此创造了一个更高水平的竞技场。不同的部门（公司、组织、协会）市场和公民社会都在为国家制定的规则而抗争。

国家机构彼此之间也有争执——隶属州的地方、隶属国家的州、隶属国际的国家。像市场一样，国家是一个动态的、有争议的部门。在美国，管理者和立法者经常对立，地方一级的政府，特别是郡和小城市，感觉经常被州或联邦政府强制，特别当他们讨论的是没有得到政府赞助的方案时。因此在国家范围内，为市场和公民安全网制定规则和条件时，地方是很有争议的。

在美国，每个州都有三个分支管理部门：立法机关（制定法律和分配资源）；行政机构（通过行政管理规则、协议、分配资源和实施法律）；司法部门（解释法律和制裁不遵守法律的人）。不像欧洲的一些国家，立法机关和行政管理之间存在密切的关系。在美国，权力严格区分，这样会更大地增加管理成本，但它们是在"新国家的第一个"宪法中就设置的（Lipset, 1963；Browme, 2001）。国家提出市场运作的规则，以便共同的货物能在同一时间里提供，公司得以盈利，因而提供的只是其功能之一，即积累；另外国家为人们提供安全网，保护自然资源，这样做，是要考虑实际的合理性，那么国家就要保留立法机关，国家也有相当高的争议。即使在国家机构中，同一官僚机构的不同部门也在千方百计地寻找霸主地位、影响力和预算资金。

在资本主义制度下，国家的主要目的不仅要保障公司盈利的环境，也要确保盈利提供公共产品，评价政府官员要看他们提供公共产品的程度。然而对公共产品的定义总是受到争议，市场玩家主张对股市有利的东西就是对国家有利的东西；而公民社会则主张要更关心气候变化、战争和贫困。

3. 公民社会 公民社会能明确公共产品。如果公民社会缺位，官僚主义和公司就要划分公共产品，它们通常会以提高自己的影响范围来确定（Perlmutter，1991）。正式的或非正式的组织，要围绕公共利益或价值联合起来，通过他们组织的活动，影响市场和国家。社区的信念，包括教堂、犹太教堂、清真寺、国家枪械协会、枪支控制组织都是公民社会的一个部分；地球之友（Friends of the Eerth）、乐施会（Oxfam）、塞拉里昂俱乐部（the Sierra club）、扶轮国际社（Rotary Clubs）以及教师—父母组织也是公民社会的一个部分，当这些组织与市场和国家产生联系时，他们会通过各种方式把共同的利益结合起来。

公民社会通过形成消费群体而影响着市场，他们会参与抵制运动和发布各种信息。

公民社会通过诉讼（影响政府的司法部门）、缔结立法（影响政府的立法机关）、反驳被强加的特定法律（影响政府的行政管理部门）等影响国家。

公民社会根深蒂固的价值观，对社区未来的期望也对国家产生着影响。

公民社会中正式的和非正式的组织，围绕着共同的未来观以及这个世界怎样运转的精神模式，社会中的个人将成为参与者或成员。

公民社会中的组织彼此会有激烈的冲突，但这些组织的活力影响着市场，也影响着国家发展。

（三）社区资本

每一个社区，不论农村、偏远的地方或贫困的地方的社区，它们内部都有资源。当这些资源或是资产被用于投资产生新的资源时，他们就转化为资本。集中七种类型的资本来考察一个社区是非常重要的。社区资本的顺序是：自然资本、文化资本、人力资本、社会资本、政治资本、金融资本和建设资本。这些资本之间既彼此增进，也彼此减损。进一步说，这些资本能够从一种形式转变成另一种形

第一章
农村景象
及地方的
重要性

式,当一种类型的资本在其他资本之上得到强化,其他资源可能就难于资本化。因而经济的、社会的、环境的公平需要被包含。

自然资本。是所有其他资本依赖的基础,它包括景观、气候、空气、水、土壤以及植物、动物等生物多样性。它因眼前的利益而被消耗或开采,对地方社区而言,它是一种持续的资源。

文化资本。包括价值观和生活方式,既有经济的也有非经济的意义。文化资本被看成是过滤器,通过这个过滤器,人们按照他们每天看到的、思考的这个世界的方式生活着。社会过程就是把价值观和文化资本从一个组织传递给一个组织成员,精英们利用文化价值观为他们的孩子获取阶级基础的联系,从而排斥了其他人的孩子,因为这些人缺乏与精英们等同的资源和必备的战略观,因而难以把他们的孩子推上社会的阶梯(Bourdieu,1986)。

人力资本。是社区内每个人的技术和才能。它也包括潜能,如有一双对音乐敏感的耳朵;学习到的技能,如演奏乐器。正式或非正式的教育及生活阅历对获得人力资本极其重要,个人健康和领导才能也是人力资本的一个部分。

社会资本。包括网络、彼此活动的规则和相互间的信任,这些东西存在于社区和组织之间及内部,它对共同的认同观和共同的未来有重要的意义。社区的社会资本能促进组织合力工作,既有整合的社会资本(通过多样的联系加强活动规则和鼓励信任),也有链合的社会资本(单个目的的联系)。社会资本的这两种形式对社区的繁荣和稳定非常重要。

政治资本。是一个组织影响市场、国家、公民社会标准的能力;在法律和合约中使用标准法典的能力;加强这些标准的能力。反过来,影响一个社会单位内部的资源分配;帮助制定什么资源可用及谁有资格利用的议事日程。政治资本包括组织、联系、声音和权利。

在联邦政府的层面上,农村社区有相对少的政治资本。商品组织,如:作为给农村的政治资本,国家玉米种植者与国家猪肉生产者这两大组织,能够疏通政府的基金给这些大生产者的能力是不一样的。

金融资本。金融资本就是钱。用于投资而不是消费,投资意味着要用某种购买或某种金融工具产生增值。社区能利用国家、市场和公民社会的金融资本。

建设资本。是支持其他资本的基本设施建设,如:工厂、学校、道路、度假胜地、社区中心等,建设资本通过特定的利益部门得以建设,或被所有的社区居民广泛利用。

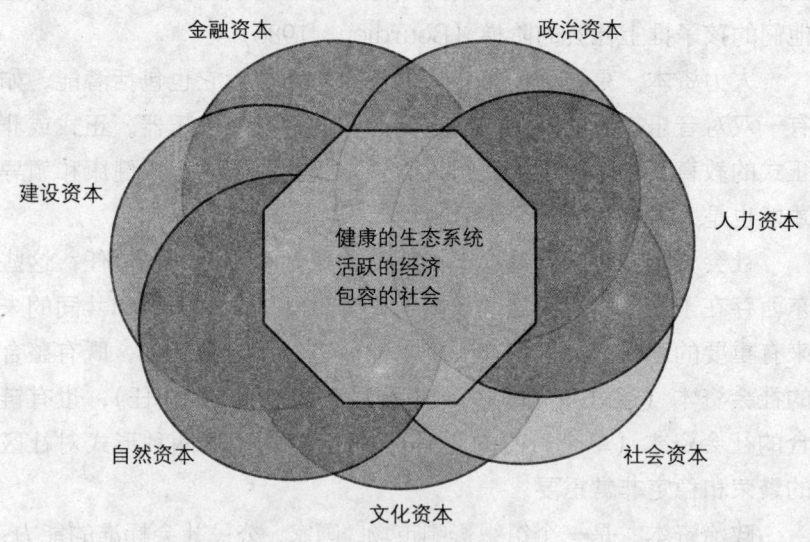

图 1.2 社区资本框架

资料来源:Flora,C.B. 2004. "Social Aspects of Small Water System." Journal of Contemporary Water Research and Education 128:6—12

社区资本框架使资本的界限比较模糊，彼此重叠，它们能集中在一起创造一个持续发展的社区，即：健康的生态系统、活跃的经济、社会包容。另外，消耗其他资本来扩大某种资本，这种资本会得到增益。如在麦克道尔，破坏自然资本以产生金融资本，不仅使这个地区应对极端的气候变化相当脆弱，而且对人力资本、社会资本、建设资本和地方财政都有消极的影响。

三、农村社区及其变化

在广泛的社会中，农村社区从来都没有脱离社会与经济的变化。1950年，艾森豪威尔总统时期作为国家安全措施开始的州际高速公路对农村社区有深远的影响，人们因此能生活在一个地方，而工作在另一个地方。

电信交流打破了边远地区的隔绝。厄尔温就有好几种商业涉及电子商务。20世纪70年代，与国外产品竞争使制造业抛弃了城市劳动力市场转向农村，仅过了10年，又抛弃农村劳动力市场转向更便宜的海外劳动力市场。在北美自由贸易圈（NAFTA）和世界贸易组织（WTO）下的21世纪，低薪加工业更多地搬到不发达国家，墨西哥成为NAFTA的低薪国家，后来，大量的岗位又被搬到中国，因为在中国，付给工人的薪水比在墨西哥还低。在麦克道尔郡，没有什么能轻易地取代矿业。富人的增多导致更多人的决策是基于生活方式而不是基于工作方式，当富人选择他们的生活方式时，不太富有的人就跟在他们后面搬迁，支持这种生活方式，正如在曼摩斯湖的案例。

农村社区之间存在区别，这些区别对人们生活有影响。克瑞斯汀面临的问题是曼摩斯湖度假胜地的快速发展；伊屯顿（Eatonton）的移民城镇使美国黑人如比利并没有得到更多的利益；麦克道尔郡的矿工发现他们的家庭现在已陷入贫困,一切均由于矿主关厂;莫里丝和梅·汤普森看到由于地价上涨、规模化的农业生产和国际竞争,他们的农业生产下降。这四个方面都是由于自然的度假胜地的快速发展,城市周边的快速发展,现存贫困以及农村和偏远的地方,它们都提供了一个有效的社区比较结构,它们拥有的资本、市场、国家和公民社会的变化已对这些资本带来了显著的影响。

(一)适宜居住社区的快速发展

尽管曼摩斯湖由于经济活动从矿业转向伐木业、徒步旅行和渔业,最后再到滑雪业,它的人口有所变化,但它始终围绕着自然资本转。今天曼摩斯湖是美国很多高级农村度假胜地之一,但它一直在与快速发展带来的问题作斗争,这些问题包括:移入人口比例高;房价高;对长期居住的居民征收越来越高的税;越来越多的移民从事服务业。

快速发展也影响了自然资本,因商业发展用水使湖水减少,地区范围内的流量也在下降,威胁着各种野生动物,森林和牧场因共管和过多地修建社区公园而消失了,下水管道也是一个严重的问题,越来越多的土地利用使土壤受侵蚀,周围的原野植被普遍恶化。

依赖特有的度假胜地,这个地区可能吸引着对体育感兴趣的年轻人,也吸引着退休者,当人们有规律地到某个地方度假或决定退休后住在那里,像曼摩斯湖这样的社区就得到了不断发展,因为它们能提供自然胜地。

(二)持续贫困的社区

麦克道尔是美国很多正在与低收入和贫困问题作斗争的郡之一。当地的很多家庭除了一代一代采矿外什么也不会做,文盲率很高,婴儿出生死亡率也很高,医生、牙医和其他的专门技术人员在那里很难找到,年轻人感觉不到有什么理由要努力学习,因为没有

第一章 农村景象及地方的重要性

工作的盼头，社区也发现很难吸引商业经营，几乎没有税收基础来建立必需的道路、桥梁和学校，一些人留下来，一些人不想留下来，理由简单到只是想做点事。

麦克道尔郡属于美国363个非大城市的郡之一，被纳入现有的贫困郡，在南部16个州有90%的郡是贫困郡，在这些郡，13.4%的农村人口收入低于2000年定的贫困线标准，这个标准是4口之家年均20550美元。（来自联邦登记处的资料，2009年美国贫困线4口之家定为21200美元）。尽管在20世纪90年代贫困有所下降，特别是在阿巴契亚山区和密西西比地带，大多数郡曾经在吸引人口和创造就业方面很成功，但实际的人口比例里还有很多低收入者。

（三）农村和偏远地区

农村和偏远地区指人口少、远离城市中心的郡，这些郡的人口还在减少，他们占全国非大城市人口的1/4还少。在大部分地区，人们都受过好的教育，过去曾经享有相对高的平均收入，然而现在，就业没有快速增长反而还减少，郡的人口也在逐渐地老龄化，因为年轻人都离开了，一些人担忧，留下的人口是否将成为新的贫困人口。

（四）快速发展的城市远郊

在大城市乘车上下班，一定距离范围内的社区位于城市的远郊。如伊屯顿正面临着一系列问题：城市扩张威胁着它的自然资本、金融资本及社会资本。当土地让路给发展时，需要有新的服务业，但税收基础没有像人口增长一样快速扩大。尽管开发商也赚钱，但地方政府却要为地方居民提供基本服务而奋斗，因为居民经常不满意那些差强人意的服务。此外新来者和常驻民对学校、地方政府的作用、邻里行为也有不同的期望值，一些群体还要对仓库或育肥地的气味、在公路上慢吞吞地开车、在农田周围积攒旧车和旧机器等有不同程度的忍耐。

四、关于这本书

本书主要阐述地方社区，尽管它们因社区利益而有所交叉。地理状态下的社区可以提供，也可以不提供它的成员所需要的社会系统；可以提供，也可以不提供社区成员的认同感；地理状态下的社区只提供现在一些社会学称的"方位(Locality)"，即从地理位置上来划分人们产生联系的地方；人们怎样联系形成的结构和机制，这些结构和机制反过来又形成了联系在一起的人们的活动。设想一下你自己的社区观，你在哪里成长？在哪里读大学？在哪里度假？这些地方的社区把你与他人及环境联系在一起，既有自然形成的，也有后来建立的；或者你感到你的社区有趣吗？体育队、宗教组织、妇女联合会、党派、教堂、犹太教堂、清真寺可以提供你归属感和目的感吗？ 你的认同可能产生于某个地方以及它的民族根源，也可能从市场、国家及所属的公民社会中培养起来。

社区的区别在于，到哪种程度，它能赞同各种资本的意义和价值；到哪种程度，社区把市场、国家和公民社会看成是合适的单位，能够有效地在每种资本上投资。在农村社区内，围绕这些问题还有大量的多样性，我们需要更多地了解社区内外多样性的来源。

（一）假设

在这里要做最基本的假设：农村观值得探讨。我们的社会已是很深的城市化社会，我们几乎要假设城市化就是一个自然的法典，城市化对工业化固然很重要，但现在很多人指出，为城市化而发展经济已不再像从前那样引人注目了；也有人指出要限制发展，庞大的社会成本已超出了城市化优先发展的经济规模；还有一些人指出农村对国家作的贡献：1. 粮食安全；2. 保护自然资源的土地管理；3. 联系土地与人类关系的价值系统；4. 保护生态多样性。

现实是，美国1/4还多的人口选择居住在农村，当我们向数字时代过渡时，再考察农村是非常恰当的——为什么人们要住在那里？联邦政府及国家政策对农村现状怎样作出贡献？在处理现实社会问题时个人的选择能发挥什么作用？

　　第一，假如选择关注农村社区，就要利用本书的观点倾向和组织倾向。首先，假定发展趋势不是命运，个人、组织、社区都能通过适当的活动而修正发展趋势，对促进那些发展趋势的理解要成为我们现实生活的一个部分，要影响作为个人以及作为整个社会的我们的选择。

　　第二，假定在农村产生的东西是历史的结果，特别是城市和农村社会之间关系改变的结果。尽管把城市和农村社区作为两个分割的世界更简单，但现实是它们联系在一起。佐治亚州被变成殖民地是因为伦敦债务人的问题①。西部农村有人居住是为了提供东部矿业发展所需要的资源，华盛顿州的伐木业建盖了洛杉矶的房屋，麦克道尔郡有人口是为了采煤业的需要，厄尔温有人住是因为需要建设运输粮食的铁路，东部城市需要有稳定的粮食提供，这些联系一直持续到今天。因而要认识农村社区还将发生什么，我们就要继续看过去与现在农村与城市的关系。

　　社会问题涉及人类关系，因而也是社会资本的问题，但导致这些问题的很多东西则与对其他资本的利用和控制有关，例如，佛罗

---

　　① James Edward Oglethorpe, 1696—1785年。英国人，是佐治亚北美殖民地的创建者。他关注那些无力还债而入狱的人们，为帮助债务人，期望为他们建立一个北美移民区。1733年1月，Oglethorpe和114名移民来到美国。他在现在的萨凡纳市建立了第一个移民点，不少债务人来到这块新殖民地。Oglethorpe精明地治理了9年并将入侵的西班牙军队赶回佛罗里达。1742年他在圣西门岛的布卢迪马歇尔战役中击败了西班牙人。Oglethorpe为他的殖民地居民背上了大量的债务，1743年他回到英国。1752年他和其他董事将佐治亚特许退回给乔治二世，佐治亚遂成为皇家殖民地。——译者注。

里达州 Panhandle 地区的 4-H[①]领导人指出，不能把孩子滥用药物的问题与贫困的问题分割开来，努力建立消除贫困的经济能力与实施有影响的父母计划同等重要。

第三，假定必须看到七种资本的相互联系。只提高一种资本而不关心其他资本会导致很多令人不满意的、不愉快的结果。

第四，假定要描述公共政策和个人选择之间的张力。国家和州级层面上的政治决策影响着各个州经济和社会的变化会在哪里发生和怎样发生，农村贫困问题、民族冲突问题、气候变化问题就能得到一定的理解，部分要基于公共政策，即基于国家、市场和公民社会活动者们所做的政治选择。因而，对政治资本不同的利用影响着农村的现实。

第五，假定进一步说明农村是一个大集团对政治限制和个人选择的回应，它要么通过对扩大的政策议程施加影响，要么应用现有的政策框架，以做出不同的选择。农村人不能仅仅只是做社会的牺牲品或者国家广泛变化的被动消费者，农村人做的选择要影响变化的方向并融进他们自己的社区。

这些假定说明农村问题要基于变化来分析。变化要基于历史来解释，基于全球化趋势和地方现状的背景，基于不同类型资本的相互作用来解释。变化既涉及个人，也涉及与市场、国家和公民社会有关的机制选择。

（二）本书的撰写

首先介绍七种资本，怎样把它们看成是建立在彼此之上的观点。每一章都以一个或多个农村人物展开，这些人物并不都是现实中的

---

① 4-H 教育是美国提高青少年素质的重要教育理念和实践。4H 分别代表头、心、手、健康。——译者注。

第一章 农村景象及地方的重要性

个人，但地方是真实的，历史文献、调查地点、研究材料、录音电话、访谈的录像带、报纸文章及大量用到的其他资料都是真实的美国农村社区，说明的问题也是真实的，是居住在全国农村社区的人们所要表达的。

个人经历经常会植入社会机制中，当社会学家研究人类社会和社会行为时，认识事物怎样发生是他们从事的研究内容，因此，每一章的构成都帮助读者从一个由农村人出现的问题到用社会学的概念和理论说明的社会问题，从广泛的观点来看，农村经历的社会问题要变成通过集体行动能够解决的社会问题。

本书第一个部分分别探讨各种资本，彼此之间怎样发生联系；第二部分研究社区资本在全球化中怎样联系和怎样变化。

本章摘要

很多人想象美国农村的特征是农业、同质文化和联系密切的社区。但在现实中，农村社区较之城市社区，它们的内部有更多区别。美国农村有四种主要趋势：城市蔓延、度假胜地快速发展、现存的贫困农村、偏远的农村。

农村社区的定义一直都有变化，一般而言，农村社区的定义包括描述规模与地点，现在的定义用非城市和城市之间的区别，相当于农村就是非城市。社区的定义也有变化，本书定义社区为一个地方或是一个方位，在这里，人们为了彼此的利益而发生联系。社区不需提供个人需要的所有服务，也不必提供社区成员共同的认同观。

农村社区根据居民所定居的区域有民族的多样性以及民族的同质性，然而，那些具有民族同质性的郡出现快速老龄化问题；一些郡则有相当高的来自国外的移民比例。

假定社会问题能基于社区的历史及对社区有用的资本得以解

释。国家和联邦政府层面上作的经济与政策的选择以及社区本身做的选择就意味着，即使是在贫穷、边远的农村社区，都是一种发展的趋势而不是命运决定。

关键词

度假胜地为特征的社区。自然资源丰富而美丽，有大量的人去度假的社区，包括有大片水域和山林的郡。

资本。是一种通过投资创造新资源的资源。

自然资本。是景观、空气、水、土壤、植物与动物的生物多样性。

社会资本。包括网络、相互交往的规则、组织及社区之间和内部存在的彼此的信任。

人力资本。由社区内个人的才能和技能构成。

金融资本。由钱构成，用于投资而不用于消费。

政治资本。组织在社会部门内影响资源分配的能力，包括确定什么资源能够得到，谁有资格得到。

建设资本。从金融资本中转化而来，包括工厂、学校、道路、度假村、社区中心，这些都对建立社区其他的资本有所贡献。

市场。由以营利为导向的公司和个人构成，他们买卖产品或服务。

国家。指各级政府，地方的、郡的、州的、国家的和国际的。各级政府有特定的领土职责，与国家的其他部门相互重叠。

公民社会。由各种群体构成，他们有共同的信仰和兴趣，但并不追求利用组织来谋利益。公民社会由正式的协会或非正式的组织构成。

集体意识。构成共同的信仰和道德态度，在社会内作为一种统一的力量发挥作用。

商品组织。在商品市场方面有兴趣的一群人(大批量交易货物)，它的参与构成是要达到政治及市场目的。

社区。是一个地方或者是一个方位，在那里人们为了彼此的利益联系在一起。

资本不足。当一种类型的资本被强化，资本不足的资源就会丧失它的价值，经济、环境或社会的公平性就会受到损害。

电子商务。通过因特网处理商业（获得投入，交易某种商品、服务）的一个过程。

大都会区。由一个或多个相互联结的郡构成，每个郡至少要包括一个50000或更多居民的城市。

非大城市的郡。在一个标准的大城市区域之外，人口不到50000人。

远郊。越过郊区的那些地区，以前从农业上看，它们的特征是农业与居住地混在一起，居住地域比大多数城市和郊区还大，与农田唇齿相连，由于地价提高，土地利用相当密集，远郊的郡逐渐成为大城市边缘的郡。

农村和偏远郡。不与城市连接在一起，自己也没有一定规模的城镇。

现存的贫困郡。家庭人均收入在1960年、1970年、1980年、1990年和2000年低于该郡平均收入的20%。

参考文献

Bourdieu, Pierre. 1986. "The Forms of Capitals." In Handbook of Theory and Research for the Sociology of Education, ed. John C. Richardson, 241-258. New York: Greenwood Press.

Browne, W. P.2001. the Failure of National Rural Policy: Institutions and Interests. Washington, D.C.: Georgetwon University Press.

Isserman, Andrew M. 2005. "Defining Rural and Urban Correctly in Research and Public Policy." International Regional Science Review 28: 465-499.

Lipset, S.M. 1963. The Fist New Nation: The United States in Historical and Comparative Perspective. New York: Basic Books.

Perlmutter, T. 1991. "Italy: Why No Voluntary Sector?" In Between States and Markets: The Voluntary Sector in Comparative Perspective, ed. R. Wuthnow,157-188, Princeton, N. J.: Princeton University Press.

Trounstine, P. J., and T. Christensen. 1982. Movers and Shakers: The Study of Community Power: New York: St. Martin's Press.

Weber, Max. 1978. Economy and Society, eds. G. Roth and C. Wittich. Berkley: University of California Press.

第二章　自然资本

埃里克很沮丧，他打了3次电话给科罗拉多州野生动物办(DOW)，反映驼鹿一直在损坏他的围篱，他想组织一帮人射杀鹿群，这群鹿一直在与他的牛群争抢牧草和毁坏篱笆墙。但法律显然不允许。之后，他转而申请资金修复围墙，虽然得到了一些钱，但他必须经常性地重建篱笆墙，很花时间和精力。后来，事情发生了变化。

一个月后，埃里克接到科罗拉多养牛者协会的电话，要与DOW和其他人见面，提出替代方案。参会者包括猎人、在埃里克的牧场附近经营山地打猎用品的商人和其他一些来自环境保护组织的人。埃里克感到不舒服，他把这些人看成是"抱团的树"，特别是那个苏格拉芙，他称她为"地球之母"，总是以环境保护的名义阻止他们做每一件事。但他接受了新计划，这个计划叫"居民合作伙伴计划"(Habitat Partnership Program)。他了解到，科罗拉多其他地区的类似组织也要开会。在峡谷地区，大家对利用自然资源的冲突有着同样的关心。

组织吃了几次饭和进行田野调查后，环境保护者和牲畜饲养者都意识到他们有同样关注的问题。山火已被抑制住，疯长的树木正在侵占牧草与牧场，供给野生动物和养牛的草已很有限；如果更多的草能长高点，鹿和驼鹿就不会到放牛区；如果在峡谷里有更多的草，偶尔出现的鹿和驼鹿也不会制造麻烦。交谈过程中，埃里克知道了一种新的篱墙制造，即沿篱墙顶部拉一根细的白线，当鹿和驼鹿看到这根线，他们会跳过围栏；同时还可以作为一个阻挡，把牛圈在适当的地方。通过在一起工作，环境保护者和牲畜饲养者写了一份计划：恢复牧场和牧草倡议。大家都很愿意把这个计划付诸行动。现在埃里克知道环境保护者这个词了，他甚至还经常与苏格拉芙一起喝咖啡，他知道她过去叫他"红脖子"，所以当他进城到她开的商店时，他会叫"地球母亲，现在有时间喝杯咖啡吗？红脖子渴了"。

（更多的信息查：http://wildlife.state.co.us/LandWater/Private Land Program/HPP/.）

欧州人来到北美前，土著居民就以各种方式管理自然环境，保证野生动物如牛、鹿、驼鹿、麋鹿等能获得草以及作物的生长（在划定的保护地有很多浆果、可食的树根和芦苇，土地能种玉米、豆类及其他作物，树木能制造工具和建造房屋，也有灌溉干旱地区的水资源），尽管这个地区的生物多样性一直在改变，但一些优质的物种得到管理。然而，在欧洲人的眼里，美洲大地看上去是野蛮而不可驯服的。在欧洲，大部分的土地已被私人占有，圈起来耕种，新世界的自然资本，即植物、动物、土壤和水似乎非常丰富，要做的事就是驯服这片野性的土地，创造金融资本和建设资本。

然而，大部分土著部落利用这片土地创造物质经济，以及关注把自然资本转变为社会资本和文化资本。大多数欧洲人来到美国是把自然资本转变为金融资本，皮毛贸易、伐木厂和矿厂使用这些资源，直到被耗尽，然后又去开采一个地方。欧洲政府甚至资助新世界的探险家，大量的英国公司卖股票资助早期的定居者，期待新的财富运回欧洲。早期的定居者一旦安置下来，就期待自主，出口商品给能帮他们偿还债务者和能给股东红利的人。

把自然资本转变成金融资本的渴望也刺激了美国政府资助这种探险，如刘易斯和克拉克探险公司和其他向西的开拓者、探险家们

第二章
自然
资本

以及同他们一样希望得到土地的人，努力工作就是为了要得到金融资本（Ambrose,1996），尽管探险也伴随着对人们与土地新的认识，也产生文化资本，但探险的目的是打败英国人、法国人和西班牙人以控制领土和富饶的自然资源。

一、土地利用

早期农村社区的经济特征中，圈地政策发挥了重要的作用。在新英格兰，英国皇室提供土地给贸易公司，贸易公司又提供土地给成群的定居者，这些定居者围绕着土地建立了中心村子（villages），农民白天种地，晚上回到村子。定居生活的方式创造了一种环境，能够逐渐支持其他经济发挥作用，这就是制造业和家庭手工业。

在南部，英国皇室直接把土地给予个人，地主们居住在大的、相对独立的庄园里，依靠奴隶进行劳动，很少出现村子和城镇。

尽管辛勤的探险家们一直西进，但对阿巴契亚山西部的圈占活动也在慢慢发展，19世纪40年代，当西北部的森林被耗尽时，伐木公司向大湖区（the Great Lakes）推进，寻找新的木材。在40年代后期，黄金、白银的发现引发了投机者西进的浪潮。

虽然有这样一些早期移民，但直到亚伯拉罕·林肯1862年签署《住宅法案》(the Homestead Act)，美国的欧洲人才开始到西部定居。《住宅法案》规定：如果定居者在土地上建房子，并耕种至少5年，就给每个定居者160公顷的土地；铁路修建公司也获得土地捐赠，然后他们卖出大片的土地，积累修建铁路线的钱。由于《住宅法案》需要定居者住在农地上，人们居住越来越分散。

在一些州，如西弗吉尼亚州和肯塔基州，矿业公司购买大片土地，但他们并不拥有土地，他们只是买下了采矿权，在一些家庭和农田的地下开矿，开采使土地塌陷，破坏了住房和牲畜饲养；矿业公司也寻找伐木权,因为要从附近的山上砍树支撑矿山。这些公司对自然资源的控制逐渐使城市的发展受益,但自然资本向金融资本转变耗干了农村社区的这两种资源。

城市扩张和边远地区的开发也是利用政治资本的结果,拉平土地和填整湿地使水质下降,降低了碳隔离,升高了温室气体,全球气候变暖,更严重的是洪水泛滥、生物多样性丢失、支持生物多样性的栖住地丢失、空地丢失、交通堵塞增加。伴随而来的是空气质量下降,对健康有严重的影响,越来越多的社区不希望有这样的结果,需要利用各种机制解决地方社区的这些问题。

2.1 一起工作抗击扩张

在科罗拉多州的斯廷博特斯普林斯(Steamboat Spring),"进步"是一个负担过重的词。位于 Routt 郡的这个小社区有一个知名的滑雪胜地,一个大商场,美丽的山地景观和很多很多的游客。斯廷博特是科罗拉多州第三大滑雪度假公司,每年的滑雪季节要接待 100 多万的滑雪者,通过收费、服务、付现和接收捐赠,给社区带来 500 000 美元的收入。尽管社区很需要这样的财政收入,但一些居民感到,度假区的发展螺旋上升而无法控制。20 世纪 90 年代早期,当公司想在距这个滑雪场 6 公里之外建另一个滑雪胜地时,社区的人民作出反应了。附近小社区的牧场看到他们用于放牧的土地消失了;其他居民很关心交通堵塞的问题以及房价上涨的问题;还有人担心土地保护和污染的问题,出现了一张巨大的张贴画写着"停止对斯廷博特的野蛮出售"。很多组织希望这种发展减速或停止,但他们或许还不知道,有些事不久就要发生了。

地方养牛协会的领导人迪恩与来自自然保护区的一名科学家哈里会面,那时他们还不知道彼此有什么目的,然而,交谈不久,他们意识到应形成一个重要但必须的联合。哈里的目的是要建立可持续的绿色社区,迪恩是要确认绿色社区的建立不会与土地利用冲撞,但他认为种更多的植物有利于养牛。这一联合有助于保护斯廷博特周围 10000 公顷的放牧地。不需再说，新的滑雪胜地在Routt郡没有建起来。被命名为"2020年展望"的一个项目，包括各种公民组织，积极讨论居民们想要保护的东西和促进斯廷博特周边社区的发展，每一个人都开始意识到，冲突与发怒不起作用，必须合作改善社区，提供有区别但合理的选择，这种精神迅速扩大，一个被叫做"环境2000"的组织每年资助召开"非冲突"会议讨论围绕社区发展的主题。人们开始听别人的想法，组织之间的互相尊重越来越明显。

牧场主、环境保护者和地方政府官员形成了强大的联系，保护这个地区的牧场是组织共同决定的，他们希望保护水、空气免遭因过度开发度假胜地带来的污染，特别是在扬帕（Yampa）峡谷，那里有丰富的和独一无二的景观，没有冲突，滑雪娱乐公司的总裁加利就安装了一个公告牌说明这个地区的遗迹"我们保证保护这个地区广阔的土地，只在适当的地方进行开发……我们继承的牧场对滑雪公司来说是重要的"。

1996年，扬帕河水系遗产项目被要求递交一份资助提案给科罗拉多的徒步旅游俱乐部（Great Outdoors），这是一个每年1000万到2000万美元的项目，来自奖券资助金基金会。斯廷博特各部门的代表，包括私人公司、业主、教育工作者和政府官员，组成了一个委员会，他们写了一份150页的提案，包括43封这一地区最主要领导人的信函，这一项目的主题是"保护和促进扬帕河的生态健康及河流，提供有效的农地，同时提供适当的娱乐项目"，同时有5个目标，压倒一切的是保护这条河和它周围的地区。不久这个项目就被通过，获得600万美元的资助，是这个州第二大受资助项目。

各个社区领导人和居民之间形成联盟对社区发展至关重要，正如Routt郡的委员本·比尔说的，要理解和倾听住在那里和工作在那里的人们，"对其他郡的官员来说，我的声音就是传递你们的文化并发现它多么适合你们的观点，土地保护多么适合你们的文化。如果不是这样，那么我的声音就不起作用"。2005年，资助的经费用光了，组织也解散了，但这个项目获得了巨大成功。这说明当人们朝着一个共同的目标一起努力时，显著的事情就会发生，在所有参与者的合作中产生了共同的激情和彼此的尊重。

资料来源：
1997. "Routt County, Co: Holding the Reins." Washington, D.C.: Joint Center for Sustainable Communities. Yampa River System Legacy Project. 2005. Online; available: www.redlodgeclearinghouse.org/stories/yampa.html; assessed September 9, 2007

利用土地的冲突在增加，地方政府经常想在他们管辖的范围内保护自然资本以及人力资本。如在爱荷华州，从圈养动物中大大受益的那些人经常投诉农村限制他们的圈养公司，但较之资金有限的郡政府而言，那些公司的钱袋实际很鼓，付给律师和法庭的费用是合法的资本投资，还可减免税，而对农村郡政府和地方非营利组织而言，免予起诉就要用已经有限的资源。

尽管有人说土地利用的改变是市场力量的自然结果，也有人指出是政治资本和政府补贴在城市扩张和开采自然资源中产生的作用，最终，自然资本利用替代协议要依靠这些组织，如，居民合作伙伴计划提出共同的观点和可持续发展的选择。

在美国历史发展过程中，土地的价值被看成：

1. 提供转变成金融资本的自然资源（伐木、采矿和捕猎）。
2. 生产转变成金融资本的自然资源（农业和林业生产）。
3. 促进文化资本、建设资本和社会资本的消费（用财富购买土地的那些人建起了富丽堂皇的家和庞大的产业，供朋友们享乐）。
4. 提高直接的金融资本投机（买土地以期待它的价值提高）。
5. 为建设资本创造基础（开发房地产、购物中心和建工厂）。
6. 提供主要的生态系统服务（清洁水、空气、生物多样性、碳隔离等）。

7. 保护文化资本（土地的价值观具有其精神涵义）。

关于土地的不同价值观导致了利用并控制它的斗争，为产生金融资本，在自己的土地上所做的任何事情会影响这片土地（洪水、空气质量下降或者塌方）吗？市场协议中的土地及公共政策中的土地，有怎样不同的价值观？我们对土地利用的决策怎样影响自然资本？

二、水的关注

清洁的可饮用水在今天已被看成是世界和人类面临的第一号挑战。在美国西部，水一直是稀缺的商品。人们首先要认识到它是一种最基本的要素，相应地要节约用它。不夸张地说，对水的控制构成了美国西部的历史。

一直以来，阿尔伯克基（Albuquerque）城管理水资源的方法很简单和相对便宜，这个城市从地下蓄水层中抽取所有需要的水。我们过去把美国中西部地区分成沙漠以及西南部最大的水利用者——那里水很少，但现在，情况发生了变化。

水，当从美国北部由东至西调水时，它的数量和质量越来越成为一种稀缺的自然资源。在东部，农村社区水的问题是水质的问题；而在西部，则涉及水利用的问题。古老的西部格言说："威士忌是拿来喝的，水是拿来战斗的"。现在的情况有些类似于垦殖时期，并且具有了国际意义。

为了发展，社区必须获得新的水资源，如洛杉矶，如果它不能得到来自北部下游的水注入干旱的南加利福尼亚土地，那么它不会发展成为现在的规模。最初那里的土地相当干旱，土地价值由水提供的量和稳定性来决定，"卖水和免费扔土地"成为房地产经纪人细分绵延起伏的加利福尼亚南部山区的口号。认识到水对各个时期的居住和对工业发展的重要意义，官方和私人企业都在拼命控制它，无论它是公共的还是私有的。有一部经典电影：《中国城》，表现了为水而战的最具说明意义的情节。

> **2.2 水与城市、农村有联系吗？**
>
> 自20世纪洛杉矶市控制水以来，地方居民与社区就在为重建欧文斯（Owens）河支流、对欧文斯河的控制而战斗。
>
> 因为是洛杉矶市最大的利益所在，大家意识到，发展必须有水，内华达州东部的塞拉里昂湖（Sierra）供应着大部分的水资源。为了获得水，这个城市必须做两件事：第一，必须从地方农民那里买水权；第二，获得铺设水管的线路权以及修水库的土地。城市代表假扮成游客首先参观了欧文斯峡谷，后来，对得到水权还模糊的城市官员也假扮成土地、包括水权的购买者，因为一旦得到水权，城市官员就要改变水利用的目的。来自欧文斯湖的水应该供应给洛杉矶的居民和内华达塞拉里昂湖地区的农业利用吗？
>
> 进一步地，他们必须从欧文斯湖把水输送到洛杉矶下游，这个系统由市场控制还是州控制呢？洛杉矶市长伊顿与投资者协商，投资者要的是从建设输水管以及控制水权中获利。威廉姆是洛杉矶水利局的头，他找到了公共资金来开发公众信任的基础设施，迫使市长放弃可以得到私人财金支持欧文斯峡谷的项目，洛杉矶市得到了欧文斯峡谷铺设水管的项目。
>
> 洛杉矶市很快使水系统控制到了政府手里，部分原因是高昂的成本使它难以吸引市场部门，部分原因是曾经私人控制的太平洋光电公司（Pacific Light and Power）被政府部门收购，建成洛杉矶水电局，由穆赫兰道领导，提供能源和水。
>
> 当欧文斯峡谷的居民意识到洛杉矶计划与水有关，抗争就涉及谁将控制水的问题。欧文斯峡谷报纸宣传保护地方水权，而洛杉矶报纸则宣传欧文斯峡谷社区的利益必须为洛杉矶市的更大利益做出牺牲。阻止铺设水管的战斗说明在提供建设资本过程中，不同的政府层面发挥的作用。管道最终是洛杉矶的纳税人买单，还必须经过公共土地。欧文斯峡

谷的人们通过阻止城市利用公共土地作为阻止项目的一种手段。不仅仅是管道通过公共土地的问题，由总统颁布的美国森林服务，也说明欧文斯峡谷是塞拉里昂城森林保护的一部分，一度成为消除私人控制土地的一个运动。

尽管洛杉矶市有各种资助支持这个项目，但欧文斯的居民还是继续与之抗争。1913年，从欧文斯峡谷来的第一批水到达洛杉矶，1920年以后，管道也开始铺设，在1941年全部铺设完毕。20年间，对铺设管道的抵制包括着激烈的战斗。因为爆炸使岩石落满峡谷，当人们看到茂盛的植物与农业生产因缺水而枯萎，他们非常愤怒，试图在管道上凿洞。洛杉矶的发展换来的是沿河流峡谷城镇、牧场和农田的下降。

2006年9月，对欧文斯峡谷来说是一个真正的胜利，洛杉矶上诉庭会议作了一个决定：洛杉矶要恢复欧文斯河62英里长的支流，禁止使用管道。这个规定也对欧文斯湖有益，自输送水以来，湖几乎干涸。现在，随着欧文斯湖"返湿"，茂盛的植物和动物又回来了。

资料来源：
National Public Radio. 2006. "L.A. Returns Water to the Owens Valley." December 6. Online; available: www.npr.org/templates/story/story.php?storyId=6590362; assessed September 9, 2007.

给某个社区供水意味着对另一社区的剥夺。因此，冲突和民众的反击一直是围绕谁从哪里得到水，谁为水买单。尽管这些问题在全国很重要，但更要关注西南部和西部平原，如内华达州，生活在遥远的卡连特（Caliente）农村社区的人们，越来越关心拉斯维加斯买断水权的问题，一定的协议下，拉斯维加斯能买水权，并使河流改道以供应它自己快速增长的人口，然而，减少了卡连特人可用的水；丹佛市想得到科罗拉多中南部圣路易斯峡谷蓄水层的水，使农村社区和业主们感到相当震惊。这种情况已引起城市居民和农村居民之间的不和谐，城市居民和说客们相信，他们是保持国家运转的发动机，他们应该得到水，不放弃任何水提供的农村居民被看做是"自私"。然而，农民的真实情况是，生活在城市的人不理解农民是多么需要依靠水来浇灌农田。西部缺水是真实的，但关于农村水提供的决策也是困难和多方面的。

大规模的农业用水被卷进与干旱地区用水的冲突中。在肯萨斯州的花园（Garden）城，从奥加拉拉（Ogallala）水管中抽水灌溉农田、养牲畜和农产品加工，使蓄水层的水位越来越低。全球气候变暖，干旱地区的农业和农村社区必须深挖井，以用于生活、养牲畜、商业利用，由于奥加拉拉的蓄水层根本不能再补充，居民害怕，未来任何经济活动都会受影响。近来，制造生物燃油的势头也要用大量的水，同时还产生了另外的一些问题。

提供人类利用的水来源于两个渠道：地表水［湖水、溪流，海水——在坦帕（Tampa）有弗罗里达州的海水脱盐厂］；地下水，从地下蓄水层中抽起来的水。水是流动的，较之土地而言，它相对较少，因此围绕利用和控制水的问题需要制定一些规则。在美国，主要是州法律，然而，联邦政府也有大量的补贴提供水的利用，特别在西部。从1880年到1980年的造田时代，美国人民通过立法委员会的领导，把为各种用途扩大水提供看成是政府的必然作用。21世纪，环境关注由灌溉引发的水和土质问题，以及与此相关联的政治资本、自然资本问题。

由于气候变化，水提供变得更加不确定，利用水和控制水的法律成为斗争的焦点，现在我们已进入一个再分配资源和提高资源管理的时代（国家研究委员会，1992），涉及的问题不仅是水的市场转变（谁付钱最多），而且有第三方影响——谁从水的得与失中获益和遭殃。由于城市有更多的市场能力，这样的水转化会使农村的水质变差；农村土地管理也会对水质产生巨大的影响。如果要提高水质，新的城乡关系要基于需要什么进行再认识。

2.3 安全饮用水的城乡合作：纽约与卡兹奇（Catskills）

纽约市 900 万居民和周围城郊居民依赖一系列的水库获得饮用水，这些水库位于几公里以外的卡兹奇，属于特拉华州水域，纽约拥有的水域不到 10%，大约覆盖了 1 900 平方英里。卡兹奇水域的常住人口大约 77 000，夏季人口还更多，有 350 户奶农。

几十年来，纽约和水域地区之间的关系一直是对立和冲突的，主要涉及这个城市过去获得的建水库的土地，以及流域管理规则的使用。1989 年，《EPA 地表水处理规则》（SWTR）在《联邦政府安全饮用水法案》下颁布，要求过滤所有的地表水（河水和湖水），以避免微生物对饮用水的污染。如果水系统的处理和自然条件能够提供安全饮用水，水域有积极的保护并保证未来饮用水的安全，可以取消这个要求。对纽约来说，新的规则意味着如果它不想花几亿美元建复杂的水过滤系统，就必须在这两个流域内与土地管理者进行合作。

强调

纽约市的居民饮用上游的水，并享用了 150 年的高级饮用水，但自 1993 年以来，因一系列的沸水注入，使生物污染的潜在问题成为一个越来越受关注的问题。污水从处理厂排放出来（一些厂在纽约），来自城市和农业生产的污水，也产生微生物病原体和磷，也是主要的污染源。

战略

1993 年，EPA 宣布纽约市将有条件地放弃修建过滤系统，因它要采取积极的步骤保护和维护特拉华州卡兹奇的饮用水质量。EPA 极力主张管理者召集一个代表纽约州纽约市流域委员会的组织，EPA 和环境组织要与一个有效而公平的流域计划签协议，希望这个计划能使纽约符合放弃的条件，保护城市水提供同时避免花费巨额的钱来修建过滤厂，解决上游居民关心的问题。

这是一个里程碑式的协议，它成功地解决了长期的争斗，在各个主要方面明确了责任和利益，确定了城市对土地利用的规则，保护主要的水库和流域，在流域中实行更广泛的水质监测，支持上下游的伙伴关系计划（包括污水处理厂升级的投资，协调流域经济发展的资助以及区域的伙伴委员会）……上游社区代表参加了区域流域伙伴委员会，它包括州、城市及下游消费者的代表。

1997年，对它的实施进行评议，全国研究委员会强调了技术支持和社区参与的交叉部门，并设置作为优先。如果没有城市对农村的持续发展进行投资，农村就无法投资为城市水利用者降低非点源的污染。

资料来源：
EPA. 1996."Watershed Progress:New York City Watershed Agreement." EPA840-F-96-005. December. Online; available:www. epa.gov/owow/watershed/ny. nycityfi. html; accessed September 9, 2007.

谁有权使用水、谁有责任改善水质一直是争论的问题。在全国范围内要解决这些问题，农村人的作用已经越来越被认识到。在西部，由于水受季节和地理位置的限制，从普韦布洛（Pueblo，美国印第安人）的先民到今天，鼓励有效地利用水一直是一个重要的政策目的。

位于新墨西哥州卡哈里奥（the Middle Rio Grande Valley, MRG）大峡谷中部的一个叫阿尔布开克（Albuquerque）的地方，很多组织在为水而呼吁。首先，普韦布洛（Pueblo）印第安人对水的需求有最长的历史，当西班牙人到来前，他们就用水灌溉农田，西班牙王国支持他们把获得水权（Merceds del Aqua）作为条约的一部分，一直延续到普韦布洛人1600年后期的暴动。墨西哥和那时的美国政府彼此尊重那个水权条约，在条约中表明了普韦布洛人的权利，涉及水的质量及数量，从传统上维护了文化资本——要求高质量的水。

其次是农民。对整体水权的要求可以上溯到西班牙时代，集体灌溉的沟渠由地方运作和管理，要从沟渠系统中获得大量的水，必须在政府的契约下进行，因政府是土地利用权的担保人。acequia 这个词也被称作"集体灌溉的农民"，他们沿沟渠系统而居并分配水，灌溉渠获得很好的管理，分配权在所选择的区域管理地区手上，由他们监督水分配中的费用问题。沿灌溉渠拥有土地的业主，不管他们是不是农民，都有对保护地区的选举权。

水权的拥有者现在是市政当局，一直以来，要么购买水权，要么获得赞助。特别是阿尔布开克对卡哈里奥饮用水的呼吁，以及利用圣胡安查马改水项目（San Juan/Chama Diversion）调圣胡安河上游的水进阿尔布开克大峡谷。

在下游的得克萨斯州和墨西哥国家没有对这些权利的诉求。1957年，得克萨斯州、新墨西哥州和科罗拉多州签署了大峡谷契约，保证这几个州的用水，在这个协议下，得克萨斯州保证给阿尔布开克大峡谷供水；新墨西哥州在"及时而有权"的法律规定下，维护了给阿尔布开克大峡谷供水的一些权利。那个法律一开始是西班牙规则，后被墨西哥采纳，成为美国和墨西哥之间的协议，一直延续到美墨战争。

（一）水权

法律条款规定要适度而公平地利用地表水，沿河而居者的条款规定水的利用主要在密西西比河东部各州，要给那些人水权，因为他们的土地与河水相连。地主不拥有水，但他们有理由使用流经他们土地的水，只是要保证这种利用不会严重地降低水流或湖水的水位；称为加利福尼亚条款的一些规定，有时候被用于整个西部干旱的州。只要水被用于有意义的目的，抽取的水量不超出允许的范围，这个政策让用户可以从源头调水。

地下水的管理法律更复杂。20世纪早期，法律允许地主在自己的土地上使用地下水，但它消耗了周边地主可利用的地下水，有的地主甚至不能从自己的地上调用地下水或从其他地方获得水。现在一些州已重修条款，保护周边的业主和提供地下水的水道，允许业主抽取地下水，但不能超出合理的份额，也不能危害到周围地下水的利用。

随着人口增长、全球气候变暖以及发展，水的适度利用越来越不可靠。获得水权和变化水权要满足对水的新要求，例如，拉斯维加斯和内华达的城市从周边峡谷中已得到水权，对那些地方的农村未来会产生消极的影响。

（二）文化资本与自然资本

缺水的问题一部分原因是文化资本。来自雨量丰富的东部地区的中西部移民，他们想继续种草坪和花园，这种传统也被欧洲移民带到了北美大陆，因而在城市规划中就包含了要提供丰富的水。西部的很多城市建设在沙漠地区，并发展成为重要的城市，如拉斯维加斯、洛杉矶、圣迭戈、阿布奎基和丹佛等。水必须从某个地方获得，"某个地方"就是农村，经常是几百公里以外的农村。

加里福尼亚塞拉里昂湖东部的农村人，一直以来耕田种地。20世纪初，他们知道洛杉矶获得了水权，并要建设一条管道把水调到南部越来越扩大的城市中时，相当吃惊。尽管当地社区组织对铺设管道采取了合法的战斗或悄悄地破坏（见框图2.2），但洛杉矶水电部门（LADWP）还是首先从未经开发的欧文斯峡谷得到了水权。到1941年，洛杉矶的发展意味着要扩大水的提供，LADWP从南部350英里外的莫诺（Mono）湖调水以满足洛杉矶日益增长的需求。失去活水源的莫诺湖水量在减少，同时盐分在增加。生态系统在短时间内不能适应这种变化而开始崩塌：湖中的岛，以前是重要的鸟类栖居地，变成了半岛，鸟更容易受到哺乳动物和爬行动物的攻击，因而降低了生物多样性；水藻的光合率和基本的食物链也在下降；虾的繁育越来越少；溪流的生态系统也由于缺水而被切断了，由于暴露的湖床成为空降微粒的来源，违背了净化空气的自然规律，空气质量变得越来越糟。如果再不采取行动，莫诺湖会变成一个无生命的化学盐田。1978年，莫诺郡的人民和其他来自加利福尼亚的人民组成莫诺湖委员会（MLC），开始与保护俱乐部、学校、服务组织、立法者、律师和关心沙漠湖价值的其他人交流。MLC后来发展到两千名成员并得到了立法机关的认可，寻找解决方案，既要满足洛杉矶对水的现实需求，又要留给孩子们一个富有生机的、健康的、美丽的湖（莫诺湖委员会，1978）。几年后，洛杉矶被推动恢复欧文斯河，停止使用管道从这个地区输水，现在河流及湖里已有了水，植物生长起来了，野生动物也回来了。

MLC围绕自然资本的问题，发动各种组织建立了联盟（政治资本），分享生物多样性、水质量和空气质量的文化资本。尽管MLC没有义务去满足洛杉矶所需要的水，但它找到了一些办法，那就是通过合作解决问题，而不是把环境问题转到其他地方。今天，这个湖越来越健康了（Kay，2006）。

三、生物多样性的重要性

生物多样性被定义为以它们的形式、水平和联系共同存在的各种生命。它包括生态系统的多样性、物种的多样性和基因的多样性。在这三个层面上维护的生物多样性，面对变化可以有更大的弹性。关注生物多样性的人一般都能理解生态系统的多样性必须是物种的多样性。

（一）生物多样性

农村利益与湿地的确定和功能一直有很大的冲突，到什么程度，这些湿地应该受到保护。在北达科他州的农村和遥远的地区，蓄水只能是一年中的某个时候，对一些人来说，保护坑坑洼洼的草甸似乎是浪费掉了相当好的土地；而一些农民则认为应该填平那些坑洼以扩大土地的利用率。政治资本也通过各种传统的农民组织被放大，如美国农场局（the Farm Bureau）。对一些农村社区和城市联盟而言，草甸的坑洼可以在春天蓄水，对水禽的迁移居住非常重要，也引来了猎人和观鸟者，能使地方经济更为多样，同时也维护了世界范围的生物多样性。奥杜邦协会（The Audubon Society）地方委员会与国家组织一起工作，调动政治资本，与当地农业组织签协议。2002年，《农业安全与农场投资法案》（Farm Bill）包含了让农民能够理解生物多样性保护的语言（水的质量，湿地也能过滤水中的化学物质等），同时还获得了生产某些下降农作物的支持（贷款不足支付、反周期支付和直接支付）。像很多农业计划一样，农场投资法案对农村的自然资本既包含着保护，也包含着积极的利用。

过去，在作物和动物方面，农村严重缺乏基因多样性。尽管基因相似能够产生某种标准的作物或动物，但这也使作物或动物很难抵挡疾病和害虫。病原体最容易扩散，如果基质（如玉米、猪或鸡）更加一致和丰富，病原体的传播会更加严重。禽流感在切萨皮克（Chesapeake）海湾地区有规律地爆发，在那里，具有同种基因家系的鸡养在鸡舍里。1998年香港爆发一种新的禽流感，对人也是易感的，导致了几百万只鸡的死亡和损失。1845年至1849年爱尔兰的马铃薯大饥荒（the Great Potato Famine）和1970年美国的南部玉米叶疫病，使玉米致死，这些情况也都是由于生物多样性的缺乏引起的（农业科学与技术协会，1999）。

（二）侵入性物种

另一种对生物多样性的威胁是侵入性物种，这些包括昆虫在内的植物或动物，或被偶然，或被有目的地从世界上某个国家、某个地方引进，离开了他们的天敌及与地方物种的竞争，变得越来越单一。例如，美国南部地区，为了控制"棉花收获后"土壤的流蚀，土壤保护服务中心从日本引进了野葛，尽管固化了土壤，但是野葛到处滋生，挤占了地方的植物，这些植物很多是地方极有价值的野生物种。

1910年代，美国东部农村（城市）的街道及周边地区由于栗子树疫病的爆发而发生了急剧的变化，那些栗子树是从中国和日本引进的，当时通过邮购卖到整个美国。官方的监测和确认姗姗来迟，同时又没有基于社区的教育和公众组织的作为，美国农业部的检疫也不及时，导致到1950年，巨大的美国栗子树消失了，阿巴契亚山的栗子树也消失了25%。

21世纪，另一种改变环境的害虫正在袭击美国的森林、城市以及小城镇的环境。2002年夏季，密歇根东南部靠近底特律的地方，发现了花曲柳窄吉丁（the emerald ash borer, EAB）。EAB的原驻地是亚洲，可能是通过货船或飞机所用的木质包装材料传到美国。这种害虫也传到了温索尔（加拿大）、安大略省（加拿大），2003年在俄亥俄州发现，2004年在印第安纳州北部发现，2006年在伊利诺伊州北部发现。从这种疫病被发现以来，围绕它发生的事是：

1. 杀死了密歇根、俄亥俄和印第安纳州两千多万棵白蜡树，最大的损害是在密西根东南部；

2. 导致协议机构和美国农业部加强检疫（俄亥俄、印第安纳、密西根和马里兰），制定罚款以避免那些有潜在感染的白蜡树、原木或木柴从产生 EAB 的地区流出来；

3. 市政、业主、养护公司和森林产品企业已花掉了几百万美元。

对照栗树疫病，很多社区现在都在组织教育活动以阻止 EAB 传进中西部，州与联邦机构的联盟（密歇根自然资源与农业部与密西根东南部资源保护和开发委员会、密歇根州立大学、密歇根城市与社区森林委员会、美国农业部动植物健康监督服务部门、美国农业部森林服务部门合作），开发并提供了一项 EAB 社区战备计划。这项以社区为基础的计划与其他州共同分享，遏制 EAB 的入侵和避免扩散。由于扩散主要通过木材和木制品，它们经常被砍并从一个郡卖到另一个郡，因此，社区的认知和调动非常重要，如果不调动社会资本和政治资本，保护自然资本和金融资本就不可能产生。

四、气候变化

全球气候变化将对自然资本产生严重的影响。因食物生产、获得新鲜水、暴露病原传播、水传染病、海水平面升高、洪水泛滥以及其他极端的气候变化等产生的对健康的威胁，影响到了人力资本。这些极端的气候变化持续的时间更长，带来更严重的干旱、更多的雨水和雪，对土壤流失和水质有显著的影响。

尽管我们采取了各种行动来减缓全球气候变暖，如减少温室气体、提高碳隔离量等，美国的反应还是缓慢。气候是一种天然存在是事实，采取行动缓解全球气候变暖的人并没有得到任何个人的现实利益（期望是提高社会和文化资本），因而难于判断解决办法的处理成本。在美国，创造了一个市场来交易污染，并把它作为一种方法编入美国环境法中，把降低污染作为一种市场产品。但美国政府在解释人的能动性是气候变化的原因时，其勉强态度使美国一直不把碳隔离作为一种类似的交易货物。尽管一些农业组织希望联邦政府通过所谓的"免耕农业"为隔离碳付费，但他们却不愿交纳碳排放税，为碳隔离付费，在这个立场上，他们受到石油公司和一些犹犹豫豫想改变经营方式的公司的鼓励。

五、替代能源

社区能做什么？一些社区正在通过各种措施降低碳的排放，同时降低他们的消费。例如，大量的小社区购买混合型轿车（hybrid car，其动力既来自电池，也来自内燃机），如在丰田普锐斯（the Toyota Prius）和本田思域混合动力车（the Honda Civic Hybrid），城市公务员和警察常常使用这种车工作。在天气晴好的时候，一些警察还把他们的警务工作放到自行车上；小城市使用灵活的策略鼓励公共交通再循环，商店和住家都在能够行走的距离范围内，也还有一些社区积极利用新的能源，如与私人公司联合利用风能，不仅仅是因为汽油的价格提高使风能具有了竞争力。2000年，扩大风能生产的信贷，每小时千瓦提供给用户1.5美分的信贷，因而有效地降低了使用价格。

2003年2月27日，第一个通用的美洲印第安人750千瓦的风涡轮风轮被安装在南达科他州的苏族蔷薇花蕾部落（Sioux）印第安人保护地，它的安置标志着8年准备期的结束。从1995年它开始运作，当时，由苏族蔷薇花蕾部落、部落设备委员会以及罗斯巴德印第安人一起测量风能资源。

1998年，该部落向能源部（DOE）申请一项合作资助：建立一个商业性的通用风轮。部落收集了18个月的风能数据提交给DOE，准备工作帮助他们获得了资助。该部落与部族间利用政策委员会（ICOUP）和分布式发电（Distributed Generaties）有限公司在一起密切工作，之后与美国农业部农村设备服务部门签下第一个贷款协议，获得了一个与 DOE 资助相匹配的商业性风能项目。

由风能产生的电供给了罗斯巴德印第安人、汽车旅店和周边地区，为了地方的利益，这个部落也出售超清洁的新能源给北新电力公司（Basin Electric），常年销售"绿色能源"给拉皮德（Rapid）市附近的艾奥瓦空军基地，通过与尼布内斯卡公共能源局、西部地区能源管理部门合作传输这些绿色能源。

这个部落签署了第一份部落销售的再生能源交易配额（Green Tage）协议——新能源证书，这份证书表明用清洁的、安全的、可持续的新能源代替传统的、产生污染的电能，这些新能源来自于整个北美的太阳能和风能，生产提供给佛蒙特州的地方电力公司；这家公司销售有该标志的电能给几千个绿色电力支持者，包括班杰瑞（Ben & Jerry）冰激淋公司、大卫马修乐队（Dave Matthews Band）、自然资源保护委员会，以及有兴趣在美国印第安人土地上开发新能源的其他部门。

苏族蔷薇花蕾部落风轮的安置是整个大平原——世界最丰富的风能集聚地，也是印第安人保护地开发风能长期计划的第一步，通过与部落资源开发办公室、部落设备委员会以及部落计划者的合作，蔷薇花蕾部落已签署协议，在保护地建设 30 兆瓦特的风能场地，已递交了一份在另外两个地方建设的申请提案，部落与风能开发商一起工作，部落赚取净利润的一个百分点以及安置风轮的租金。

受到成功生产清洁能源的鼓励，这个部落正在制定对低收入家庭的能源帮助计划（用联邦政府的钱帮助低收入的家庭支付设备的费用或住宅取暖的费用），发挥部落影响力，与松岭印第安人（Pine Ridge）保护地形成伙伴关系，通过工资扣除制为部落的雇员安置太阳能加热系统。部落设备委员会和部落住房部还建了一批有太阳能加热、小轮机供电、防风树的住宅，与丹佛树组织（Denver-based

Trees)、水与人组织（Water & People）一起工作，并得到来自布什基金会的赞助。这个部落正在改造现有住房，使他们获得更多的能源效益。

能源选择不仅使社区赚钱，而且还能为子子孙孙提供一个健康的星球。

本章摘要

人类经常要利用自然资本建设其他的资本，美国原住民过去利用的和现在利用的自然资本一直在加强着文化资本和社会资本，但欧洲移民把他们转变成了金融资本，当他们耗光了居住地的自然资本后，就向西开发。今天，城市扩展更加大了对自然资本的压力，紧凑的居住模式不再有了。在美国欧洲人密集的地方，土地和水形成自然资本的中心，在东北部的非大城市，以农村为中心的居住刺激了工业和商业的发展，而在南部以种植业为主的居住方式却阻碍了这种发展；在干旱的西部，对水的利用无论在拓展期间，还是今天都提高了土地的价值，关于水的产权法在密西西比河东部和西部是不相同的，在西部不一定要拥有水流经的土地，越是边远的地方，水越被过度地占用，对稀缺商品的过度占用所产生的冲突一直延续到今天。城市在发展，城乡冲突也在发展，农业、环境和城市利益为了各自的目的争相控制水，由于水越来越被看做是一种公共产品，法定的方式改变，协议解决有时也能产生双赢的局面，如卡兹奇（Catskills）居民和纽约市之间。但常常，各地还是把对水的控制看成是得失所系的争斗。

不同组织、区域和国家之间快速发展，彼此依赖的全球化趋势越来越明显，需要认识全球气候变暖、国外物种引进以及它们与自然资本有关的问题，这是一个长期的共同富裕的利益问题（不论是个人还是国家），要给予那些不富裕的、但真正从事环境保护的人资助和其他激励，其实也是富人自己对环境的关注，如果贪婪被约束，创造性就能让人们的头脑有目的地探索人类在地球上的足迹，或许我们能把一个美好的星球传递给后代，这比我们继承到的东西更好。

关键词

适度条款。允许水权被第一个提出要求者建立，即用户并不拥有水道周边的土地，但用户要被特定的抽取量限制。

生物多样性。各种生命以他们的形式、水平和联系方式共存。

圈养动物公司。以某种工业的形式饲养牲畜和家禽，这些动物被关在一个大型建筑物中，建筑物的环境受人为控制，以便生产统一的产品，大量的粪便是副产品，到某个程度，生产系统对提高单位劳动力的产出是合理的，在工业装配线上，也是合理的。而且，把动物养在一个有限的空间里，因为消耗的体能很少，可以促进对肉或蛋需求的转变。

反循环支付。如果市场价格比目标价格低，用反循环支付补偿所有的产品。

生态系统服务。主要的服务如净化水、维护生物多样性、气候的可持续性等，它由健康的生态系统自然而然地产生，由于这些服务在市场上长期估价过低，它们相当容易恶化。

侵犯性物种：1．对生态系统而言是非原住的；2．引进它们会导致或可能导致经济或环境危害，或对人类健康的危害。

河边条款。对拥有溪流周边土地的业主限制用水，他们能够合理地利用水，但不能严重降低水的流量。

处理成本。产生在某种交换中，这些成本可能是直接花钱，如：

各种付费；也可能是间接花钱，如：时间、必要的社会联系，以促进某个事件发生。

参考文献

Ambrose, Stephen E. 1996. Undaunted Courage: Meriwether Lewis, Thomas Jefferson, and the Opening of the American West. New York: Simon and Schuster.

City of Albuquerque Public Works Department. Water Resources Division. 2000. In"Water and Our Future," advertising supplement, Albuquerque Journal, December 10.

Council of Agricultural Science and Technology(CAST). 1999."Benefits of Biodiversity." Task Force Report No. 133.

Kay, Jane. 2006. "It's Rising and Healthy." San Francisco Chronicle, July 29.

MonoLake Committee. 1978. Online; available: www.monolake.org/committee/history.htm; accessed September 8, 2007.

National Research Council. 1992. Water Transfers in the West: Efficiency, Equity, and the Environment. Washington, D. C.: National Academies Press.

第三章 文化资本

大卫和罗丝互相望着,他们近来在饭桌上有一些激烈的讨论。大卫反对买地方学校的债券,他想攒些钱多买点土地,同时他也不想让财产税提高。罗丝相信学校的质量必须被维护,同时她也希望债券能传承下去。

大卫和罗丝上大学期间相识,大卫主修农业,罗丝主修植物学。大卫是第四代的农民,家族里的第一个大学生。罗丝的父亲是一名拓展代理人,母亲是学校老师。他们毕业结婚后,把家安在了大卫家的农场。大卫与他的父亲一起干农活,罗丝则经营祖传的种子业务,这个业务一开始由大卫的母亲经营,她是一位劲头十足的园主。

要理解他们对学校债券问题不同的立场,就要了解一些关于他们个人的历史背景。

自大卫记事起,他就知道他要成为一个农民,他来自农民家族,他的曾曾祖父1890年靠马拉大篷车来到肯萨斯州西部,大卫的祖母,与当地一个农民的儿子结婚,婚后,就开始经营农业。一直以来,他的祖父母都在扩大土地并想得到足够的土地分给4个儿子,一旦他们离开人世,他们要留下同样的土地给每一个孩子。大卫的父亲得到了1/4的土地,但这些土地不够传给他自己的孩子,所以,获得更多的土地就成为家庭的优先考虑。

20世纪70年代的扩展时期,即便土地价格高,大卫的父母还是买了更多的土地,因为他们期待着为家庭建一所房子,这样就需要更多的土地,后来土地价格突然下跌,他们却要拼命还贷款,建

第三章
文化
资本

房计划也被推迟了。大卫的父亲得到一份开卡车的工作，要全国跑，同时还要继续务农，与地方银行签协议以维持农业生产。付出了很多努力，他们才得以维持农业生产，并开始建房子，这时，他们有了一个儿子，就是大卫。尽管大卫的父亲放弃了跑运输的工作，但投入土地消耗了他们大部分收入，大卫每天从学校回到家就要帮忙做地里的活，除去教堂外，没有时间做其他的课外活动。

饭桌上的谈话很克制，因为大家都很累，任由电视机开着。大卫高中毕业后进了大学，按照他自己的方式学习，他只参加春季学年的课程，在冬天要回家帮助种麦子和秋天收割玉米。当他开始从事农业活动时，一开始跟着父亲，然后自己干，他父亲的朋友深受感动，逐渐有人请他帮忙种和帮忙收割，他带着自己的机器到指定的田里做那些工作，后来他的工作水平得到认可，他们就请他租种他们的土地或者为分享农作物的收成而工作。

尽管艰难，但这种努力对他的父母而言相当有价值，土地是他们留给孩子的遗产，他们认为已给了他有效使用工具的能力，他能过一种愉快并积极的生活，那就是利用土地并愿意付出艰苦劳动，提高土地的生产能力。

罗丝是一名郡拓展代理和一名教师的女儿，她对农业并不陌生，她父母收入不高但比较有保障，从罗丝出生时，他们就存钱为她读大学做准备。她的父母认为读大学是他们能给女儿的最重要的东西，因而鼓励她参加社区和学校组织，鼓励她与郡的专业人员谈如何选择职业。饭桌上的谈话也围绕着这些问题。她的父母也想把一份遗产传递下去：大学教育、了解人与政治。希望这样能使罗丝获得舒适的生活。

从他们的家庭背景中，我们就不会对他们两人在学校债券问题上持不同的立场而感到吃惊。大卫的父母明白教育，特别是从事农业的教育怎样对农业生产有用，然而当必须作出艰难的选择时，他们强调的是获得土地；相反，罗丝的父母做每一件事都是为了让她上大学和开发技能为未来的职业做准备。在对学校债券问题的反应上，大卫和罗丝明显地反映了他们从父母那里获得的传承，看外界的方式表明了文化资本的差异。

大卫和罗丝的父母给了他们最有价值的东西是：土地及教育。像大多数父母一样，他们想要自己的孩子赚更多的钱和过好日子，然而，正如例子中所说明的，父母认为应该传承的东西因家庭而异。本章探讨文化资本，年轻人从家庭和社区中接受传承的社会和经济因素，性别、种族和民族怎样影响文化资本。

一、什么是遗产

通常我们想到的遗产就是通过遗赠、特别是通过父母留给某人的钱或其他财产，父母留下更多物质性的东西；但同时，父母也把对社会的认识以及他们在社会中的活动通过说话、穿戴等各种方式——文化资本传承下来，并影响着孩子们的决策。

遗产是家庭、社区、组织和国家传给下一代的东西。

尽管某些文化资本比另一些价值更高，被看成是要学习、认识和遵循的主流文化，但在北美，有各种各样的文化资本。文化资本决定了构成什么样的知识，怎样获得知识和怎样有效使用知识。权力之人能够按照他们自己的价值观确定这些关键问题，并提供给孩子文化优势，这些文化优势进而能转变成社会和经济优势。

文化资本包括价值观和象征符号，反映在服装、音乐、器物、艺术、语言和风俗习惯上，文化资本被看成是一种过滤器，通过它，人们过自己的生活，观察每日或季节性的礼仪，认识围绕他们的世界，考虑可能的改变，社会化过程就是通过各种交流形式，即口头地、非口头地传递着价值观。不管人们学到的是花钱还是存钱,也不管他们是信任权力之人还是害怕权力之人,选择从事什么样的职业,考虑什么是最重要的东西,这些都是文化资本的产物。

从父母的观点来看,遗产提供生存工具。大卫的父母把拥有土地看成是儿子未来的关键,他们愿意冒险以确保大卫获得这样的生存工具;罗丝的父母从来没有拥有过土地,也没有建住房的地产,两人是靠自己的教育水平赚取薪水;罗丝的父母勤俭持家,存钱并确保她能带着对他们来说最有价值的工具——教育,离开家乡。

社区层面也传承遗产,美国的主流社会是中产阶级、郊区居民和小城镇的美国欧洲人,他们的思想是持续教育,获得比父母更高的身份。在高中期间,父母们的共同期望把孩子们联系在一起,为他们离开社区,进入大学打下基础;共同的期望也把他们的父母紧密联系在一起,形成父母们的生活方式。但是,在阿巴契亚山、美国印第安人保护带、密西西比地带以及很多内陆城市及周边,对教育的期望是把年轻人从社区和父母中隔离开来;在社区中很明显的是一些年轻人正在学习"离开家乡",地方人也不想与这些年轻人有更多的关系,设想他们优于社区,看到他们正在"退出"社区,因为他们花大量的时间学习不是为了加强与地方的联系,而是为了离开,甚至有时候地方人对这些年轻人不客气。

二、文化资本冲突与主流文化

当一个组织在技术上、军事上强大,并试图把它的文化资本施加给另一个完全不同的组织时会发生什么?美国土著和美国欧洲人的文化冲撞就说明了这个问题。对加利福尼亚欧文斯(Owens)峡谷的派尤特(Paiute)印第安人而言,语言非常重要,因为语言中承载了有关生存的重要含义:一年中,怎样在不同的地方找到食物;

怎样找到编制篮子的材料和怎样编；做什么仪式以保证食物和工具可以得到；如何看天气决定什么时候种植；什么时候打猎。文化资本教会他们在不同的季节里在更广的地域范围内生活，能够度过旱季或湿季。社会主流是人们所拥有的某种东西怎样与宗教和社会规则联系在一起。他们认真地教孩子们那些重要的生存技能，让他们通过观察、实践进行学习。

  1887年的《道斯法案》(Dawes Act)是一个用美国主流文化资本替代"无生产效率"的土著文化资本的专门法案，目的是要使土著文化变得像白人文化一样——经营土地。国会议员亨利·道斯(Henry Dawes)是法案的撰写人，一度表明了他主张拥有私有财产的启蒙力量，他深信这是一个通往文明的过程，因而要"穿上文明的外衣……开发土地、过定居生活、驾驶四轮马车送孩子上学、喝威士忌，总之要拥有财产"（引自《西部档案》，2007）。这一法案分配160英亩的土地给每一个部落成员，实际上印第安部落提供了更多的土地给美国政府以安置大量的白人定居者。土地减少迫使土著变成农民，在这种情况下，私有土地很快落到了美国欧洲人的手中，他们利用的策略是：土地私有化对大多数土著部落而言绝对是一个外来的概念。这种控制式的文化资本完全否定了土著利用地方文化资本维护社会、经济利益的能力。

  然而，土地丧失还不足以让很多土著放弃他们的文化资本而吸收白人的"生活方式"，消除土著文化资本的其他机制（假定他们主动被主流文化资本所替代，从内心到思想上对美国欧洲人认同，即使肤色不同）包括强制上寄宿学校，在学校里，留长发对土著来说具有宗教意义，但还是被迫梳成欧洲人的发式和穿戴。土著的名字听起来也像英国人的了，他们的姓常常与居住地的名称相似，那时，欧洲人亲戚之间的名字往往用于命名延伸的土地，成为土著土

第三章
文化
资本

地的拥有者,对土著来说,可用的土地越来越少了。土著的孩子如果说自己的语言要受罚,土著的宗教被看成是不愿意采纳唯物主义生活方式,要让他们符合美国欧洲人价值观的基础,美国政府支持来自于不同教派的基督联合会(包括天主教和摩门教),让他们负责各个地方的印第安人。因为宗教与某个神圣的地方联结在一起,很多部落会走很长的路搬到更荒僻的地方,这样轻易地就把他们肥沃的土地和森林留给了欧洲人。

整个西部的派尤特印第安人以很多方式渴望和再创文化资本,一名印第安先知[Wavoka,他的英国名字叫杰克威尔逊(Jack wilson)],在日食期间做了一个神式,这是一种原始的宗教活动:鬼舞。为了能参加跳舞,不同部落的土著要放弃喝酒、耕种和与美国欧洲人的联系,用这种方式来恢复过去的文化。这个活动在部落之间逐渐向东传播,绝望的土著们开始跳舞、唱歌,内容是希望世界被打开并吞没所有的人,在这片土地上只留下土著及他们的朋友,让这片土地回到美丽和自然的状态。鬼舞活动中的团结和热烈使部落大受鼓舞,也使白人定居者大受刺激:恐慌和癔病。这一活动最终以美国军队在1890年对南达科他州伤膝河(Wounded Knee)拉科塔(Lakota)印第安妇女及儿童的大屠杀而告终。

暴力是用于消除文化冲突最后的工具。

尽管《道斯法案》被1934年的《印第安再组织法案》所替代,土著的土地继续在丧失,1934年的法案给印第安人提供了大量的东西,似乎是对土著人有利,然而他们从来没有获得合适的帮助;另外,这一法案终结了传统的部落治理,代替它的是联邦政府系统,即国会、选举、短期的办公室和政府的分支机构。原来对印第安人而言更统一、对健康及福利更有益的系统被连根拔除和被替代了。当这一新的管理系统发挥作用时,部落中的生存观和领导观也消除了，结果，土著丧失了他们的部落领导和土地。这也说明了自然资本、政治资本和金融资本也激烈地影响着文化资本。

美国对土著的安置平稳地进入20世纪。1952年，美国土著开始搬到城市，到2003年，土著人口的2/3居住在城市，这种努力被认为是为了找工作、赚钱，并负担住房，很多重新定居的土著是单身男人，他们是经过很多次劝说后，"自愿"搬到城市的，表明通过提供工作机会和住房可以使他们受益，然而，他们的文化联系中断了。在城市，土著被看成是外来者，被明显的种族歧视所隔离，城市人不理解土著文化，土著也难于融入大城市文化，结果，很多土著感到他们在任何地方都不适应，住在城市一直压抑和不舒服。某些情况下，重返保护地是一种选择，然而，他们与部落的文化、精神联系又要与在城市中的生活经历相妥协，当男人们从城市回到部落并成为部落的领导时，他们承诺要保护一些基本的文化资本——领导、语言、宗教。结果，文化资本还是因为他们的城市经历而得不到保护。

到2007年，尽管有一部分年长者试图教年轻人讲"印第安话"，但在欧文斯峡谷能说派尤特印第安语言的人很少还在世，年轻人丧失了他们的传统文化资本，又没有得到美国中产阶级——工作的文化资本。由于传统上用于生存的自然资源彻底丢失了，美国政府采用"协议权"(Treaty Right)宣布，既然印第安人不具备关照自己的能力，那么美国政府将关照他们。伴随着经济上对联邦政府的依赖，部落文化资本的消除和贬低所产生的结果是缺乏认同的遗产以及很多的社会问题，包括在保护地的药物滥用。

现在，在印第安人保护地，也有很多部落的头领努力工作以重建部落文化资本，从而帮助提高其他的资本。

三、社会阶级、分层与主流

社会和大部分社会组织在层级上包括社区、家庭等级和家庭成员，一些人及家庭有更高的地位、权势和财富，社会学家在对这些层级是怎样出现的这一问题上有分歧。一些社会学家指出：在发挥不同的作用时，有些人所做的事情对社会更重要，分层由此产生。然而，他们也指出：对公司的行政主管（CEO）获得比工人多500倍的薪水是可以理解的（这个比例还不包括股票分红、年终奖及普通工人无权获得的贷款豁免）。另一些社会学家则指出：是不同的权力给了某些人比别人多的资源，他们认为，某个组织比另一个组织有更多的权力，用那种权力可以在组织或社会中维护更高的地位。持两种观点的社会学家都同意：在美国社会中，出类拔萃的人一般会有更多的收入、财富、权势和地位，其他的特征如年龄、性别、民族、种族及宗教在等级上都与不同的地位联系在一起，进一步说，在等级中，父母的地位与孩子的地位之间有强烈的联系。

社会学家一直在研究不平等和社会阶级，形成大量的观点。马克思关注物质关系，韦伯关注社会组织，布迪厄及他的同事看到了金融资本和文化资本的交叉点。

（一）马克思的观点

在19世纪工业革命期间的著作中，卡尔·马克思根据经济状况来定义社会阶级。要理解他的观点，我们首先要看商业怎样发挥作用，在商业中的个人怎样积累财富。

任何商业的目的都是赚钱。利润在本质上是商品卖出价及生产该商品的成本之间的差价，生产成本包括材料、劳动力、土地及资本（支付债务利息）的花费。商业利润，或者作为业主直接获得，或者作为投资人通过分红间接获得，那样商业业主就通过商业利润积累财富，在这上面获得一定的控制权以提高商业的价值，就像每天的股市价值所显示的一样。

出卖劳动力给公司，为公司工作的人，要从公司获得薪水。正如在公司或股份公司中的雇员一样，他们获得的利润相当少，因此，他们要通过劳动并存钱来积累财富，可存的钱来自于维持自身及家庭的付账后剩余的工资。他们与商业业主的成交条件要根据劳动力是否稀缺；或者是否具备公司需求的技能和知识；或者通过工会及雇员协会对辞退他们进行集体示威。

假定这种差异是积累财富的能力，马克思划分了两种社会阶级：资产阶级和无产阶级。拥有生产工具、工厂或办公室的人构成资产阶级；出卖劳动力以换取工资的人形成工人阶级，或无产阶级。马克思还确认资产阶级的一部分为中产阶级，包括小店主和农民，这些人拥有生产工具，管理自己的买卖，常常使用家庭劳动力或少量雇佣劳动力。马克思把中产阶级看成是前工业时代的残留物，因此，他预计一旦完成向工业化时代的转变，这个阶级会整个地消失。

我们已迈进工业时代并超越了工业时代，使一些社会学家修正马克思的早期理论。当公司变得越来越大时，社会学家看到了另一个阶级的出现，它存在于资产阶级和无产阶级之间，是管理及具有专业技能的阶级，这个群体包括商业内部的经理或专业人员，服务于商业及公共部门的管理者。他们个人不拥有生产工具，然而他们比无产阶级享受更多的自由和能控制工作的环境。

第二个要修正的是，中产阶级没有消失。在大多数工业化国家，尽管大量的小商业业主及农民数量在下降，但大量自我就业者（现在美国的统计报告中称为"业主"）自 1960 年以来在增加。例如在美国，自我就业从 1880 年整个劳动力中的近 42% 下降到 1969 年的 13%；但到 1998 年，业主已增加到了整个劳动力的 16.6%。在农村有更高的劳动力比例，部分是因为当真实的工资比例下降时，人们要增加收入来源，就要提高人均就业的数量和从事经营的数量，更重要的是劳动力市场的变化。由于把工作分包出去给更小的公司，工业经营的规模缩小，就业逐渐向着服务部门转移，而那些服务部门主要由小公司构成。社会学家得出结论，中产阶级（由小业主构成）在后工业时代是阶级体系的一个构成部分，政府及私有部门的各种计划目的是要鼓励私人业主。

（二）韦伯的观点

鉴于马克思划分阶级是基于物质关系，包括两代人之间的财富和财富传承，社会学家指出，其他因素在划分社会阶级中同样重要。在19世纪后期和20世纪早期的著作中，马科斯·韦伯指出：人们也被威望与权力分层，它与某一层级状态的组织相联系，这些组织有自己的文化，控制对荣誉与特权的获得，社会分层基于文化资本，也基于金融资本和建设资本，社会化的过程，是学习某个组织、社团强调的文化继承的过程。

从韦伯的观点中，社会分层理论描述了组织地位等级，社会分层似乎是所有社会的一个特征，其区别在于封闭或开放的程度。在封闭的体系中，成员不能从一个阶级自由地进入另一个阶级；在开放的体系中，个人和家庭在本层级中流动，社会流动因此成为一个术语，它描述一个人从一种组织状态向另一种组织状态流动，或者向高层流动，或者向低层流动。

（三）布迪厄与社会主流

布迪厄把马克思的物质观和韦伯的组织状态构成的思想联系在一起，检测社会和精神的主流结构。通过家族纽带联系的家庭和通过教育体系联系的社区，都会产生不平等。这是一些主要的机制，通过这些机制，文化资本得以传承。像其他资本一样，文化资本可以被看成布迪厄称为的"一成不变的和可转变的社会力量"，文化资本决定我们怎样看世界、考虑什么、评价什么，想要什么东西被改变。霸权主义组织把它的象征及荣耀体系施加给其他的组织。

布迪厄在法国观察到了这种严格的阶级结构，也看到富人为他们的孩子提供实际的和象征性的联系，让他们知道，在正式的场合下要有什么样的行为，愿意与本阶级的其他人交流。共同的行为和知识给了上层阶级的孩子们超出物质的力量，使他们能够应对权威，从政府到市场，再到公民组织。理查德·桑内特（Richard Sennet）和乔纳森·科布（Jonathan Cobb）看到不同类型的文化资本都会产生"阶级的暗藏伤害"，比如有权势的人，当他们走进由其他组织构成的社区时，他们也感觉不舒服和受到威胁，因为那些组织可能会愤恨他们所没有的象征权势的东西，如轿车、衣服和语言；有权势的人也不能理解对无权势的人来说那些特定的含义，不能理解无权势的群体所产生的不舒服。(1972)

阶级与民族文化——所代表的文化资本，在发展过程中已脱离了各个群体对社会的感受，在某个地方有益的文化资本在另一个地方经常被看成是劣质的，就像芝加哥底层社会的一个男孩埃米特，当他来到密西西比的一个小城镇时，他无法正确判断象征主流的符号——隐喻的暴力——是致命的。埃米特是美国黑人，一名少年，1955年8月在密西西比，当他离开一个白人妇女开的商店时，他大胆地说了一句"再见，宝贝"，这是他在芝加哥经常对他认识的一名白人妇女说的话。结果，这名白人妇女的丈夫感到受到冒犯，他的一名白人朋友对埃米特先是打，然后杀了他，并肢解了他。很显然他们这是犯罪，但陪审团的所有白人却宣告他们无罪。在陈述中，为这两名男子辩护的律师提出面对北方的压力时，要捍卫南方白人的象征："如果他们有罪，他们的父亲将会在坟墓里翻身，我

确信,你们每一个盎格鲁撒克逊人(英国人)都会有勇气使那些受到外来压力的人们获得自由"。(Williams,1987)

四、遗产与家庭

在为孩子的将来做准备时,父母特别会朝着三个目标努力:让孩子有地方居住;提供某种谋生工具(被看成是生活标准);鼓励个人成就(被看成是生活质量)。在一些观点看来,遗产处在一个十字路口:父母在与这三个目标相关的自我生活中获得了什么?父母看到了什么和渴望孩子获得什么?

调查研究表明:中产阶级的父母比起工人阶级的父母及贫穷的父母有非常不同的价值观和培养孩子的方式,米歇尔·拉蒙特(Michele Lamont, 2002)指出:有稳定工作的男人,即学者们所说的工人阶级,他们自己说是"低中产阶级",在使孩子社会化的过程中,父母的行为受到对品质的认知、生存与成功必备知识认知的强烈影响。当社会阶级地位下降,由于环境和经济危机,工人阶级,特别是贫穷的父母更关心的是生存而不是成功;中产阶级父母创造性的、理性的、自由的价值观,与工人阶级父母喜欢服从与遵守的价值观截然不同,中产阶级的父母一般鼓励探索;而贫困的父母则关注于限制。这些都是对经历不同环境的理性反应,要与年轻人追求的工作回报联系在一起。年轻人更关心有一个可预见的安全未来,包括不要频繁地搬家(这更有可能在贫困或工人家庭中出现),因为这样很难完成学校教育。那些感兴趣于内在回报的人(用个人的才能从事感兴趣的工作,学习新的技能,偶尔加以创造)、感兴趣于施加影响的人(参与挑战性的工作和做决策)更有可能继续接受教育和形成中产阶级,因此,社会化初期的文化资本,通过正规学校教育获得的主流文化资本而得到了加强。

安妮安·拉鲁（Annette Lareau, 2003）做了系统的人种论研究表明，父母的价值观怎样转变为文化资本。中产阶级的父母参与孩子的实际开发活动，认为自己做的事对孩子的未来有重大的影响，所以他们积极地挖掘和培养每一个孩子的天赋、选择与技能，在其过程中，也积极安排孩子的生活，鼓励参与由成人特地安排的休闲活动，当然，这需要父母有足够的收入以支付孩子参加活动（从体育运动到音乐课），自己有时间为孩子提供交通服务，必要时参加学校活动。中产阶级的父母特别关注使用语言，即使是在命令或发出指示时也使用推理式的语言，如："出门前戴上帽子，穿上衣服，今天很冷，如果你的耳朵被冻坏了，你会发现自己很不愉快"；允许甚至鼓励孩子对大人的话提出异议："天真得不冷，我能只穿一件套衫吗？"这样可能会在父母与孩子之间达成一定的协议："让我们来看看温度计吧，了解天气是怎样的，会刮风吗？有风会觉得更冷，让我们看一下树就知道了"。中产阶级父母在一定程度上弱化了家庭纽带，因为他们很少关注自己的根和大家庭的安全性，安排孩子的事务（在学校的演出中成为明星）超过了安排家庭的事务（给外婆过生日），因此中产阶级的孩子更有可能在同龄的孩子中度过他们的童年，因为那是大多数活动被安排的方式。中产阶级的父母在孩子有问题时，很愿意去干预，他们也鼓励孩子这么做："你在数学测试中得了C，你与你的老师谈过帮助你更好地理解长除法了吗？"

相反，贫困者及工人阶级的父母相信只要提供给孩子爱、食物和安全，他们就能茁壮成长。拉鲁称此为：完成自然成长的方式。这些父母没有更多的资源，也不相信自由活动的时间参与孩子的活动可以挖掘他们特定的天赋，孩子有更多的时间闲逛，特别是与亲戚一起玩，孩子与父母的互动经常是直截了当的："穿上你的夹克和戴上帽子"。似乎不是外面天气寒冷，而是"现在，你要穿上你的衣服和戴上帽子"，如果孩子反驳，结果可能是身体的惩罚。很少有贫困或工人阶级的孩子提问或直接与大人挑战（尽管实际上他们可以不戴帽子，不穿夹克），他们有大家庭的纽带联系，大多数年长者给年轻人直接的忠告，孩子们在不同年龄的群体中度过他们的童年。

工人阶级和贫困者对他们周围有权势的人感觉不舒服，他们与警察、老师、医生及社会工作者包括他们的孩子打交道，一般是要有事。因此，他们很难与权威人物分享信息，因为他们不相信这些信息对他们有用。工人阶级、穷人以及他们的孩子恭敬地，在表面上接受了与专业人士的互动，但实际对这些人很不信任。拉鲁发现，完成自然成长会形成一种压抑感。表格 3.1 总结了这两种方式的差异

表 3.1 培养孩子方式的差异

	培养方式	
观察角度	具体培养	完成自然成长
每一种方式的关键要素	父母积极地培养并挖掘孩子的天赋和技能	父母关心孩子并让孩子自由成长
每日生活的安排	由成人为孩子安排多样的休闲活动	孩子与亲戚一起闲逛
使用的语言	推理或直截了当； 孩子可以反驳大人； 大人与孩子之间订立特定的协议。	直截了当； 很少提问或挑战大人； 一般要让孩子接受指示。
社会联系	大家庭纽带作用弱化， 孩子经常在同龄人中长大	大家庭纽带作用强化， 孩子经常在不同年龄的群体中长大
参与机制	代表孩子立场的批评和参与； 培养孩子参与自己的利益。	依赖机制； 无能和沮丧的感觉； 家庭与学校之间培养方式的冲突。
结论	部分孩子中明显的权力观	部分孩子中明显的压抑感

资料来源: Lareau, Annette. 2002. "Invisible Inequality: Social Class and Childrearing in Black Families and White Families." American Sociological Review 67: 753.

家庭生活的差异不仅在于父母让孩子得到的优势和资源，还在于他们传给了孩子为自己的生活订协议的技能。（Lareau，2002）

（一）独立的企业家

希望管理自己买卖的人，我们称之为独立的企业家，他们很多在农村社区，特别是在东北部和中西部。相比大城市，他们在农村的经营是家庭式的，自主就业的人占劳动力市场很大的比例。

独立企业家是杰斐逊派（Jeffersonian）理想社会观的核心，《道斯法案》希望促进美国土著的发展，但具有讽刺意味的是拿走了土著们利用的土地。杰斐逊派的思想促进了勤奋、自我完善和乐观主义的态度，消除奴隶制后，一些美国黑人逐渐成了独立的农民和企业家，要么居住在自己的城镇，要么居住在被划分出来的"黑人区"。不幸的是，南北战争后重建南部，所获得的成就被违法的暴力行为扭转，使他们丧失了土地及买卖。

农村神话，在《小城镇在大众社会》（"Small Town in Mass Society", Vidich & Bensman, 1968）中得到了最好的表现，描述了一名怀抱理想的农村企业家，他有明确的生活目标并努力工作，作为对这种好态度及努力工作的回报，他积累起了自己的财富。没有积累到财富的那些人被认为是"懒人"（他们没有努力工作），也因为没有正确的态度（他们没有"美国人"认可的价值观），即：工作要付出巨大的牺牲，要朝着改善自我和家庭来设定目标，要积累财富。然而，寻求财富不是为了财富本身，也不是为了消费奢侈的货物和服务；相反，获得财富是为了发展一项独立的买卖。因此，勤奋、自我完善和乐观的态度能导致投身于经济活动的行为，反过来可以创造财富。

　　父母为孩子所积累的遗产受他们所积累的资源的直接影响，父母努力工作并在农业生产和买卖上进行投资，那样就能为孩子提供就业和住房以及社区内的社会身份，所有的辛勤劳动被看成是为孩子的将来进行投资，也为他们自己投资，由于大卫的父亲已为他准备好了土地，那么自然而然地，大卫现在也要为将来出生的孩子准备好土地。

　　对在农村从事农业生产和经营小买卖的人来说，三种目标集中在一起，土地就是生活的工具，利用这个工具，一个家庭就能够维持下去，因而住房是相当具有使用价值的，要通过家庭和社区为长期的使用进行维护。个人的成就来自于家庭买卖并与社区相连，社区使遗产和地方的联系非常紧密。在20世纪80年代期间，对很多农业家庭而言，如果遗产被阻断，这样的损失是特别让人难于接受的。

　　对任何买卖来说，勤奋、自我完善和乐观的价值观肯定是重要的，社会联系也是重要的，因而，这一社会阶级的遗产是地方特色的，尽管成功经营一项买卖所需要的知识可以从一个社区传到另一个社区，但父母还是要开发特定技能用于经营买卖，也要在社区内得到承认。要理解怎样在一些城镇经营特色买卖从而让那个城镇具有独特的文化，对一个特定社区中的知识和联系，父母传承给孩子的经济活动非常重要。对大卫而言，他从父母那继承到各种联系，让他得到更多自己的土地继续从事农业生产。

（二）管理者和专业人才

　　管理阶级和专业人才是这些人：他们出卖劳动但在工作中获得自由。农村社区经常集体购买专业人才的劳动，如牧师和教师，尽管这些人没有赚大量的薪水，但他们乐于在社区中受到尊重，对重振地区文化资本是很关键的。

加工厂和服务业现在需要经理和管理人员来规范工人和职员,对大多数地方来说,经理和专门人才的薪水相对较高。他们与拥有生产工具的那些人有一些共同的特征,在工作中有高度的自由,另外还能决定自己工作的时间和内容,经常做影响其他人的决策;反过来,这种自由强化了自信,提高了独立的价值观和做决策的能力。

中产阶级的父母留给孩子最重要的遗产就是拥有高价值劳动的能力,这常常靠通过正规教育获得的文凭来决定。

对罗丝的父母来说,他们自己是领取薪水的专门人才,教育比传承物质财富更重要,像这个社会阶层的很多人一样,他们鼓励罗丝和姐妹很好地完成学业,帮助她们做家庭作业,鼓励她们提问和与老师讨论,独立思想被看成是教育过程中的一部分,这是一种品质,对管理决策很重要。罗丝像她的很多同辈一样,她也相信成功直接与教育有关;另外,父母也相信,满足孩子的期望与高等教育联系在一起,因而,他们努力存钱让孩子读大学。

像罗丝的家庭一样,很多家庭希望自己的孩子成为区域或国家劳动力的一部分,在某种程度上,这种遗产自由定位,父母承诺要积极地参与学校活动,保证他们的孩子获得必要的读大学的准备等。买房子也成为一种投资,可以产生交换价值,然而与独立企业家相对照,这三种目标不一定与某个地方联系在一起。

(三)工人阶级

农村地区的矿山、伐木、加工和服务业都会产生工人阶级,他们出卖劳动力但很少有自由或很少能够控制自己的工作。就美国的整个历史来看,南部的纺织厂、新英格兰的制衣和制鞋厂、西北部及大湖上游的伐木营、国家各地的矿山都雇用了大量的工人,很多人去工作是渴望存钱并开创自己的买卖。一些人逐渐成功,然而另一些人却发现在矿城的工资太低,生活费用提高,要在这些地方存钱很困难。后来,某次强大的劳工运动使一些企业增加了工资,特别是在矿山和伐木营,工资提高,但工人还是不能开创自己的买卖,很多有工作的人要依靠工资生存,他们的孩子也延续着那种传统。但是当这些经济部门因技术替代劳动力资本以及全球化而进行重组时,很多公司把劳动密集的生产转向其他国家,因为在那些国家,劳动力更便宜,于是美国农村工人阶级的选择更加有限了。

大多数情况下,工人阶级所需要的技能是在工作中学习,而不是通过正规教育学习。在一些企业,诸如矿业和伐木业,工人实际获得的收入比教师还高,而当教师必须有大学文凭。因而,投资教育的激励机制很小,这就是在矿区如麦克道尔(McDwell)郡、西弗吉尼亚的情况。急于赚钱作为个人的开销或帮助家庭偿还债务,年轻人很早就出去工作;购买住房不是为了再卖,而是为了有一个安全的地方居住,季节性的失业以及经济变化经常使就业不稳定,因而工人阶级家庭要通过拥有住房保障安全。

对于依赖自然资源工作的工人而言,遗产经常与地方联系在一起。早些时候,从事伐木或渔业的人,当他们厌倦了工作时可以很容易地搬走,另外的工作在等着他们,工资可能还更高。工会的形成实际上也提高了这些工作的工资,然而工人流动也要花费。在麦克道尔郡的人是第二、第三代矿工,他们投资住房,与这个地方联系在一起。当地方经济下滑时,他们房屋的价值也下跌,可能就要再找工作挣钱。因此,大部分工人要尽力熬过阶段性的经济下滑和失业。像独立的企业家一样,农村工人阶级常常把遗产与地方密切联系起来,某个企业的倒闭可能意味着三种遗产目标的丧失。

(四)穷人

在农村,雇主,由于他们的文化资本占了优势,认为一些工作不需要技能，因而一些工人获得的报酬非常低。这些工作不稳定、报酬低是临时或季节性的，有时候还需要搬迁。挣钱不靠技能而是靠是否愿意做这份工作。现在，工人提供的劳动力总是超出需要，所以国家定的最低工资标准成了这个群体的最高工资。很多情况下，这些人看不到有任何机会攒钱开创自己的买卖或买房子，因而住质量很低的房子，或者是在那些相当不好的地带居住，或者不能支付每月的房租。这些人经常搬家，一些人在亲戚或朋友那里住几个月，自己住几个月，甚至睡在车里，又搬到一个新的城镇期望找到更好的工作，这意味着孩子上学没有规律，经常还要换学校。

贫穷父母对孩子的期望主要是关注身体健康和营养，把有权势的人看成是威胁。父母不看重内在的磨炼，认为保住工作更依靠提供强劳动，甚至是雇主的一个怪念头，而不是依靠个人的能力。穷人经常感到不能控制环境，他们看到（经常是对的），辛勤劳动不能积累财富或增加自信，对孩子未来的前程非常悲观。由于感到不能积极地影响孩子，因而留给孩子的遗产非常朴素：生活安全，工作稳定，不惹麻烦。

与他们自己的认识不同的是，其他人认为：穷人懒惰，不想工作。实际上农村中大量的穷人一直在工作。农村的穷人2/3以上没有病，也不是残障，也没有整年不工作或部分时间不工作。在很多方面，由"工作的穷人"传承的遗产准确地代表了他们在社会中的经历。

五、社区传承的遗产

像文化一样，遗产通过社会机构一代传给一代。控制生产工具的机构、提供教育的机构、强化价值观的机构、支持个人联系的机构都影响着遗产的传承。这个部分要探讨两种机构：家庭与学校。

（一）家庭对遗产的影响

家庭是传承遗产的主要工具，父母在价值观上会对孩子施加大量的影响，并让孩子接受，孩子面对长大成人的任务要有自信和自我价值观。对可利用的各种机会，正如前面所描述的，遗产与父母所拥有的资源以及他们可能把什么传给孩子联系在一起，然而，在一定程度上，这些遗产也要依赖父母是否期望孩子留在社区。

农村家庭在他们的社区中深受机会结构的影响，如果父母期望孩子留在附近，那么他们就会深入了解地方就业机会和阶级结构，他们传给孩子的遗产会永久地保存在现有的阶级结构当中，肯定也影响自己在工作中的经历。

如果父母期望孩子离开社区，那么他们传递的遗产就很不同了。中产阶级父母，如果是管理者或专门技术人才，就会强调教育；工人阶级的家庭，如果他们急于看到孩子过上好的生活，他们也强调教育，因为他们认识到工作机会、阶级结构这两个方面都需要孩子离开社区。在农业生产下降的社区，或在以加工业为主的社区，如伊屯顿经常鼓励孩子们离开。在那些越来越大的社区，加利福尼亚的曼摩斯湖等地，有很多不同的就业机会，到那些地方从事季节性工作的拉丁移民也找到了令他们满意的机会。中产阶级家庭把这些机会看成是培养企业家的活动。

（二）学校的作用

家庭不是唯一的传递遗产的机构。通过社区成员的资助和支持，学校在教育孩子面对未来的社会工作方面发挥了重要的作用，反过来，父母为孩子们提供的遗产影响着学校的特色。

在经营小买卖非常普遍的中西部农村，遗产反映了社会的公平观，这种观念在移民垦殖期间就已存在，那时大部分人朝着同一个目标努力——拥有自己的买卖。在学校内，阶级差距不明显，父母期望孩子管理买卖或成为有收入的专业技术人才，所以他们让孩子培养独立性并养成谋生的工作习惯，他们也认为从事买卖和专业工作需要与有权和有威望的人联系，所以他们通过一些非正式的社交活动帮助孩子适应那些有权势的人。学校会开展一些让所有学生参加的活动，与阶级无关。中西部和东北部一些小学校的课外活动有很高的参与比例，在一部分学校则作为专门培养的课程。当父母意识到在当地很少能找到工作时，教育就可能定位于离开社区，这样会导致不为社区投资。

其他地方的社区，特别在南部和阿巴契亚山区的社区，父母看到提供给孩子的工作机会太有限，也看到辛勤劳动与成功之间没什么联系，因此，他们在教育方面的投资几乎没有，辍学率相当高，少女怀孕很普遍，父母和年轻人对继续上学看不到任何直接的好处，结果，哪怕是低收入也要去工作，或早早地为人父母。教育能获得高的收入，这种东西太遥远，不幸的是，不读高中的人有更大的失业比例。

霍林斯黑德（August Hollingshead，1949）的研究认为，在何种情况下，社会阶级和遗产会让父母通过社区机构如学校传给孩子，他确认了三种机制，通过这三种机制，一个农村社区的社会分层会在学校里被复制：首先，通过一些小派系或娱乐活动，年轻人模仿成人世界的社会结构；其次，那些对孩子有直接影响的成人包括老师、学校管理者和社区领导彻底歧视来自下层阶级的人；再次，来自下层阶级的孩子会学到在家的模式和在学校的模式，这些模式阻碍着他们的教育成功和职业成功。

作为传递文化与遗产的社会机构，学校是一个费解的东西，农村社区早就发现很难在地方上维持对学校的控制，其中一部分是为了保证地方社区的价值观和精神要受到尊重，并通过教育得以传承；

一些部落学校和部落大学由部落管理者所建,他们也想保证部落及相关的土著文化资本得以传承,这是他们的主流文化资本。

州和联邦法庭认为教育是一个社会平衡器,任何人都可以在学校里主动利用它进入中等阶级和中上层阶级。但正如霍林斯黑德的研究结论说明的,在一定程度上,学校会阻碍这种利用,它复制社区的社会阶级结构,使来自下层社会的人看不到得以进步的道路。一些农村社区仔细地查谁在学校成绩好,谁不好,看自己到什么程度,学校为所有的学生公平服务。

六、性别、种族、民族的影响

尽管阶级和社会地位在形成遗产中很重要,但性别、种族和民族对形成遗产也有不同的影响,父母对孩子所寄予的期望,一定程度上会根据孩子的性别、家庭种族或民族而定。当讨论社会阶级和遗产之间的关系时,如果不理会那些俗套,很难认识所有的人群,因为相当复杂,但基于性别、种族、民族的遗产方面,差异确实存在。我们的研究反映了一些现实的思考:这些差异是怎样产生的。不管怎样,仍然涉及一些错综复杂的问题,任何一种人,所代表的文化是多样的。

(一)性别与遗产

从传统上看,父母、学校、社区对女孩和男孩有不同的期望,从20世纪50年代开始,男女都设想他们应在社会中发挥不同的作用,这样,父母希望男孩和女孩拥有不同的技能和价值观,父母希望男孩为自己和家庭赚钱,男孩进入社会要能独立、有竞争力、有专业技术能力;女孩进入社会则是尽可能有好的婚姻、依靠男人获得经济保障,因此,保持漂亮的容貌、培养做家务的能力和社交能力被认为是未来很重要的能力和价值观。一定程度上,女性社交能力和做家务能力的培养还需要父母考虑她将嫁给什么样的男人。农村女孩要学会各种生产技能，如：种养、储物和缝纫；城市女孩，父母认定她们将来要与一名中产阶级专业人员结婚，因而要学习音乐、艺术、休闲运动和家务技能。

罗丝的家庭保证她接受教育说明了自20世纪70年代以来，父母的期望已发生了急剧的变化，进入职场的女性越来越多，部分是为了自立和自足，部分是支撑家庭，因为有的是单身女性。2002年统计，全美有57.5%的妇女就业，年龄在16岁以上。

越来越多的妇女外出工作，影响了对孩子的培养模式，生了孩子后，她们很快回到岗位上，有的被迫，有的自愿，因而不能照顾家庭。1999—2000年，年龄在15~44岁的妇女，超过55%的妇女在孩子不到一岁就积极去找工作，而1998年最高的纪录是59%。（美国人口普查，2000）

（二）种族与遗产

尽管在过去30年间公民权有所进步，但种族对遗产仍产生着强烈的影响。到2002年，美国黑人构成了美国少数民族最大的比例，接近美国全部人口的13%。他们的历史，体现在奴隶制时期、种族隔离时期和20世纪50年代和60年代的公民权运动时期，留下了大量的遗产，一些是积极的，一些是消极的。

由于他们的根是奴隶，所受的迫害一直延续到奴隶解放，好几代的美国黑人并没有明显的物质财富传给孩子，相反，很多人关心的是提供给孩子社会和文化遗产，这就让他们始终生活在一个敌对的环境中。农村黑人的遗产意味着强化家庭内部的联系及与更大的黑人社区的联系、彼此的义务及对提供这些联系的支持，不从阶级考虑，黑人父母强调家庭联系、家庭价值观、家庭与社区的联系、与教堂的联系。由于种族隔离，美国黑人生活的社区有多种阶级成分,这样,佃农(特指美国南部的佃农)的孩子也能在社区见到老师、医生和传教士,面对种族隔离的学校体制,南部很多黑人社区开始支持并维护他们自己的学校,为做出承诺的年轻人提供流动的机会。

对有专门技术的美国黑人来说,从曾经受排斥的地方进入不受排斥的地方成为可能,但在农村和城市,贫困黑人的孩子不太有可能与这些专门人员交往,当学校联盟时,经常是美国白人获得教师职位,这样,曾经在美国黑人农村社会中存在的文化资本就会转成另外的文化价值观,即强调教育的重要性和社会流动的可能性。

面对持续的种族主义,尊严是黑人遗产的一个重要部分,不使用暴力或袭击手段回应种族主义的办法是父母培养孩子的一个重要组成部分。

(三)民族与遗产

除了性别与种族差异外,父母在确定给孩子合适的遗产时还会受民族成分的影响,一个民族有一个独特的文化、共同的认同、共同的祖先,美国经常被看成是一个"熔炉",意味着多样的民族混合,现实中,独特的民族亚文化一直存在着。

约有 240 万土著生活在美国,约 22% 生活在农村或非保护地,大部分在密西西比河西岸,他们是这个国家最穷的少数民族,尽管各个部落有丰富的历史和文化,但今天美国土著留给孩子的遗产只有悲伤。2000 年,26% 的土著生活在贫困线以下,超过全国平均值 11.8% 的两倍,受教育的年限只有 8 年,高中辍学率是全国平均数的两倍,酗酒是一个普遍的问题,几乎 5 倍于全国其他人。部落的长辈强调需要建立和使用文化资本来面对保护依赖,要对照协议权中所提出的保护条款,这些条款让美国土著放弃了很多自我支持的方法以回应美国政府要关心他们的承诺,直接而显然地产生了依赖。

面对那些毁灭性的统计数据，美国土著在努力维护并传输他们的光荣历史，在一些保护地的学校，曾经用来消除美国土著文化的工具，现在则融合了土著和主流文化，成为他们的学习课程，在他们居住的土地上努力刺激经济发展也反映出了土著的价值观以及面对土地的认识，美国土著越来越寻求传承一种尊重自我文化并武装年轻人，在白人世界里发挥作用的遗产。

在美国发展最快的民族之一是拉丁民族，他们通常是指祖先说西班牙语的那些人，但这显然不是一个同质的群体。大约1500万拉丁人生活在美国，900万墨西哥人，200万波多黎各人，近100万古巴人，剩下的其他300万来自于拉丁美洲中部的很多国家。拉丁人在美国发展相当快，2002年，官方确认已超过美国的黑人成为主要的少数民族。

尽管在西部和中西部的很多拉丁人能追溯他们的好几代祖先，但他们的祖先实际上比北欧移民还要来得早。大量拉丁人是二战以后进入美国的，构成今天的移民来自墨西哥和美洲中部的其他国家如萨尔瓦多、洪都拉斯和危地马拉等。由于其他新移民的到来，拉丁人一般居住在这个国家的"飞地"上，在某种程度吸收了更广泛的文化才得以生存。对很多人来说，他们工作机会有限，部分人是因为英语太差，很多人只能进低薪的加工厂，在一些快速发展的农村社区从事服务工作，获得晋升的机会几乎没有。像黑人社区一样，拉丁人的价值观是忠诚于家庭、相互尊重、负责和承诺彼此支持。在佐治亚等一些州，强烈反对新移民，使他们的身份负有刑事责任，即使联邦法律没有禁止他们进入美国，或延长滞留，他们却害怕在家或在公司突然遭移民及海关强制执行署的逮捕，拉丁人对当地文化的吸收被进一步延迟了。

亚洲移民大规模进入美国是在19世纪后期，那时中国人被招募去开发西部的工业,诸如矿业和建筑业,尽管中国移民在1882年被合法地暂停,移民减少,但亚洲人以自己的方式进入美国的潮流一直没有停止,很多人定居到加利福尼亚或其他一些大城市如纽约、芝加哥。1965年移民法的变化引起了又一次移民潮,特别是来自受战争破坏的国家,如:越南、老挝和柬埔寨。今天有很多亚洲人居住在农村以及各个州,如:肯萨斯州、明尼苏达州和马萨诸塞州的小城镇。

尽管亚洲人中的各种民族有不同特点和行为,但一般都崇尚教育、勤奋和家庭和睦,进入新的时代,尽管物质成就被这些民族群体广泛获得,但这些品质还是作为主要的遗产传给了美国亚洲人的孩子。

七、不平等:谁的遗产

罗丝和大卫从他们的父母那儿获得不同的遗产,在学校债券问题上就有不同的立场,撇开他们激烈的争论不谈,两人继承的遗产都能够帮助他们维持稳定的生活,鼓励他们对社区有所贡献。

在一个变化的社会中,文化资本能够给个人认同感和选择范围,主流群体试图施加他们的文化资本在其他群体上,包括强化当代阶层和不平等的价值观,某些时候,施加文化资本的价值观是暴力的,因为主流社会希望消灭不与主流价值观妥协的那些人,教育的目的曾经是想让每一个孩子接受主流文化,如果他们有能力就要进步,如果没有能力就要接受自己生活的地方。然而,学者现在也认识到并不那样简单,文化资本能够共存,面对自己或他人的遗产,积极、自信的行动需要以获得的遗产为荣,而不是完全拒绝。如果放弃了文化资本,会出现个人和社会的问题,而且要完全适应主流群体的文化资本也是不可能的,想用主流群体的文化资本替代自己的文化资本也是相当脆弱的，会被自己的群体和主流群体边缘化。

本章摘要

文化资本是一个过滤器，通过它，人们认识周围的世界，确定可以改变的东西。文化资本一般通过家庭或其他社会机构表达，因种族、阶级、民族和性别而不同，遗产是文化资本，被一代代地传承和修改，从父母的观点看，遗产是提供给下一代生存和昌盛的工具。

遗产是父母想要传给孩子的东西，包括物质财富和价值观及规则，在某种程度上，遗产依赖现实的经济状况。父母的社会阶级也会影响遗产。社会学家认为，社会阶级或者基于个人与生产工具怎样联系，或者基于他们在社区中的社会地位，社会地位的差别很大，提高社会地位的机会很小，一个社区和社团中都有很明显的等级之分。

特定社会阶级中的成员经常影响着传递给孩子的遗产，经营小买卖的业主和企业家要把买卖或土地传给孩子，遗产就与地方密切联系在一起，尽管希望孩子接管买卖或农地，但一些小买卖业主和农民也意识到，这样的遗产在当代经济中不现实，所以他们鼓励孩子接受好的教育。

中产阶级，特别是管理者和专门技术人员，非常愿意为孩子的教育进行投资，灌输独立思考问题的价值观和作决策的能力。受地方农村社区加工业或其他资源主导型就业的限制，工人阶级的父母一般会灌输遵守纪律的价值观，要让孩子接受来自外部施加的规则。一些工人阶级的父母发现，他们的收入不能让他们摆脱贫困，持续贫困的人经常受到对他们及家庭影响很大的事件冲击，无法控制，结果，他们看到辛勤劳动与教育和美好的未来之间没有太大的联系，即使他们有自己认可和他人认可的能力，他们也很少投资去获取主流文化及价值观，他们维护了地方的文化资本。

遗产通过社会机构一代传给一代，当然，家庭是最主要的社会组织，通过家庭，遗产被传承，学校也会强化现存的阶级结构，或为社会流动提供机会。

性别、种族、民族问题经常改变了遗产和社会阶级之间的关系，早期，男人和妇女在影响遗产的传承方面有各自显著的作用，种族结构常阻碍了黑人父母给孩子灌输流动的必要性；美国土著拼命保留剩下的遗产；社会不平等一直存在，限制了社区及个人；移民希望他们的孩子欣赏本土文化，从而获得更多的生存工具，在新的经济、社会、文化中获得成功。

关键词

自然成长。父母不干预孩子的活动或交往，但提供他们基本的需要，包括：爱、食物和身体健康。

资产阶级。拥有生产工具的人。

具体培养。父母辛勤工作，决定他们的孩子怎样度过成长的时光、怎样思考和说话及与谁交往。

霸权。控制某个社会组织并制服另一个，当其他组织用武力反抗主流群体时，主流群体能够得到顺从者的支持。

遗产。父母要传给孩子的东西，包括物质财富、教育、价值观和行为方式。

管理及专门人才阶级。包括管理者、专门技术人才和政府官员，他们出卖个人的劳动力，但有一定的工作自主性。

中产阶级。那些拥有生产工具但主要依靠自己劳动而不是雇员劳动的人。

无产阶级。出卖劳动力领取工资的人，一般称为工人阶级。

社会阶级。有两个区别的含义。一是指与生产工具有关系的人；另一个是指在社会阶层体系中的层级或分层。

社会流动。人们在社会阶层体系中，从一种层级流向另一种层级的过程。

社会阶层。根据一系列与社会地位有关的特征，把人们细分为不同的层级或分层的过程。

社会化。是一个过程,通过这个过程,人们学会思考、感觉、评价、作为个体在他人及社会体系中的表现。

参考文献

Bourdieu, Pierre. 1986. "The forms of Capitals." In Handbook of Theory and Research for the Sociology of Education, ed. John C. Richardson, 24–258. New York: Greenwood Press.

Hollingshead, August B. 1949. Elmtown's Youth: The Impact of Social Classes on Adolescents. New York: John Wiley and Sons.

Lamont, Michèle. 2000. The Dignity of Working Men: Morality and the Boundaries of Race, Class, and Immigration. Cambridge, Mass.: Harverd University Press.

Lareau, Annette. 2002. "Invisible Inequality: Social Class and Childrearing in Black Families and White Families." American Sociological Review 67: 747–776.

_____. 2003. Unequal Childhoods. Berkeley: University of California Rress.

Public Broadcasting Service. 2001. Archives of the West. Online; available: www.pbs.org/weta/thewest/resources/archives/eight/dawes.htm; accessed September 9, 2007

Sennett, Richard, and Jonathan Cobb. 1972. The Hidden Injuries of

Class. New York: Vintage Books.

U. S. Census. 2000. Online; available: www.censs.gov; accessed January 24.

Vidich, Arthur,and Joseph Bensman. 1968. Small Town in Mass Society. Princeton, N. J.: Princeton Unversity Press.

William, Juan. 1987. Eyes on the Prize: America's Civil Rights Years, 1954—1965. New York: Penguin, Inc.

第四章　人力资本

田纳西州欧佛希尔（Overhill）遗产协会在制定生态旅游规划时面临着一个棘手的问题。尽管旅游线路图设计得非常好，但还需要更多动植物的介绍，并在路上的各个景点能被看到。协会已从田纳西环境保护部门请到一位野生动物专家，她是博士，在这个州的另一个部门从事研究。基于正规教育，她拥有的是一般知识，以及田纳州西部的田野经验，但她不能提供给协会有关这个地方的细节，计划仍然无法付诸行动。

协会的 8 名成员一筹莫展，该计划要流于一般形式，还是应该遵循自己的原则开发独一无二的文化和环境知识？一名叫安德鲁·芬妮的成员突然意识到一些东西，他对另一名叫简的成员说道：你丈夫在这里长大，他的彻罗基（北美印第安人）外祖母教过他各种植物和动物知识，我知道他能模仿很多鸟的声音，他愿意帮助我们吗？

简感觉很尴尬，她了解自己的丈夫。他是学校的一名看护人，很不适应周围的各种组织，特别是与那些受过高等教育的人打交道，因为他们的计划都写在草图上。简说：你知道，我丈夫不识字。安德鲁停顿了一会儿然后回答道：协会有 8 个人识字，但关于这一带的自然情况，我们没有一个人比你丈夫知道的更多。

简的丈夫加入了协会。这个规划不仅使旅游者被沿途独一无二的地方特征所打动，而且，在远足中，也被陪同他们的人所打动，因为从简的丈夫那里，他们明白了鸟的歌唱。

第四章 人力资本

人力资本由个人所拥有的财富构成，包括健康、正规教育、技能、知识、领导能力和天赋。尽管主流文化资本定义人力资本一般是基于正规教育，但人力资本远远超出了正规教育。

一、什么是人力资本

加里·贝克尔（Gary Becker，1992年诺贝尔经济学奖得主）和他的同事西奥多·舒尔茨（Theodore Schultz，1979年诺贝尔经济学奖得主），已做了大量的工作来说明人力资本在普通经济学和社会学中是一个核心的概念，这里是贝克尔关于人力资本的描述：

"对大多数人来说，资本意味着银行户头，IBM的100份股票，芝加哥的装配线、钢铁厂等。从资产的观点来看，它们都是资本，通过一定的时间，它们能创造收入和其他产出。但这些有形的资本并不是唯一的。学习教育、计算机技能、健康的生活方式、守时和诚实的品德也是资本。因为他们可以提高收入、改善健康、在人生期间养成一种好习惯，所以，经济学家关于支出就包括了教育、培训、医疗关爱等对人力资本的投资，它们被称为'人力资本'是因为它们不能从一个人的知识、技能、健康或价值观中被分割出来；然而它们却能从财金和物质资产中分割出来。"（Becker，2002）

人力资本包含的个人特征对自身生存能力、加强社区能力有所贡献，而且对社区组织、家庭以及自我提高等都有贡献。简的丈夫通过使用他所具备的技能和知识，诸如像鸟一样歌唱和对自然的认知，加强了他所在的社区力量。尽管加里·贝克尔不是从广义上定义人力资本，但他明确说明了教育和培训是最重要的人力资本形式，当然有人也怀疑经济学家和社会学家关注的是正规教育，因为其教育程度容易检测，数据也方便利用，但同样重要的是从经历中学到和得到的知识，就像简的丈夫一样。

正如加里·贝克尔所建议的，普通公民劳动力形成过程中在健康方面的投资也是对人力资本的投资，在美国这样的富国，健康经常不被纳入人力资本的构成成分加以考虑，但在穷国，疾病与贫穷限制了很大比例的人口成为劳动力、社区成员和对家庭有所贡献的成员，以及成为国家的公民。与贫困联系在一起的传染病也会传染给不穷的人，从而降低了人力资本的效率。所以穷人得不到预防接种或治疗传染病，社会上其他人就会处于风险中，一定程度上，不平等滋生了抢劫财产等犯罪，受害者会发现自己的人力资本消失了。在美国，精神病不包含在保险中，这实际上会降低对其他人力资本的投资。

人际交往的技能、价值观和领导才能是人力资本的一个部分，个人拥有什么样的价值观和怎样施展领导才能在一定程度上决定了他们对生产、家庭和社区的贡献。如果一个人的价值观、社交关系和领导风格对某种场合、某个组织及他所在的社区不适当，人力资本的这些构成实际上会对生产率和其他的集体事务带来消极的影响。

早期，人力资本与从事体力劳动的强度和耐力联系在一起。现在，劳动强度尽管在很多职业中很重要，但得不到好的回报。在通常情况下，雇主转而雇用移民从事那些需要强劳动的、危险的、肮脏的而且令人不愉快的工作。美国农村的开发依靠欧洲人（自愿的）、非洲人（非自愿的，到现在才是自愿的）、亚洲人、墨西哥人和其他拉丁美洲人（自愿的，但只有当劳动力短缺时才受欢迎），大量的人没接受过正规教育，但却拥有创新的能力，并愿意从事艰苦的体力劳动。

（一）南部种植园经济

南部种植园经济一直存在。农村的贫困（在密西西比腹地主要是黑人贫困）是那些具有现代棉花、稻谷、大豆种植的郡，贫困程度相当严重。"南部农村发展倡议"做过一项研究表明：少数民族人口占多数的 107 个郡（绝大部分是美国黑人），从 2001 年到 2003 年，农民获得超过 90 亿美元的农业补贴，但大多数情况下，补贴的 5% 给了美国黑人农民，其他的则给了少数白人农民经营的大规模农业。格雷在 2007 年的研究中指出：在阿肯色州纵深三角地带的 11 个郡，21 世纪的头 5 年，贫困发生率平均在 18%～29% 之间，人口下降幅度到了 9%，11 个郡中只有一个郡人口增加了 2%。获得补贴的是高度的机械化农业（三年内超过了 10 亿美元），但并没有给美国黑人带来直接或间接的就业。尽管这些郡非常需要就业，但美国农业部提供给农村发展的赞助、贷款和贷款担保总数大约只有农业补贴的 1/8，意味着对农村发展赞助一个美元，就有 150 美元给农业补贴。由于很高的贫困率，美国农业部发放营养和食物消费券，达到 25200 万美元，但只给一定比例的低收入家庭。投资 125000 万美元（农业补贴＋营养计划）提高公共教育、就业培训、创新和经济发展，不再需要其他计划，这会是一个更有效的公共产品吗？

（二）大平原家庭农业生产

内战后，在"填充"大平原和西部的吸引下，美国欧洲人把他们的注意力转向了那一带，并卷入了赶走印第安人的行动。军队入侵和印第安战争，直到尤利塞斯·格兰特①（Ulysses S Grant）把印第安人搬到保护带（从 1870 年到 20 世纪 30 年代）以及同化（通过寄宿学校，目标是让"红色"消失；把他们搬到城市地区），采

---

① 尤利塞斯·格兰特，生于 1822 年 4 月 27 日，身为美国历史上获得最多荣耀、也最受人尊敬的军事领袖之一，并且还是两任美国总统。

取了一系列消除印第安人文化的各种手段。

　　来自1600年的两个骨骼说明,大平原的美国土著和北部的林地土著比同一时代的欧洲人更加健康,但随着欧洲人的垦殖,因为疾病,土著的健康状况快速下降,食物提供不足,大大减少了土著人口。

　　19世纪60年代到90年代,在大平原地区和西部内陆,欧洲移民垦殖过程中,铁路发挥了关键的作用,管理者对修铁路提供土地赞助,并给那些有现金的投机者便宜的地价,导致私人拥有大规模的土地、劳动力缺乏,不可预见的天气,经营土地风险很高,一定程度上限制了生产体系的发展。在农业劳动中缺乏人力资本,而快速的工业发展和城市扩张需要劳动力,到农村招募"下层阶级"的劳动力都困难,农村分散而稀少的人口意味着要提高工资吸引人们从事农业工作。大土地业主答应让农民自由地获得中部和西部的草地和森林种庄稼和养牲畜,因为这些农民的家庭规模比较大,能提供低廉的劳动力。

　　在西部平原,需要更多的移民修建铁路、运输庄稼和牲畜。投机者没有大规模的公司从事农业试验(被称为大农业),城市经济活动更高的回报使一些公司业主把土地划小并卖给小农户,这些小农户依靠家庭劳动力进行生产。美国铁路局还在北欧和美国东部广泛散发广告:"要大大提高生活质量,就买美国的土地吧!"城市发展如纽约、芝加哥和波士顿也需要便宜的食物养工人,他们是工业革命的动力。

　　尽管这些新的家族式农民在民族成分上很多样,但在种族成分上是同质的。有能力购买土地,或者从海外买过路权的群体或个人都是欧洲人或欧洲后裔的美国人。如1872年,埃米尔开始卖爱荷华州厄尔温(Irwin)西部的土地修建铁路,并从德国招募了一批天主教徒来到一个城镇,他叫这个城维斯特伐利亚(Westpholia,他已在明尼苏达州命名了一个维斯特伐利亚城,还将在肯萨斯州命名另一个维斯特伐利亚城),他想让这个名称沿西部的铁路线不断出现。这样,爱荷华的维斯特伐利亚保持了它的德国街道风格,天主教徒有一个集体活动的中心;后来,一名挪威移民搬到这个社区,一开始担心不能适应,经过两次世界大战后,他适应了。在中西部和西部社区之间及社区内部的民族差异被一种永久的、虚幻的美国文化遮蔽了。今天,尽管那些社区"土著"居民的祖辈、曾祖辈都是移民,还保持着自己的语言(2002年,爱荷华州才使英语成为官方语言),但他们却不能接受从拉丁美洲、亚洲和非洲来的新移民。

(三)西部劳动力密集的公司农业

西部在历史上都是大的土地业主,它随西班牙的土地赠予(后来是墨西哥)而开始。1848年,美墨战争,墨西哥战败后,墨西哥领土的1/3被割让给美国。常住居民发现,很难获得自然资本如土地、水、木材等,一些赠与的土地被卖给了祖籍非墨西哥的美国白人;另一种情况是美国法庭不承认合法的土地赠与业主,在新墨西哥州北部,17世纪就开始定居的西班牙社区丧失了在公共土地上放牧的权利,事实上他们有合法的土地赠与证书,包括住宅及公共放牧地。英国随着18世纪的圈地法案,社区公共土地不再提供给"自由"的工业劳动者,美国这个新国家也不承认公共拥有的土地,公共土地与美国的财产权法不能并存,所以这些土地被割让给各个州、卖给私企或伐木公司,或变成联邦政府的土地,这样,西班牙定居者(或叫Spaniards)没有足够的土地放养牲畜。

矿山和修建纵贯大陆的铁路及农业生产方面对劳动力的大量需求带来移民潮涌入西部农村,首先来的是中国人,然后是非律宾人和日本人,再后来是墨西哥人,现在还增加了其他的拉丁美洲人,在这些来源地中，亚洲人被艰难的经济和政治局势推进美国，当有临时性的工作要求劳动力时，他们作为廉价的劳动力是最受欢迎的，在加利福尼亚的圣华金－沙加缅度（San Joaquin-Sacramento）三角地带，中国工人开发了88000英亩的沼泽地，1869年，参与建设了连接犹他州奥格登最西端的跨陆铁路。

当项目完成或合同到期，这些亚洲移民遭到排斥。1882年，中国人被禁止以移民的身份进入美国，1908年禁止日本人，1934年禁止菲律宾人（那时国会宣布菲律宾独立，但实际上真正的独立是在1946年）。1924年，亚洲人在获取公民身份上也遭到排斥。《加利福尼亚外国人土地法》(1913)禁止没有公民证的人租赁土地或购买土地。

1941年，加利福尼亚的日本人成为最积极的货运农民，同时生产这个州一半的蔬菜，他们强大的社会资本及由此而生的信誉体系使他们获得了其他移民没有的财产。珍珠港事件后，即便是证据不足，很多人也被抓进集中营。大部分人丢掉了所拥有的土地和其他财产，直到1965年，美国才在移民法中消除了反亚洲的偏见，给了居住在城市的亚洲人很大的机会，到2000年，美国亚洲人有96%居住在大城市。

二、作为劳动力的人力资本

一项工作可以满足人类的几种需要：提供收入、每天有规律的活动、建立认同观、提供社交的机会、体验生命的意义。因此，社区内一定的工作种类和就业机会对生活在这里及工作在这里的个人有极大的意义。

（一）地方劳动力特征

劳动力作为人力资本的特征包括技能及获得过的培训和完成学

校教育的程度。尽管更低的教育程度常与以自然资源为基础的企业联系在一起,但大多数这样的企业要求工人开发技能,以便有相对好的收入。很多技能要从工作经验中获得,甚至从家庭和朋友那里获得。

尽管通过在职培训获得技能很重要,但学校教育的水平对社区而言也逐渐成为一种资产,欣欣向荣的企业如计算机和信息处理,需要受过高等教育的工人;计划引进新技术的加工厂也要认真考查工人的教育程度。如果那些工人得不到培训掌握新的设备,公司就会重新安置其他工人。历史上看,农村落后于城市是由于劳动力的教育程度,其中一个原因是:常规的加工厂更多是在农村,后来又搬到海外,对劳动力的教育程度要求不高。

城市和农村工人之间的工资区别也反映了农村工人比城市工人获得更少的教育和培训。2006年,农村工人每星期的收入(509美元)大约是城市工人平均收入(607美元)的84%。2005年,年龄在25岁及其以上的农村成年人只有16.9%有大学文凭,仅是城市这个年龄段的青年一半的比例,从1990年开始,城乡之间完成大学学习的差距越来越大。雇主越来越愿意到那些有受过良好教育和有技能的工人集中的农村,对很多寻求经济发展的农村地区来说,低教育程度的劳动力面临极大的挑战,公共学校得不到资助、大学和社区大学很少、教育程度很低、经济压力很大的农村地区发现很难在新的经济环境下竞争。近来,美国农业部经济研究服务局做的一项报道,说明提高劳动力质量和经济发展成就之间的直接联系,认为,尽管非大城市的郡比大城市的郡人数可能会少,但提高成人高等教育程度的人数可以获得更高的人均收入和就业比例的增长。努力降低高中的辍学率、增大毕业率、促使学生为读大学做准备和增加大学的入学比例对提高地方劳动力的质量都很关键。(怀特勒

和帕克，2007）

美国高技术公司的发展和常规加工业的下降也反映在工资收入比例上。加里·贝克尔指出：从全国范围看，到20世纪80年代，有大学水平的工人，其薪酬已提高到了历史最高点，然而，没有高中文凭的工人，其工资从20世纪70年代早期以来已降了25%。不幸的是，中部农村和南部农村的很多地方，为了应对农业危机及80年代早期和中期的衰退，农村社区招募了大批低薪公司并相信"有工作比没工作好"。从90年代早期开始，虽然对高质量工作的重要性有很大的认识，但对社区而言，要改变现存低酬企业的利益相当困难。

社区的年龄结构也是劳动力市场的一个重要方面，有大量初级的劳动力吗？在城市，年轻人不愿干低报酬和没有好处的工作，促使某些工作如快餐连锁店工人工资提高。在中西部，人口下降经常是由于年轻人外出打工所引起，农村社区从事农业生产的人平均年龄越来越大，在初级劳动力市场上剩下的工人很少，结果，农村社区在吸引加工厂时处于相对的劣势，社区中老年人的比例很高，既影响了一定的工作类型，又影响了一定的工人类型。尽管一些适合旅游的郡和适合退休居住的郡在农村快速发展，但产生的就业一般是在服务部分，而且季节性很强。

农村劳动力特征最显著的变化之一就是妇女就业程度提高。传统上，较之城市妇女，农村妇女很少出现在正规的劳动力市场上，部分原因是妇女要做很多不付酬的劳动，如饲养牲畜、帮助种植、维护家庭收支平衡等。经济变化减少了妇女做这些事的机会，经济压力需要妇女去找有现金收入的工作，一些农村妇女还要找稳定的工作以使家庭获得健康保险。在农村的很多企业如纺织厂、发电厂、制药厂等，现在主要雇佣妇女，女性就业方面城乡的差别明显在缩小。

越来越大的流动性也说明了农村复杂的劳动力，交通的改善提高了生活成本，某人可能生活在一个城镇而上班在另一个城镇，对低收入的工作者来说，燃油费用也产生另一种限制。

对劳动力的说明必须是区域的而不是地方的，为说明它，经济学家介绍了"劳动力地方市场（LMAs）"的概念，它既包括地方人们的居住地，也包括工作地。这种地方是由多个郡构成的区域，有相对多的人固定地往返于家与工作之间。这个国家大约有一半的LMAs在农村，特别在西部地区，许多还相当地大，农村人所从事的工作经常是动态的。

（二）二元劳动力市场

劳动力由所有已就业的和正在寻找就业的人构成，劳动力市场被划分成两个子部门：一级劳动力市场，需要专门的技能；二级劳动力市场，可以是没有技能的工人。一些无关紧要的公司从二级劳动力市场雇人，大的企业则越来越看重从两类劳动力市场雇人。（帕赛尔和史迪克梅耶，1988）

在一级劳动市场中被招募到的人是因为他们的教育程度和技能水平。在一级劳动力市场找到的工作收入较高、工作安全稳定、有晋升的机会，在强化实施工作规则中有合法的诉讼权。同时在一级劳动力市场上提供的工作也包括管理、专门技能和创造技能的职业。

二级劳动力市场提供的工作一般地位低、收入低、受益低，很少或没有晋升机会，有时候工作环境脏乱和不安全，工作保障很低。两类市场间流动性很小，但个人完全有可能从二级市场流向一级市场。另外，教育程度与收入之间的联系不大，有特定才能的人能优先从二级市场中找到好工作。因此，在一些公司和企业，如果不考虑那些正式资格如教育，妇女更容易进入无机会晋升的低薪岗位。

在社区或区域内,工作梯级的组织要使工人们能够从二级市场进入一级市场,现在这已经成为农村发展的战略。

2005年的美国农村,年龄在25岁及以上的农村工人4个人中几乎就有1人属于低工资的工人,超过40%的工人是家庭唯一和主要的挣钱者,那些低工资的工人更多地在服务业和零售业中工作,他们中的一部分在二级劳动力市场就业。

在一个特定的企业中,低薪工人一般不需要技能,也不要求太高的教育。尽管自1979年以来,在低薪工作中白人的比例提高,但在农村,低薪工人仍然是妇女和少数民族。在二级劳动力市场,对种族、性别等人力资本的认证比教育的认证更重要。

大多数公司都从法律上规定限制工作时间、安全规则、辞退程序等,要有纪录说明工作报酬的变化和工作人数。这些公司要受政府监督,它们是正式的经济部门,也包括被社会机构规范的公司;非正式经济部门雇主和雇员之间是"握手"关系而不是合同关系,这成为雇用的基础。受雇做非正式工作的人代表了二级市场更低的一个层面。他们缺乏社会福利,工资比国家最低支付还要少(现金支付),可以随意解雇,经常在不安全和不健康的环境中工作。

非正式经济部门已存在了很长的时间,正如曼努埃尔·卡斯特(Manuel Castells)和阿列汉德罗·波特斯(Alejandro Portes,1989)指出:新的东西是以前在正式岗位方面花费的增长,特别是在城市。在农村,某种非正式工作可以被另一种工作所取代,非正式关系可以从农业和自然资源利用部门转向加工业、建筑业特别是旅游业的服务部门。

在一级和二级劳动力市场之间以及在正式和非正式工作之间,一个社区的人力资本怎样划分影响着这个社区的稳定和利益。大多数情况下,农村的就业更有可能在二级劳动力市场中。哈内斯

(Hanes)纺织厂是佐治亚州伊屯顿(Eatonton)第二大的雇主,但几乎所有的雇员都是从地方二级劳动力市场中获得,那些在哈内斯工作的人工资很低,晋升的机会有限,大多数是妇女,黑人妇女最多。哈内斯现在几经离开了佐治亚州。

最终,公司从一个二元劳动力市场中受益,因为劳动力成本很低。如果在某个工作岗位上就业的人不能完全发挥他们的技能以及潜在的天赋,收入有限,地方经济的繁荣也是困难的。由于有很多人力资本得不到充分利用,社区一直处在困苦中,大量依赖二级劳动力市场的公司实际对社区的贡献很小。

(三)机会结构与人力资本

由于一个社区的教育和技能水平有助于确定企业的类型以及商业的类型,一定的工作类型反过来又影响到社区的教育水平。当煤矿和伐木有利可图时,假如在相对较短的时间内,赚的钱比老师还多,年轻人肯定弃学去这些地方工作,在教育上的进一步投资似乎很傻和没有必要。像西弗吉尼亚的麦克道尔郡,尽管对教育的支持近几年来有所提高,但仍然是以教育发展程度低为特征。

厄尔温和伊屯顿的城镇面临着两难的境地。大多数中西部农业地区在历史上很崇尚教育,支持地方学校,让大多数年轻人能够继续二次教育,然而,一旦他们读完大学,就离开了家乡,因为地方的工作很少需要技能和大学水平。在伊屯顿,美国黑人妇女既为旅游业工作,也为家庭工作。如当比利完成商业管理学位后,她发现在伊屯顿找不到与专业对口的工作。

教育程度与工作类型之间的互动在很多农村社区形成一个怪圈,社区机会结构——可得的工作类型和投资机会——影响着地方劳动力的特征,地方劳动力反过来又影响着社区是否能成功地吸引新的商业企业。大量投资教育的社区看到更多教育程度高的年轻人离开了，因为在本地缺乏机会，除非社区领导人和公民一起来创造就业机会。教育水平低的人则依赖装配线工作，这些工作不要求太高的技能和教育，工作者也愿意接受低工资，这类工作也很少激励年轻人投资教育。在努力促进地方经济的发展过程中，社区既需要关注创造高质量的工作，也需要关注开发并维护一个强大的教育系统。

三、建设人力资本

（一）农村学校

自第二次世界大战以来，农村最大的变化就是公共学校减少。1942年，美国有108 000所学校；到1962年，减少到35 000所；到1987年，有14 721所；2002年数字表明继续下降，仅有13 522所学校；到2005年至2006年学年，增加到了14 199。几乎一半的学校被美国教育部划为农村学校。最突出的学校联盟时期是在1939年和1973年之间，希望降低学费和税费让很多州提出建联盟学校。实际大量的事实说明学校越小，花费越少。(《农村政策问题》，2006)

学校联盟说明有一些紧张关系存在于地方和州政府之间。20世纪50年代，教育专家组织和州教育部门把学校推向合并，因为教育专家很关心那些非常小的学校的教学质量，想通过联盟使学校教育标准化。州也认为有更多的责任来支持教育，并希望提高学校系统的财政效率。小的学校体现不出这种效率，因此农村学校联盟导致了学校的大量减少，期待在效率方面有所变化，并希望获得社会和人力资本的回报，但这很少能被检测到。

学校联盟之前，小的、只有一间教室的初级学校分散在整个国家，当学生从这种学校毕业，他们就要转到城里的高中读书。学校联盟的第一个阶段，就是把那些小规模学校合并到学校联盟，从幼稚园到高中，共有12年级，学校设在村庄和城镇。刚开始，新学校有各种活动中心，但逐渐地，农村的这些中心被关闭，所有的孩子都去城里上学。联盟的第二次浪潮出现在人口更少的地区，那个阶段结束，一些村庄和城镇的学校完全不存在了，经常地，两三个城镇为在哪个城镇建新学校不能达成协议，新的高中学校会被建在麦田里或玉米田里，使各个城镇有相等的距离。

农村学校联盟伴随着州对学校控制的增强，如佛蒙特州，几乎在教育体系的各个方面维护着统一控制，包括如下的一些内容：

1. 各个公共学校开办许可证和资格证；
2. 所有学生的注册和注册记录；
3. 学生的学业标准；
4. 成人基础教育计划；
5. 批准独立学校；
6. 资金支出；
7. 让所有佛蒙特学生获得高质量教育。

当教育体制越来越标准化时，一些批评指出它越来越难于满足地方的需要，在一定程度上，州资金要用于支持地方学校，但是州会感到他们几乎没有钱。

正如托马斯·莱森（Thamas Lyson，2002）在他的研究中指出，农村学校的减少对社区的整体福利有明显的影响。他收集的数据全部来自纽约州的352个村庄和城镇，这些城镇的人口都不到2 500人，他根据人口规模把他们划分成两组进行比较，在更小的那组（人口500或不到500），他发现，在1990和2000年之间，没有学校的那些社区只有46%是人口增长的社区，而有学校的社区60%人口有所增长。（在更大的社区，差别只有4%，而且是在同一水平上）。

有学校的社区住房价值更高，或许人均收入也更高。莱森明确说有学校的社区有更多的专门管理人员、自主就业的居民，居民很少去外面的社区工作。莱森意识到，保持学校与社区的密切关系应该是每个州农村发展战略的一个部分。

更大范围的研究说明：在小规模的学校里，学生更积极地参与课外活动。据美国教育部（1998）报告，美国公共学校暴力与纪律的问题：1996—1997年表明，在规模大的学校（1000学生或更多），有825%还多的暴力犯罪，270%还多的破坏行为，378%还多的偷窃行为，394%还多的身体打斗或攻击，3200%还多的敲诈勒索行为，1000%还多的武器伤害；52%的初级小规模学校（学生人数不到300）报道，他们没有这些问题，只有一些纪律监督的问题，小规模学校的辍学率明显还更低。报道显示在规模大的学校里产生的问题没有一件出现在小规模学校中。学校联盟尽管可以解决普遍的经济问题，但对社区的利益可能不是最好的。

4.1 农村学校的学生比城市学校的学生受益，比郊区学校的学生差

1. 2005年，很大比例的农村公共学校4年级和8年级的学生在全国教育计划评估中，阅读、数学和科学的评估要么持平、要么高出城市公共学校同级学生。然而，在阅读和数学方面，农村公共学校的学生不如城郊公共学校的学生。

2. 2004年，农村高中辍学率（11%）比城郊的（9%）高，但比城市的（13%）低。

3. 2002至2003学年，进入高中的农村公共学校的学生比城市的学生比例更高（农村：75%；城市：65%），但比城区和郊区的比例低（城区：76%；郊区：79%。抽样具有代表性）。

4. 2004年，农村比城郊有更大比例的少年既不入学，也不就业（6%

对照 4%)。

5. 2004年，18到24岁和25岁到28岁读大学的比例，农村比城市和郊区的比例都低。

6. 2005年，农村成年人较之郊区的成年人，有更小的比例参加与工作有关的课程学习（24%对照30%）或者是个人兴趣方面的课程（18%对照23%）；较之城市和郊区（6%），更小比例的农村成年人（3%）参加大学或学院的业余学习计划。

资料来源：

U. S. Department of Education, Institute of Education Science, National Center for Educational Statistics. 2007. Status of Education in Rural America. Online; available: http/nces.ed.gov/pubs2007/ruraled; accessed September 9, 2007.

（二）投资给农村的穷人

卡特里娜（Katrina）和丽塔（Rita）飓风让世界认识到了美国的穷人。当媒体关注新奥尔良的城市时，各郡的农村和一些海湾经历了同样的摧毁和不均衡的恢复。整个美国农村，利用食品券（food panties/food stamps）以及其他福利的人群一直在增加，低收入人口人力资本的投资能够确保他们成为社会有生产效率的成员，并能提供他们生活保障吗？

大量的事实说明，在这样一个富足的社会里，经历过贫困的人会受到消极影响，但我们怎样确定贫困呢？第36任总统约翰逊"向贫困宣战"①期间,莫莉(Molly Orshansky)在社会保障管理部门工作,就贫苦问题,她开发了一种检测贫困的工具,到今天还在运用。她根据"节约型食物计划"花费的三个时期和美国农业部确定的家庭最便宜食物开支四种预算,建立了贫困线。贫困线根据家庭规模、农与非农的情况、家庭成员中孩子数、性别的人头数、老龄非老龄的人头数来调整。大多数专家相信,确定贫困,最严重的是评估不充分,至少有一个因素是今天这个国家贫困的原因。莫莉的方法后来被经济机会办公室和约翰逊的反贫困机构采纳。由于家庭食物的花费预算明显下降,而其他的东西如交通、住房、健康的花费在整体上比CPI增长更快,所以自1965年以后,这个方法就要以每年的消费价格指数(CPI)的变化进行调整。对很多有孩子的家庭来说,照顾孩子的花费比住房还要贵,而在1965年,它还不是一个经济因素。评价官方对贫困率评估不充分的程度,有一个方法就是计算自我维持工资。自我维持工资是指家庭(父母及两个孩子)基本需要的支出。简·福罗拉等人(Jan L. Flora,2004)在爱荷华州计算自我维持工资包括提供最基本必需品的支出:食物、衣物、住房、健康、交通(孩子日托及健康关爱)、电话、年终家庭花费、个别

---

① 约翰逊宣称:"伟大社会"将帮助美国人超越罗斯福的"四大自由",实现更为扩展的自由的内容——"学习的自由"、"成长的自由"、"希望的自由"以及"过上(人们)所希望过的那种生活"的自由。约翰逊的"伟大社会"解决处在最不利地位的美国人的需要。"向贫困宣战"大大降低了造成贫困的偶发因素,差不多完全消灭了老年贫困现象。但这个计划所花费的金额(一共几十亿美元)显然太低,不能实现完全消灭贫困的乌托邦设想或完成改造贫困都市社区的生活条件等紧迫的任务。与民权运动一样,政府的行动为美国黑人打开了机会大门,有力地促进黑人中产阶级的生长发展。但是,数百万非裔美国人仍然处于贫困之中。到20世纪90年代,白人与黑人在教育、收入和取得技术性工作机会方面的历史性沟壑大大缩小了。但白人家庭的平均财富仍然是黑人家庭的4倍;失业率大大降低了,但约1/4的黑人孩子生活在贫困之中。

支出的健康和衣物花费等。这个预算还不包括存钱、休闲活动、到餐馆吃饭、购买奢侈品和有机食品。2002年，福罗拉和同事评估，爱荷华州有孩子的家庭19%到28%之间不缴纳收入税，这些家庭的收入还不够支付基本的生活；同时，按照官方的贫困率，大约有13%的孩子处于贫困中。这说明，如果把贫困视为不能支付基本需要，那么，按照官方的贫困门槛线，贫困率应该增长了50%，甚至100%。

总体来看，农村贫困比城市贫困更大。在2005年，高出了大约2个百分点。然而，如果城市人口又被划分为中心城市和郊区，农村贫困就居中。2005年，在中心城市生活的人口中，17%（官方统计）是穷人，9.3%的郊区人口是穷人，14.5%的小城市人口是穷人；到2006年，小城市较之于大城市有更高比例的人口需要食品补贴（food stamps）(10.3%对照7.3%)。

如果打破种族、民族及家庭结构的贫困程度，那么在每一种类别里，小城市贫困比中心城市的贫困又更高（见表4.1）。

表4.1 2005年大城市、小城市居民家庭中特定年龄的贫困及性别

城市情况/年龄	家庭类型（有18岁以下的孩子）		
	两种性别	男性	女性
	贫困的百分比	贫困的百分比	贫困的百分比
统计范围内的大城市（MSA）			
18岁及以下	17.2	17.1	17.3
6岁以下*	19.3		
6至17岁*	15.4		
18至24岁	17.9	14.5	21.3
25至34岁	12.3	9.5	15.1

续表

城市情况/年龄	家庭类型（有18岁以下的孩子）		
	两种性别 贫困的百分比	男性 贫困的百分比	女性 贫困的百分比
小城市			
18岁及以下	20.0	19.1	21.0
6岁以下*	24.3		
6至17岁*	17.0		
18至24岁	20.3	15.9	24.9
25至34岁	14.5	10.5	18.5
35至74岁	9.4—12.5	8.0—10.6	10.6—14.3
75岁及以上	14.7	8.4	18.8

没有与其他的贫困指数作严格比较，因为孩子的贫困率是根据家庭而不是家庭中的个人，另一组数字也是这样的。

资料来源：U. S. Bureau of the Census, Current Population Survey. 2006. "Pov 40: Age, Sex, Household Relationship, by Region and Residence---Ratio of Income to Poverty Level, 2005" (August 29). Annual Social and Economic Supplement. A joint project between the Bureau of Labor Statistics and the Bureau of the Census.

Online; available:http//pubdb3.census.gov/macro/032006/pov/toc.htm; accessed July 28, 2007.

（只选择孩子在18岁以下的家庭，是因为关注的家庭要包括最脆弱的年龄组——儿童，类别里在所有家庭都有相似性）。总体看来，在中心城市和郊区城市之间，农村贫困居中，因为美国欧洲人的家庭构成美国农村更大的比例，（表4.2）也表明，在农村对已婚的有孩子的夫妇来说，美国黑人和拉丁人的贫困程度是非拉丁裔白人的2倍和3倍。

表 4.2　2005 年从家庭结构、种族/民族、大城市或小城市看有 18 岁以下儿童家庭的贫困状况

城市状况/种族	家庭类型（有18岁以下的孩子）		
	总 计	已婚夫妇	女性家庭
	家庭贫困的百分比	贫困百分比	贫困百分比
统计范围内的大城市（MSA）			
所有的种族	14.0	6.3	35.0
单身白人，非拉丁民族	7.8	3.1	26.4
单身黑人	27.5	8.5	41.1
拉丁民族及其他种族	24.0	16.5	44.7
MSA内/主要城市内			
所有的种族	20.1	9.4	40.7
单身白人，非拉丁民族	9.8	3.6	29.2
单身黑人	33.6	12.4	45.9
拉丁民族及其他种族	28.5	19.8	48.4
MSA内/主要城市外			
所有的种族	10.3	4.7	29.5
单身白人，非拉丁民族	7.0	2.9	25.0
单身黑人	19.4	4.9	32.9
拉丁民族及其他种族	19.3	13.6	39.2
小城市			
所有的种族	17.4	7.9	43.1
单身白人，非拉丁民族	13.9	5.8	40.0
单身黑人	35.9	16.7	48.6
拉丁民族以及其他种族	30.1	22.0	52.9

资料来源：U. S. Bureau of the Census, Current Population Survey. 2006. "Pov 45: Region Divison and Type of Residence———Poverty Status for Families with Related Chriden under 18 by Family Structure, 2005." Annual Social and Economic Supplement A joint project between the Bureau of Labor Statistics and the Bureau of the Census.

Online; available: http://pubdb3.census.gov/macro/032006/pov/toc.htm; accessed July 28, 2007.

然而，当检测女性为主的家庭时，人口地理上的差异明显变化，差别很大、很多。家庭中，单身的父亲其贫困率明显比单身的母亲要低，这就说明，当只有一个人适合养家糊口时，性别超过了种族，成为贫困的预警。或许更重要的是，农村、民族状况、儿童现状、年轻父母、家中只有一个成年人且这个人又是女性，这些因素势必叠加家庭贫困。

2000年，贫困率在美国的小城市与20世纪70年代中期一样低，同为13.4%。继二战后期稳定的下降后，无论农村和城市，贫困在70年代都有下降，但在80年代又有明显增长。1979年以后，曾经在70年代被缩小的农村与城市之间贫困的差距再次扩大。到1985年，大小城市之间贫困的差距超过了6个百分点，到2000年，差距不到3个百分点，然而存在区域性的差距。2005年，农村家庭贫困率在南部最大（15.5%），其次是西部（12%），最小是在中西部（8.8%）和东北部（8.2%）。

1974年，美国儿童取代65岁以上人群而成为最贫困的年龄组（见图4.1）。

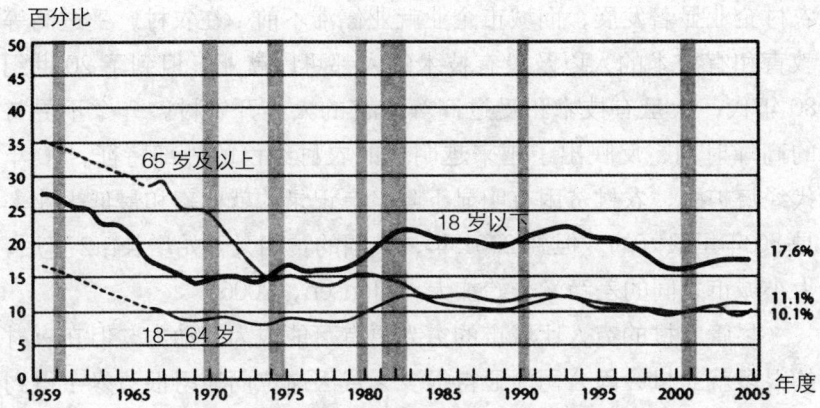

图 4.1 年龄的贫困率，1959—2005

资料来源：DeNavas-Walt, Carmen, Bernadette D. Proctor, and Cheryl Hill Lee, 2006. "Income, Poverty, and Health Insurance Coverage in the United States: 2005," 16. U.S. Census Bureau, Current Population Reports, P60-231. Washington, D.C.: U.S.Government Printing Office. Also online;available:www.census.gov/prod/2006pubs/p60-231.pdf; accessed July 27, 2007.

全国年龄不到18岁儿童的17%和6岁以下儿童的20%是官方统计的穷人家庭（2005年数据），然而，在学校获得免费或低价午餐的儿童比例可能是一种更好的测定儿童贫困率的值数。农村31%的在校生获得免费或低价午餐，而城市学校在校生只有25%获得。贫困家庭的特征在过去30多年来也有所变化，家庭规模下降，年轻人中教育水平提高，其成效因以女性为主家庭的增加以及劳动市场上相对高薪的岗位的减少被抵销。

20世纪80年代，贫困增长有各种原因，最重要的是在80年代初发生的事，企业岗位数量在农村快速下降。20世纪70年代，农村企业显著发展,而城市企业就业停滞不前;在农村,受过高等教育和有技术的人以及没有技术的人都可以就业。但到了20世纪80年代,大量有技术和受过高等教育的人离开农村。一个不寻常的高峰时期,反映出了越来越明显的农村经济的外部特征。90年代经济扩张,农村贫困有明显下降,有记录的就业率和最低失业率是30年里最好的。但到2001年,美国的贫困又开始增长;2年后,大小城市之间的差距又开始加大。(Jensen,2006)

尽管农村的穷人比城市的穷人更有可能成为劳动力,但在农村的很多就业机会因公司而显得很少;或因岗位而显得很边缘:得到最少的工资、得不到合法的利益。特别是农村服务部门,已逐渐代替制造业成为农村主要的经济部门,但收入很少;再有,在农村,有一种强烈的思想与合法劳动相悖,很少有工会从集体的层面上为提高工资而与雇主谈判。

农村社区显示他们有能力对付那些特别的、导致暂时贫困的悲剧,如一次火灾或其他,在一些社区主要是农业危机;但农村社区很难对付长期的贫困,正如第3章讨论的,农村人普遍感到,正确的态度导致辛勤劳动,辛勤劳动应该导致物质成功,但结果,不能获得物质成就——没有好的收入或没有体面的家(自我拥有)——被看成是一种品行失败。而主导思想是:不应该提供救济给那些不工作或低收入者来嘉奖品行失败。

人们在对待道德贫困和非道德贫困方面,主流文化资本发挥着极其重要的作用。道德贫困经常被看成是其财产遭受了毁灭性的灾难,不可抗拒的力量如老龄化过程的结果;非道德的贫困则是指那些体格健全却不工作的人或只能做些临时性工作的人。

根据主流的农村价值观,较之城市穷人,农村穷人有一大部分应该是"有道德的",因为农村家庭更愿意就业。1998年,农村

2/3 的贫困家庭至少有一个成员在一年中的某个时间有工作做；这类家庭的 29%，有一名或几名是全时、全年的工人；16% 的家庭有两名或更多是全时、全年的工人。其根源是超低的工资收入，特别是那些只有高中水平及其更低文化水平的工人。1999 年，农村工人年龄在 25 岁以上，有 27% 的人有工资性收入，但即使有全年、全时的工资，一个 4 口之家也还是处在官方定的贫困线下。（Fluharty, 2002）

年轻人中，特别是那些已为人父母的年轻人，贫困程度深也意味着孩子的高贫困，这些人有一部分是"有道德"的穷人。在农村，因为年轻人体格健壮，尽管他们一直在工作，甚至做几份工作，别人还是把他们看成是没有道德的穷人。表 4.2 现示，18 岁到 24 岁的年轻人更有可能处于贫困当中；而年轻女性比男性更有可能陷入贫困，对一个上了年龄的女性来说，其贫困率相当高。年轻人如果还有小孩，那么小孩很有可能处于贫困之中。如果我们使用官方贫困线的 150% 作为家庭自我维持的一个保留指数，那么在小城市，6 岁以下几乎 2/5（38.5%）的孩子,其家庭收入难以满足基本需求，6 岁和 7 岁之间 30% 的孩子其家庭也是这种情况。农村孩子中，贫困的高比例不仅仅在南部，它实际是国家的一个最大的秘密。

以大多数人的观点看，体格健全还处于贫困的人不应受农村穷人行为的影响，由于羞于接受别人的帮助，很多农村穷人得不到合适的帮助，农村穷人较之城市穷人更少得到对他们有益的资源。

较之城市，尽管农村的单亲父母构成比例很小，但他们面临着一些特别严重的问题。单亲母亲的家庭人头贫困率令人吃惊，盎格鲁人的 40%、美国黑人的 30% 及拉丁民族家庭的 53% 都处在贫困线以下（见表 4.2）。再有就是不能负担托儿费，单亲家庭经常还要依靠女方的亲戚来照顾孩子，但是那些女亲戚也要参加工作，不再愿意做看小孩的人，因此单亲父母就要面对收入低、孩子无人照看的现实。在一些社区，如爱荷华州的汉娜（cHarlan），建立社区托儿所，使单亲父母的家庭及完整的、但两口子都工作的家庭，以一个合适的价格得到可信赖的、高质量的儿童关爱服务。然而这种社区在农村相当少。

对生活在农村的穷人而言，一个相对好处是房子便宜，然而，城市住房价格的高涨意味着有房子的农村穷人也落入了陷阱，他们不再可能搬到能获得高薪的地方，因为不能负担所涉及的房价。在一定程度上，房子越便宜，那么房产就越老，更有可能受损害，这样，农村穷人可能住到活动房子中。

在农村，穷人的发展战略是送一名家庭成员暂时生活在高收入地区，最好住到亲戚家，而其他人则留在家里，这样就不需要买车子和花费太多的钱；反过来，缺乏交通工具和钱限制了家庭成员参与社区活动，加深了农村穷人的隔阂。

因为道德内涵常常与贫困联系在一起，要把农村社区贫穷的人统一起来更为困难（较之把老年人和有残障的人统一起来），要使穷人参与基本需求提供如健康保险，在某个地方经常要全体人员签字或部分人员签字。而地方政府在提供健康关爱和其他福利计划时，面临越来越大的挑战，因为联邦政府的资金在社会保障计划中骤减。

在一些社区，农业危机有助于减少贫困的羞耻感，可以做更多立法方面的事。如很多社区通过冬季外套交易的反贫困机制，以回应辛勤劳动的穷人需要，办法是社区成员收集孩子不能穿的衣服加以分类，然后分给那些需要的人，其他的机制还涉及那些看起来很微小的事如交换校服和礼服等。这种办法以极小的投入让个人得到社区正式参与的标志，因而也参与了社区的主流活动。这些活动虽然不能解决贫困的经济问题，但它减少了很多社会问题，还能逐渐引导其他类似活动，使之成为社区计划的一个部分。

农村人体格健壮但仍然贫困的一个主要原因是缺乏就业或工资太低。农村应该从国会 2007 年通过的最低工资增长中（到 2009 年，要逐渐提高到每小时 7.25 美元）得到明显的利益，因为相当比例的低收入工人住在农村。

经济发展扩大了城市和农村高层次的职业，这是最有效的长期反贫计划。这些努力必须与教育改革相适应，要有实质性的投资，提高年轻人和中年人的能力，特别是在现在还很贫困的地区。但不幸的是，1996 年的"福利改革法案"只提供了两年的教育福利，在那期间，极少的人得到"给必须家庭的暂时帮助"。实际上，这根本不够，哪怕是从社区大学辅修艺术学位的费用也不够，特别是那些单亲家庭。"福利改革法案"写了很多关于获得福利的人要"放弃"一些东西才能进入职场，而不是鼓励他们获得"资产"，以让他们永远地摆脱贫困。

从现在的反福利情绪看，"有道德的穷人"要获得政治支持，儿童是最主要的目标群体。妇女、幼儿、儿童计划、州儿童健康保险计划和其他计划的扩大，都要使儿童受益（也要使家庭受益，因为他们是一个整体），可能比现在众所周知的工作福利计划（紧随福利改革法提出）更有效。"赚取税收抵免"（The Earned Tax Credit）使低收入家庭得到税收福利，是一种证券的形式，然而，很少有农村低收入的工人知道这种东西的存在，或者不知道如何得到，如果能倡议组织者和城市、农村穷人之间产生联盟，那么让妇女抛开福利（80% 多的福利接受者是妇女）可能更有效。既然儿童福利已变成美国的一种战略，可能在反贫困方面有机会获得实质性的进展；"儿童关爱税收抵免"（Child Care Tax Credit）是支持穷人的另一种机制。

(三)健康与人力资本

农村的健康问题既是个人的也是社会的。农村医院、诊所、护理之家正经历着财政危机,医疗结构的变化也是一个因素。农村健康关爱方面的财政危机与联邦政府的健康保障政策有关,由于农村社区有很大比例的老年人,农村医院中就有很大比例的病人需要治疗,这些人需要得到特别治疗,但比起医院用私人保险支付给病人的比例来看,他们的补偿更低。类似的问题也因美国的医疗补助制度而产生,不像医疗关爱是一项联邦财政计划。医疗补助制度需要州和联邦政府之间的共同资金,65岁以下的个人,较之11.2%的城市居民,有15.3%的农村居民得到医疗补助作为最基本的保障。但随着现代金融危机,很多州都抽走了医疗补助的拨款。此外,小城市的医院在进行同样的治疗中获得的补助也比大城市的医院少。来自农村的国会成员正在想办法改变这种不平等,但城市代表立场坚定:因为它既涉及动用大量的资金从城市流入农村,又要拨出实质性的额外的钱,还因为农村人更多的是小买卖业主或在小型企业就业,他们很少得到业主提供的保险(尽管城市和农村的差别不大)。那些得不到保险的人或者要支付更高的金额,或者不能享受相应的福利。在美国,几乎半数的农村工人得不到雇主提供的健康保险。

医院的专门化以及相应的高技术,意味着农村人要更频繁地去专门医院治疗复杂病症。农村医院和诊所成了只能做常规治疗的地方,只有很低的利润率,很多农村医院从地区或大城市请专家,一星期一次或一个月一次来看专科;或者是大的地区医院购买农村的诊所和医生,农村医生成为他们的雇员,并去那些诊所出诊。电子医疗技术能够把农村病人和城市专家联系起来,这就使农村医生更加缺乏。尽管全国有20%的人口生活在农村,但在小城市坐诊的医生只有10%。(Moody,2002)

贫困很大程度上与健康状况有关，更穷和少受教育的老龄妇女加入"医疗保险选择计划"，她们是健康状况更糟糕的人，有各种慢性病。据医疗保障成果调查的数据显示，她们在病中的大部分时间里，感觉失望和悲伤，种族与民族也影响着老年妇女的健康状况 (Bierman, Haffer & Hwang, 2001)。

农村居民因为自我保健的水平很低，比城市居民更多地参与有损健康的行为，例如12～17岁的人抽烟在边远的农村有很大的比例，从全国来看，1999年，大约15%的少年有抽烟纪录，在西部和南部，生活在农村的少年更有可能抽烟，南部和中西部少年抽烟最多。唯有在中西部，城市少年抽烟的比例高于农村。在农村，18岁以上的人抽烟比例也高于城市，西部人较之其他地区抽烟更少，而南部农村居民喜好抽烟 (Eberhardt 等, 2001)。抽烟对健康有明显的影响，像肥胖一样，农村比城市的比例更高（见第10章）。然而，如果人们看不到改善生活方式的重要性，就有可能产生那些危害健康的行为。突然死亡率在农村也很高。

健康状况的差异在美国农村意味着什么？首先，当某人的健康状况很糟时，很难有效地摆脱贫困，因为从事正常工作的能力受到了极大限制；其次，难以得到健康关爱——无论是预防还是治疗；再次，对儿童来说，糟糕的健康常与糟糕的学习成绩联系在一起，加剧了家庭生活的劣势，在那样的家庭中，成年人的教育程度都很低。

提高健康关爱对农村人力资本来说是一个相当好的投资，它能转变成更高水平的社会资本和金融资本。

本章摘要

加里·克贝尔及其他经济学家指出，教育与培训是最重要的人力资本形式。人力资本也包括个人的性格特征,并有助于形成谋生、增强社区力量、贡献社区组织、家庭及自我完善的能力。

拓展时期,人类劳动的特征包括体力和耐力,在某些情况下也包括创新精神。教育经常被一些人否定,因他们的一生只做体力劳动。但在拓展中,尽管获取财产相对容易,教育还是体现了更大的价值并被普遍认同。所以,尽管在一些地方,直到20世纪70年代农村学校还被隔绝,但教育已深受重视。

农村就业的机会既取决于适用的教育类型,也取决于鼓励学生采用的程度。劳动力市场被划分成两个部分:一级和二级劳动力市场,一级劳动力市场招募受过良好教育和有技能的人,从事管理、专门技术或艺术方面的工作;而二级劳动力市场提供的工作岗位一般地位低、收入低、待遇差,晋升的机会很小甚至没有。

过去,矿工、伐木工以及农民都没有高的教育水平,因为他们要尽早工作。然而时代已经变了,教育水平和工作类别之间的关系在很多农村社区也变成了一个怪圈,大量投资教育的社区看到受教育的年轻人离开了,因为缺乏"机会",除非这些社区能集体创造让孩子们留下来的就业岗位。由于学校联盟推行,农村的地方学校越来越少,这既伤害了地方经济,也没有提高学校的效益。

在美国,农村贫困一直比城市贫困高。住在农村的人拥有的机会较少,获得的教育太少,这两个方面都加深了贫困。贫困与糟糕的健康状况联系在一起,人力资本因此很糟。农村人较之城市人更多地具有损害健康的个人行为和职业行为,农村也很少用资源进行投资以提高人力资本。

关键词

既定特征。指通过教育、培训、阅历、努力、关系获得的东西或"天生"智力。

随机特征。被社会分配给个人的社会特征，它根据有形的（性别、种族）、文化的（种族、民族、宗教）、经济的（社会阶级）或人口统计的（年轻人、老龄人）等不由人选择的特征。随机特征很容易导致框框套套，甚至当替罪羊。

正规经济。指被法律规范和通过常规数据收集加以监督的经济活动。

非正规经济。没有受到法律规范，如没有合同就进行劳动力和产品交换的经济活动。这类活动一般不能通过发票、票据清单或正规的会计程序加以监督。

健康状况。指身体和精神的情况，这些状况可能是急性的（暂时的），也可能是慢性的（长期的）。

劳动力。指一个社区、地区、州、区域或国家所有工作适龄的人。这些人体格健壮，一些人正在从事一份带薪的工作，一些人正在找工作；一些人自我就业，提供产品和服务给市场。在大多数国家包括美国，早期做的决策没有把从事家庭和其他经济活动的无薪家庭成员算作劳动力的一个部分，劳动力只是指获得工资或薪水的人。

劳动力地方市场（LMAs）。包含居民居住地方和工作地方，是一个地方性的区域（经常包含着好多郡），有一个集中的贸易中心或城市。在这个区域内，大量的工人要安家并能容易地乘车上下班。

机会结构。用它描述工作的类型以及在一个社区能够得到的投资机会。

一级劳动力市场。工作岗位提供高工资、安全的工作环境、晋升的机会、相对稳定的就业，在强制执行工作规则中有合法的诉讼程序。

二级劳动力市场。提供的岗位不需要特别的技能，相对低的收入，晋升机会很少，有高度的大起大落。

参考文献

Becker, Gary S. 2002. "human Capital." In The Concise Encyclopedia of Economics.

Online;available: www.econlib.org/library/Enc/HumanCapital.html; accessed April 16, 2003.

Bierman, Samuel, C. Haffer, and Yi-Ting Hwang. 2001. "Health Disparities among Older Women Enrolled in Medicare Managed Care." Health Care Financing Review 22:187-198.

Castells, Manuel, and Alejandro Portes. 1989. "World Underneath: The Origins, Dynamics, and Effects of the Informal Economy," In The Informal Economy: Studies in Advanced and Less Developed Countries, ed. Alejandro Portes, Manuel Castells, and Lauren A.Benton, 11-37.Baltimore: Johns Hopkins University Press.

Eberhardt, Mark S., Deborah D. Ingram, Diane M.Makuc, Elsie R. Pamuk, Virginia M. Field, Sam B. Harper, Charlotte A. Schoenborn, and Henry Xia. 2001. Urban and Rural Health Chartbook. Hyattsville, Md.: National Center for Health Statistics.

Economic Research Service(ERS). 2007. "Rural Low-Wage Workers Face Multiple Economic Disadvantages." Amber Waves 5(3):8.

Flora, Jan L., Martha M. Dettman, Stacy Bastian, Georgeanne Artz, and Margaret Hanson. 2004. "Iowa Self-sufficiency Wages." Office of Social and Economic Trend Analysis, Iowa State University. Online; available: www.iowapolicyproject.org/reports_releases/040216-wage-sum.pdf.

Fluharty, Chuck. 2002. "Toward a Community-Based National Rural Policy: The Important of the Rural Health Care Sector." Presentation at the National Rural Health Association 25 th Annual Conference in Kansas City, Missouri, May 17. Online; available: www.rupri.org/presentations/;

accessed May 13, 2003.

Gray,Jason. 2007. "The Pattern of United States Department of Agriculture Policy and Funding in Rural America's Low Wealth and Minority Communities." Southern Rural Development Initiative. Online; available: www.srdi.org.

Jensen, Leif. 2006. "At the Razor's Edge: Building Hope for America's Rural Poor." Rural realities.Rural Sociological Society, 8pp.

Available at http://web1.ctaa.org/webmodules/webarticles/articlefields/razor.pdf; accessed October 29, 2008.

Lyson, Thomas A. 2002. "What does a School Mean to a Community? Assessing the Social and Economic Benefits of Schools to Rural Villages in New York." Journal of Research in Rural Education 17:131-137.

Moody, Robin. 2002. "Rural Health Care Faces Crisis." The Business Journal(Portland), December 30.

Online; available: http://portland.bizjournals.com/portland/stories/2002/12/30/daily6.html; accessed April 16, 2003.

Parcel, Toby L., and Marie B. Sickmeier. 1988. "One Firm, Two Labor Markets: The Case of McDonald's in the Fast-Food Industry." Sociological Quarterly 29, no. 1:29-46.

Rural Policy Matters. 2006. "Anything but Research-based---State Initiatives to Consolidate Schools and Districts."

Online;available: www.ruraledu.org/site/c.beJMIZOCIrH/b.1073911/apps/nl/content3.asp?content_id={16815E82-4187-4627-9C9E-62389AFE125B}&notoc=1; accessed September 8, 2007.

Schultz,Theodore. 1961. "Investment in Human Capital." American Economic Review 51:1-17.

U.S. Department of Education. 1998. Violence and Discipline Problems in the U.S. Public Schools: 1996-97, National Center for Education Statistics.

Also online;available: http://nces.ed.gov/pubs98/98030.pdf; accessed September 8, 2003.

Whitener, Leslie A.,and Tim Parker. 2007. "Policy Options for a Changing rural America."

Online;available:www.ers.usda.gov/AmberWaves/May07SpecialIssue/Features/Policy.htm; accessed September 9, 2007.

第五章 社会资本

尼布内斯卡州的奥罗拉（Aurora）是农村社区，位于普拉特（Platte）河的洼地，距80号州际公路大约5英里，人口4280人（2005年数据，是从1980年的3700人增加的）。这个城镇最值得夸耀的是有一个一流的图书馆，一个完备的社区中心，一个古老的科学博物馆，两家中等收入的家庭公司，一个农业博物馆，一个充满生机的工业园区，一家农民企业，是由尼布内斯卡中部和堪萨斯南部的29家小企业合并形成。2006年9月，在奥罗拉西部项目上，出现新的景象，奥罗拉公司和私人公司之间建合资企业，项目包括谷物加工设备、自动加油站、一个农艺中心和一个年生产2亿2千加仑的酒精厂。该厂2009年建成（在1990年早期的合资企业中，奥罗拉公司只是一个年产5000万加仑酒精厂的合作伙伴，它想建更大的新工厂，新工厂卖股份给原先的工厂）。

居民还不习惯地方电信交流公司，还把它称为"电话公司"，这种用词不当让CEO菲尔感到失望，因为他努力工作就是想让这个公司有更多的内容和新意，而不仅仅只是电话公司，他想说服地方居民但没用。汉密尔顿电信交流（Hamilton Telecommunications）公司为它的客户提供成熟的电信交流，并与州签下合同，为失聪者和接听电话有障碍的客户提供转换服务。公司培训了45名熟练的转换者，公司还管理着一个电信市场子公司，雇用将近200人。1998年，汉密尔顿电信交流公司招募一家软件公司，这家公司最初建在丹佛，但公司总裁断定汉密尔顿可以提供比在丹佛更多的选择和更好的转换功率。

1985年，奥罗拉还招募了一家宠物食品厂，工厂使用来自农民的玉米作为其中的添加物（酒精厂也用它）。

1996年研究奥罗拉时，越来越清楚地看到，奥罗拉在为它的人民建设集体主义生活和对未来的乐观精神方面，获得了相当大的成功。与此同时，研究也用了两个真实的中西部社区作为社区发展的比较部分，什么使奥罗拉如此突出呢？

多年来，大多数的奥罗拉居民在倡议成立合资公司方面发挥了关键的作用，个人的努力也为社区文化和组织的变化铺平了道路；而另外两个社区，一直都没有对应协调起来。例如，奥罗拉有12种社区基础的资金。第一种设立在1964年，60年代后期，一名银行家和他的妻子（他们没有后代）巩固了这一基金。作为基金的受益人，社区建设图书馆及其维护系统，后来，其他大大小小的捐赠随之而来，让人们考虑要把社区基金传给后代，这也成为财金顾问的工作内容。现在社区基金有实物和现金，超过了4400万美元。这些财产包括图书馆、博物馆、教育中心、医院、托儿所以及独立的生活设施。早期，社区还为当地的大学生提供奖学金。

研究访谈了肯·瓦特曼（现已去世），他是一个粗鲁、脾气不好但总是果断、乐善好施的人，1948年从二战军队中退役后，他从家庭借来资金，在奥罗拉建了一家汽车特许经销处。他是奥罗拉发展公司（ADC）的开创人，经常把社区中所有的提议者和激励者组织在一起。他还使用策略使那些想代表地方经济利益的人坐下来谈判，和其他人一道，建立机制保证年轻人（很少有妇女被培训成为汽车经销商）进入ADC汽车经销界，一旦他们被培训或学会在奥罗拉怎样经营买卖，他们就可参加经销界内的事务。关于奥罗拉的故事还有很多细节，包括：

1. 社区表明愿意出钱支持地方项目，而不是首先去找赞助；

2. 为地方企业优先提供资金，而不愿成为"重工业的追随者"（公司以外的补贴可以给奥罗拉），一名有思想的社区银行家指出：

"你们知道，当我们在这里招募企业时，我们没有给它们任何东西，意思是，很多城镇会给企业一幢建筑、土地和其他。我们的故事是，这里的每一样东西都是有价的，你不必为它再付钱，但要做的事就是提供就业，我们可以为其他东西付账，你不必在学校和图书馆交费，这个城镇的基础设施费用都被付清了。一些社区——他们期待外来的公司帮助支付社区所有的基础设施，但你们知道，那因此就成了一种巨大的出卖——包括社区的生活质量。"

3. 奥罗拉的领导者认识到社区发展和经济发展的重要性。关心社区成为适宜人居的地方，确保友好的健康关爱，适合的住房、高质量的学校、娱乐和文化活动，相对低的税收，这是一个比免除税收更好的经济发展工具。

4. 城市治理是一个推进者，而不是倡导者，事实上正如在1989年战略计划中明确的，社区的目标之一是"持续开发新的和提高现有的设施来为居民提供高质量的生活，资金来源于私人而不是税收"。城市提议发行债券建设图书馆，可能不在社区的治理范围，甚至意味着要用私人的资金维护图书馆，这些受保护的"集体财产"也要优先。

5. 社区管理者概括了奥罗拉成功的关键如下：

"它确实是一个我所生活过的独一无二的城市，它确实有一种很好的态度，海斯（Hays，位于肯萨斯州）存在派系斗争，即如果有人得到某样东西，其他人就会设想是花了他们的资源，争斗和不和谐一直在继续。但在这里我们没有，我们没有分歧，他们可能坐在谈判桌上，但永远不是个人的事。"

在社区，互动改变着社区的文化和遗产，决定社区发展选择、决策和行动的是人民。进一步看，通过组织的行动是最有效的，因为它是社区社会资本的质量，一定程度上影响着人们扩大关注的范围，从整体上看社区，超越了自我利益和家庭。

很明显，奥罗拉有大量的社会资本，但社区怎样开发这些社会资本很让人琢磨。它有助于得到资金和人力资本吗？能通过组织中勤奋并有想象力的领导解释吗？如果社区在民族构成上有高度的同质性（正如奥罗拉一样），会带来帮助吗？社会资本的本质是难于琢磨的吗？在奥罗拉，所有居民投入的社区基金都汇集在一起建设社会资本，这些努力创造了丰富的道德体系。舒适而实用的社区中心（篮球场、举重室等，可以组织年轻人和成人的娱乐活动），毫无疑问也对公民的思想有很大的贡献，社区经常安排正式或非正式的午餐会，吃饭期间，很多社区事务就被处理，私人的但属于集体的决策在那时也获得了批准，合适的决策由城市管理加以实施。

尽管在前面提出的所有问题,答案都是"是"(除了民族同质性)，但社区自己并不能解释社区社会资本怎样建设，准确地说，社会资本怎样根据历史及社区特征被建设。在本章，我们要探讨社会资本的要素，提供建设这种特定资本形式的线索，对公民参与和社区利益有贡献。我们也要检视罗伯特·普特曼（Robert Putnman, 2002）提出的社会资本的"阴暗面"，如社会资本在什么时候（什么结构）会对社区的利益有消极影响？社会资本会被用于排斥社区特定的成员类型吗？我们也要介绍私企的社会基础设施（ESI），使之成为为社区谋利的一种手段。最后，我们还要提到社会资本与其他资本类型的关系。

一、什么是社会资本

人类关系是所有社区的根本。人们可以居住在同一个地方，但相当长的时间内彼此不见面或彼此不交往，相反，人们越来越喜欢与住在社区外的人交往，人居社区的交流不是只根据近邻或地缘，而要根据历史。要理解关系构成、不平等性、权力差异、关系结构的社会排斥，就需要理解历史背景以及发展现状。

（一）社会资本定义

社会资本就是相互作用（互动）。尽管一些学者关注个人的社会资本，但我们在这里把社会资本看成是社区的一个特征，比个人社会资本的总和还多。它是一个组织层面的现象。个人仅靠自己不能建设社会资本，社会学家解释社会资本经常基于相互作用的标准和彼此信任（Coleman，1988）。标准可以通过各种过程得以加强，如：形成组织，组织之间和组织内部的合作，开发统一的、共同的未来观，形成或加强集体认同感，参加集体活动。社会资本的所有这些要素在奥罗拉得到发展，例如，讲奥罗拉的故事；被奥罗拉很多领导人开展的令人愉快的工作，即建立了统一的、共同的未来观，也加强了集体的认同感。

普特曼描述社会资本为"社会组织特征如网络、标准、信任，促进彼此利益的协调与合作，社会资本提高了在物质资本和人力资本方面投资的利益"。（1993）

在社区范围的基础上，通过联系和交流，社区能够建设可持续性的社会资本，鼓励社区倡议、责任和适应性。很明显，展现这些过程和开发社会资本需要花时间。强大的关系和交流能够从增强社区内外不同组织的互动中获得，从增加社区成员中有益的信息和知识中获得。通过开发共同的观点、建设内在的资源、寻找替代方法以应对社会变化、抛开精神伤害（伤害只会让社区去关注过去的失误而不是未来的可行性），社区倡议、社区责任和社区适应性都将得到提高。要理解社会资本，首先要追溯这个概念的历史。

（二）社会资本是新东西吗？从协会到孤独的保龄

社会资本与人类社会一样古老。涂尔干（Durkhein），19世纪一位伟大的法国社会学家、人类学家，提出了集体代表（collective representations）或者说是社会联盟（social solidarity）的概念，他从研究北美土著和澳大利亚土著的人类学家的著作中得出结论：所有简单的社会（即人们生活在一个不复杂的社会结构中，在两个人之间和人群中间形成每天、每周、每年的关系）参与神圣的部落仪式（1912，2001），这种组织把世俗活动（每天的工作）和神圣的王国联系在一起，表明所有活动都赋有宗教含义。然后他根据个人宗教信仰的发展，把个人的爱国精神和相关的神圣仪式统一起来，并把这个框架用于现代人身上。违背神圣象征的例子包括：在某次美国的游行中竖起一面墨西哥旗子，或者公开鼓励某种粗俗的买卖，或在战争期间公开从政治上支持某个领导者。抗议行动并不是要违抗法律，但在历史不同时期，参与反抗行动的人却受到了违反法律程序的惩罚。集团的联盟给集团内外划分了明确界限，甚至可能还要残害一些不赞同集团观点的人。当非本集团的观点被看成是一种外来威胁时，赞成还是不赞成本集团观点的人受到区别对待。迫害的例子包括二战期间拘留在美国的日本人，美国政府拒绝释放2001年"9·11"恐怖袭击事件中的1200多名嫌疑人，也拒绝说出他们被监禁的地方。关押几年后，发现只有少数人与恐怖主义有关。尽管很多人已被释放，到了某些国家，但这些国家的人权组织确认他们曾经被拷打过。

皮埃尔·布迪厄（Pierre Bourdieu）定义社会资本为一种现实或潜在的资源，它来源于"一种持久的网络，多多少少成为一种制度化的关系，彼此相熟相知。换句话说，它是一个组织中的成员关系，这个组织可以提供每一个成员集体拥有的资本帮助"（1986）。他还说，对各个成员来说，社会资本是一种信誉形式，当成员需要时，它能让他们得到一定的资源。正如涂尔干做的大量研究一样，布迪厄提出，这些网络，就某个节点来看它必须通过馈赠（实物的或象征性的）进行长期的建设，它要注入感激、友谊和尊重，"一系列的持续交流，在这个过程中，认知是一种永无止境的确认与被确认"（1986）。从个人观点来看，这些交流是投资战略，一种短期和长期的利益，形象的或真实的。我们称他们为相互关系的标准，它形成对组织的保障，同时也加强了组织本身。

布迪厄认为社会资本也有消极的一面，那就是组织成员"照看"组织界限的责任，换句话说，需要把"坏蛋"赶出去，"坏蛋"是想要改变组织本质特征的人。对人居的社区而言有特别重要的意义，因为居民是且应该是社区的公民，如果他们被提供信誉和得到集体资源的社区网排斥，他们怎么能成为一个完整的社区公民呢？由于各种原因，男人们常有一些无意识的关于性别的信条（男人经常让那个神话得以永续：管理地方的是妇女，但要通过她们的丈夫维护她们的力量）；一个组织永远要"培训"完整的社区公民（年轻人："在你们出生前,我们就在努力,但没有作用"）；他们不值得注意（穷人："他们太懒，不来开会，要不然他们为什么会穷呢？"）；他们是外来者（新搬迁者和移民："他们不知道我们在这里是怎样做事情的"）；一些组织会被那些重要的社区网络所排斥。

评价社会资本有积极影响的早期观察者是亚历克西斯·托克维尔（Alexis de Toqueville），一名法国贵族,在美国旅行了很长时间。在 1835 年和 1840 年间，出版了两卷本的《美国民主》（Democracy in America [1835 and 1840], 1956）。他曾害怕少数民族专政，常常怀疑下层阶级和工人阶级的动机,也害怕他们缺乏正规教育,然而,当他观察到美国各种社区的工作后,他认识到,对抗专政的一个根本的堡垒是到哪种程度,美国人把他们自己组织进我们今天称的"公民社会"中,发展公民联盟以完成不同的集体目标就要建设社会资本:促进联系以加强成员对特定价值观和目标的承诺,并形成共同的认同感,积极完成这些目标。尽管普特曼的文献报道,在过去的四分之一世纪,公民参与明显下降(根据公民参与的历史数据),但托克维尔的观察直到今天对美国都还是非常有用的。

普特曼使用"孤独的保龄"这个比喻,说明公民参与的下降。二战以后,保龄俱乐部经常在周末组织居民和同事到一个放松的地方,在那里,他们经常讨论家庭和社区事务;现在,尽管美国保龄球道的数量多少还有保留,但大部分打保龄球者是个人而不是俱乐部形式了。然而,普特曼也注意到,尽管公民的各种参与有所下降,但美国的志愿者组织成员比很多发达国家还高。

5.1 美国公民权的奇怪消失

去年,我一直在与一个难解之题搏斗。这个东西是关于美国社会资本和公民参与的奇怪消失……我使用这个词"公民参与"是指人们与社区生活的联系而不是与政治的联系。

社会资本和公民参与下降的证据大量来源于个别数据,即1965年、1975年和1985年对美国人的调查平均数,记录一天中的每一个活动,即众所周知的时间成本研究。说明了自1965年以来,花在非正式社交和互访方面的时间有所下降(可能下降了1/4),而花在俱乐部和各种组织方面的时间下降更多(几乎一半),父母与老师互动俱乐部(PTA)、麋鹿俱乐部(Elks)、妇女选举俱乐部、红十字会、工会、保龄球俱乐部等的会员记录表明,很多传统的志愿参与在过去的20至30年里已下降了大约25%到50%。调查显示,集体政治参与的很多措施方面急剧

第五章
社会
资本

下降，包括参加会议或演讲（1973年到1993年间下降了36%），参加城镇、学校事务的会议（下降39%），为某个政治党派工作（下降56%）。

　　关于下降趋势，最可靠的一些证据来源于普通社会调查（General Social Survey, GSS），结论是20多年来几乎每一年都在下降。调查说明，在各级教育的男性、女性中，自1972年以来，在社会信任度上，下降了大约1/3（自1965年以来，对政治权威的信任，在很多社会机构一直急剧下降），从运动俱乐部到专门技术协会再到文学讨论组织和工会，有一些萎靡不振的成员受各种组织折磨。即使是民族组织、园艺爱好者俱乐部以及各种类型的其他组织也一直在抵挡这种退潮。盖洛普民意测验（Gallup polls）报道：20世纪60年代期间，进教堂的人数也下降了大约15%，自那以后，一直保持着一个低比例；同时，来自国家观研究中心（National Opinion Research Center）的数据说明70年代和80年代期间继续下降，到现在，总计大约有30%的下降。对美国社会资本更为全面的考察需要考虑那些明显的反潮流。一些观察人士相信，支持组织和居民看到了组织的增长，近几十年来，在华盛顿，代表的利益组织快速发展……由于要考虑到各种类型的反证据，我相信，已得到的证据肯定了今天的美国较之前一代明显地参与不够。当然美国公民权社会也没有垂死，很多优秀的人每天都在辛勤工作以让他们的社区充满生机。事实说明，社区在参与和社会信任程度方面，美国还是高于其他国家，但如果检测的是我们的生活，而不是我们的期望；如果我们比较的是我们自己而不是其他国家，以及与我们的父辈相比，证据说明：我们彼此之间缺乏联系。

　　扭转这种趋势要根据，至少部分地要根据对折磨美国公民权怪病原因的认识，这就是我在这里想要解开的谜团：开始于20世纪60年代，迅速发展在80年代和90年代的美国社区生活结构，为什么会受损？更多的美国人为什么是"孤独的保龄"？

资料来源：
Putnam, Robert. 1996. "The Strange Disappearence of Civic

> America." The American Prospect 7,no.24(December 1).An Abbreviated version is online; available: www.prospect.org/print/V7/24/putnam-r.html; accessed April 2003.
> ————.2000.Bowling Alone. The Collapse and Revival of American Community. New York: Simon & Schuster.

普特曼认为，20世纪的头三分之二时代，高度的公民权运动首先受进取时代的影响，其次是所有美国公民在二战期间流动的结果。

托克维尔指出，19世纪头50年，欧洲社会有很多分层，不能通过这些社会发展强大的联盟，富人也不需要它们，因为他们有资源可以单独行动，当他们确实需要通过某个联盟发挥作用时，他们完全可以形成联盟，然后反对，最后解散；工人阶级或更低等的阶级，他们拥有很少的文化、金融、人力资本，在组成联盟时显然有障碍。1848年，托克维尔出版了第二卷《美国民主》后的第8年，由于下层阶级为了调整内心的不满，欧洲的很多地方都爆发了革命。

之后半个多世纪，托克维尔提出了概念和经验性的工具，得出一个事实：强大的联盟不一定增加集体的满意度。而现在所称的强大的公民权社会更难让某个领导人或某个组织获得政治力量，把它变成地方范围的和反民主的东西。因为奴隶制产生不公平，托克维尔预见到了内战。尽管这是一个思想市场，在那里，美国联盟兜售他们的价值观和理想未来，它要催促一个大的、重要的群体——被禁止进入那个市场的美国黑人。尽管花了一个多世纪使美国黑人获得政治和法律自由，但只有奴隶被解放，南部各州从同盟中退出，拿开压制黑人的瓶颈，获得民主的过程才开始了。

在美国社区，有很多来自联盟的不和谐声音，它不能提高福利，幸福、家庭的宁静或社区的宁静。托克维尔完成了他的《宗教生活的基本形式》(Elementary Forms of Religions Life, 1912) 半个多世纪以后，哈罗德·考夫曼（Harold Kaufman）和他的学生肯·威尔金森（Ken Wllkinson），来自于密西西比州的农村社会学家，检查了由社区组织的一系列活动及社区自身难于提高的常见的所有矛盾，使用互动方法，提出从社区领域中区分社会领域的重要性。根据威尔金森的观点，社会领域是一个"需要时间互动的过程，并要产出有区别的成果"(1972)。在一个社区中，有很多社会领域，每一个领域都由个人和组织构成，并朝着特定的目标而努力工作。奥罗拉是群体组织及个人组织的一个好例子，他们一起建立合作或合资企业，把粮食酒精看成是汽油的添加成分，酒精厂可以使社区再次受益，但它的主要受益者来自于尼布内斯卡中部各个社区的农民，他们有市场保障，可以获得补贴灌溉玉米，地区能源公司通过与农民酒精合作的合资企业，提供额外的股本返回金。

如果一系列与社会领域相关的活动关注整个社区，就要明确社区领域。社区领域中一系列的活动要为社区基本利益服务而不是为个别的私人利益服务。一个社区领域就是一种互动方式，它要关注整个社区，它可以是一个单独的组织，这个组织时刻在留意着社区的利益——奥罗拉开发公司是高质量的，是协会、公司，甚至是管理单位的一个网点，他们为了共同目的而合作。图 5.1 表明了奥罗拉和粹通（Tryton）核心组织的互动方式。

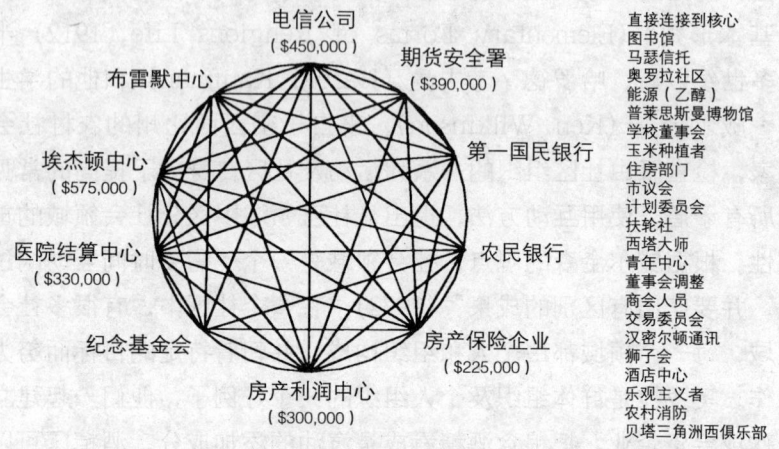

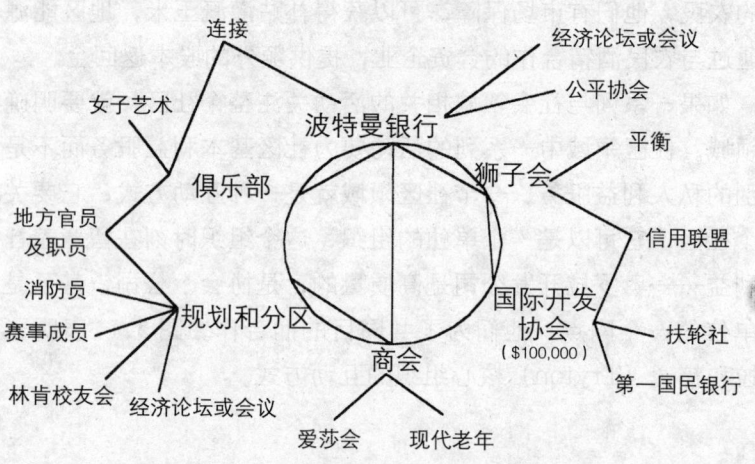

图 5.1 连锁理事会，公民社团组织

改编自夏普（Sharp, 2001, 413）

奥罗拉的组织和领导彼此之间有更紧密的联系，特别是通过奥罗拉发展公司，但粹通则缺乏一个统一的组织。

二、整合社会资本和链合社会资本：同质性还是包容性？

社会资本划分为两个部分：整合社会资本和链合社会资本。整合社会资本，由有相似背景的个人和组织中的联系构成，这些联系主要基于阶级、民族、家族、性别或相似的社会特征，在各种社会环境和社会作用中，组织成员有高度密切、彼此认同的资本。链合社会资本，联系着社区内的各种组织以及社区外部的其他个人和组织，构成链合社会资本的联系通常是单个目标或手段。整合社会资本的联系充满情感和责任，链合社会资本则培养多样的思想和集中各种各样的人，这种二分法类似于费迪南·德滕尼斯（Ferdinand Föennies）的礼俗社会与法理社会、托克维尔（Durkheim）的生动与呆板的团结、马克·格兰诺维特（Mark Granovetter）的强势与弱势的联系（1973）。

蒂帕·纳拉扬（Deep Narayan）把权力思想放进整合与链合关系中，关于整合社会资本，她说：

"当主要的组织和网络明确提供机会给属于他们的人时，他们也加强了原先存在的社会阶层，避免受排斥群体、民族或穷人的流动，通过主流社会组织形成腐败和收买权力的基础。交叉的联系是密集而自愿的，尽管不一定强大……这有助于人们获得不同的信息、资源和机会"。（1999）

因此，纳拉扬建议，发展弱势或交叉联系对于打破权力不平等和利用资源不平等是重要的，例如：对于种族不平等，一个主要的因素就是缺乏信息，以至于美国年轻的黑人在中心城市和南部农村找不到"好工作",缺乏父辈的联系也是一个因素,不能为年轻人获得"好工作"疏通渠道;排斥思想加剧了布迪厄(Bourdieu)所代表的一些人的思想:优秀的法国家庭和中上层阶级的家庭要利用家庭经济和文化资本为他们的孩子获取战略性的阶级联系(社会资本),因而就排除了父母缺乏资源和战略动力的那些孩子,很难推动他们的孩子登上更高的社会阶梯。

怎样实现整合社会资本和链合社会资本在社区层面上互动?由此确定集体活动在社区出现的情形,一个简单的四重表被用于探索集体活动的水平。(见图 5.2)

	链合性 +	
整合性 −	**集体化** 社区决策取决于市场外部状态或社会公民的意向,从而壮大地方龙头企业和服务提供商的力量。	**逐步参与** 社区在共同利益的基础上来确定优先次序。
	极端个人主义 财富只会投资给自己,贫困的人被排除在外不能进入社区资本。	**强大的边界** 特殊的内部投资,如果有亲属在工作,你将能填补空缺。没有外界的沟通和信任。	+
	−	

图 5.2 社会资本类型学

整合社会资本和链合社会资本能够互相加强,当两类资本都高时,可以获得有效的社区活动,或者是私人企业的社会基础设施(ESI);当两者都低时,极端的个人主义思想就占主导地位,在社区层面上,它反映出社会的无组织性。当居民与他们的社区联系相当冷淡时,社区的活动是相当少的。当整合社会资本低,链合社会资本高,产生"主顾主义",在社区内外形成的关系是垂直的;当整合社会资本高,链合社会资本低,经常会产生冲突,社区可能会被组织起来反对外来的东西甚至反对自己。在后一种情况下,整合社会资本容易产生在社区同质性的组织中,这些组织彼此对抗。

四种网络特征建立链合社会资本,一是包含一个水平面的网络。在网络中,横向学习至关重要,社区彼此能学到最好的东西,这类社会资本建立在横向学习的课程中,既在社区之间,也在社区内部。二是包括一个垂直面的网络。社区与区域的、州的及国家的资源和组织的联系至关重要,然而更重要的是不仅仅只做建立联系的看守者,政府官员和组织成员需要参与区域的、州的、国家级的会议,这样,个人不能对社区的其他成员说"好啊,那些规则不会阻碍我们",而规则中的一些观点可能没包含选择性。三是网络是灵活的。当要求人们加入某个网络时,作为网络的部分不应该受时间限制,但这个网络有一个有限的生命周期或一个有规律的轮值领导,参与者可能猛升或猛降。当人们被要求参与主要活动,而这些活动又有名副其实的利益,尽管要关注分享,但人们更愿意在有区别的地方参与。灵活性意味着更多的人有机会成为领导者。四是网络有可渗透的界限,社区利益会被拓展,当形成新的伙伴关系和合作关系时,社区会发展更快。

要探索社会资本的两个面怎样关乎社区的变化是本章讨论的一个关键点。

(一)社会资本缺失(整合性低,链合性低)

缺乏整合或链合社会资本的社区也缺乏变化能力。这类社区中的个人把自己看成自我客户,或完全是一个漂浮物。由于社会资本缺位,一些人可能用金融资本替代社会资本而获得成功。在新奥尔良，2005年卡特里娜飓风过后，对于没有金融资本，又缺乏社会资本的社区来说是致命的。缺乏社会资本的社区，人们更有可能体会到压力、高血压病和精神方面的问题以及其他困难。社会资本缺失的社区犯罪率很高，个人安全成为一个主要问题，富人可以利用昂贵的安全系统来保护自己，如：安置警铃、雇用保镖，但在穷人中，得不到任何保护。

（二）内外宗派主义的冲突（整合性高，链合性低）

当整合性高而链合性低时，社区会抵制变化，可能产生在两个方面：社区以某种团结方式组织抗击外来的东西。在这类社区中，新来者遭到怀疑，因此减少了信息的获得以及来自社区外部的其他资源。社区内不同的同质群体或派别可能在各种变化上有不同观点，而实际这些观点使社区受益。这些群体彼此不信任，因此不愿意互相合作，冲突在内部产生并成为主导社区的特征，尽管集体活动在社区群体内能够产生，但如果存在内部冲突，那么社区层面的活动很难组织和执行。社会领域战胜了社区领域。

（三）通过地方精英人物的外来影响（整合性低，链合性高）

链合性社会资本高的地方，整合性社会资本是低的，来自外部社区某种程度的控制通过社区的精英人物、专业技术人员、地方"老板"（这是最多的形式）得到体现。这种影响并不排斥一部分社区居民的集体活动，但活动更符合外来者或地方代理人的利益。尽管这种社会资本模式也被建立在互惠和彼此信任（至少是彼此负责）的基础上，这些关系是垂直而不是水平的，权力更加集中，传统主顾关系、典型的城市帮派或者老板运作的政治机器由此产生。而在底层的那些人，是社区中人口最多的人，显然还要感激在级次顶端的少数人。结果，受过恩惠的人在选举官员时，要对他们的老主顾付出真心、收集失败者的数据或者整理竞争对手的得分,因此水平网络明显受到打击,特别是外部有影响的主顾、宗教领袖或精英派别。这样的体系容易产生依赖性。

在那些现在仍然贫穷的社区,这类社会资本普遍存在。如在阿巴契亚山的煤矿社区,1999年,辛西娅·邓肯(Cynthia Duncan)研究发现,控制大多数资源、买卖和服务的是不住在当地的公司业主,当矿业下降时,提供的岗位很少,家族式的精英组织通过控制地方政府控制了很多公共部门和私有部门的岗位,并通过对州政府的排斥联系控制了学校系统。获得就业机会要依靠某个人是来自"好的"家庭还是"糟糕的"家庭。社会资本级次的现代观是社区精英人物权力模式,在这种模式下,社会和经济不平等是根本性的,显然有一个派别控制这个社区远离社区中的其他人,但他又要保留政治影响,或者是直接的,或者通过有应变能力的中等阶级或工人阶级的官员。

(四)私业主的社会基础设施(整合性高,链合性高)

水平面的社会资本意味着主顾的平等但并不一定意味着平等的财富、教育或能力。社区资源或资本有着广泛的定义,不仅期待着社区的每一个成员付出,赢得相应的地位,并在过程中得到快乐,而且也期待着每一个成员得到相应的东西。社区中的个人要与社区中的所有人分享有价值的东西,包括对集体事务的贡献,如从集体游行到志愿者救火队再到女童子军,强调互惠思想,不需要对捐赠人给予偿还或别的企图。这类社区与外部也有各种联系,得到社区所需要的信息,这些信息经常用于创造外部的资源而不会对社区施加控制。奥罗拉(Aurora)是一个好的社区案例,它既有高整合性社会资本,又有高链合性社会资本。

由于尊重整合性社会资本，奥罗拉社区内，公民社会、市场定位的公司和地方政府间密切联系，尽管后者处于从属的地位。在奥罗拉有一个组织，很多领导人都把它看做是社区领域的代表。这个组织是奥罗拉发展中心，对于非正式的集会，有一个公共的地方即社区中心，有一个传统就是努力招募年轻男子和新来者进入社区领导层，特别是进入私有发展公司。社区有一种认同感和一种积极的精神面貌或共同的目标，在过去几十年间，社区深层次的经济发展使人口增长。奥罗拉成为一个迷人的居住地，有吸引人并可负担的房屋，还有一个相当好的图书馆和一个科学博物馆。

至于链合性社会资本，奥罗拉社区与外界有很多联系。那些联系没有被特定的人或派别所垄断，因为有各种集中的经济力量，很容易发展与外界的多种联系。这些联系通常是社会的，而不是经济的，因而它是平等的，这有利于发展与外来公司的合资企业，招募的公司也能在社区留下来，如宠物食品厂的案例。另一个链合性社会资本的例子是社区有各种信息网站，有助于更新社区的发展情况。

奥罗拉有高度的整合社会资本和链合社会资本。但在某种情况下，奥罗拉扩大它的社区社会资本还受到限制，至少在研究期间还没有观察到，如：社区还没能做到包容领导圈子内外有不同社会特征的人们。十年前做的研究看到，尽管一些妇女被吸收进外部领导圈，但大多数人坚决要求妇女在服从中发挥作用。专门技术人员和商人（包括一些农场主）控制着社区领导。随着公司扩大，工人阶级将会受到欢迎，并像业主、私企家和专门技术人员一样成为良师益友吗？社区主要是美国欧洲人的社区，有人想知道，如果缺乏劳动力，招募移民工，他们会像专门技术人员和私企家一样得到培养吗？在文化资本方面和在领导模式方面有足够的灵活性被用于解决那些包容性的问题吗？另外，农业追寻的发展模式消耗了大量的自然资本，特别是矿油和水，建立多年的社会资本有足够的灵活性来适应矿油价格的无情上涨吗？能适应可能产生的不同资本的再合并吗？好消息是奥罗拉有两种以上的社会资本，利用它们可以迎接挑战。

三、企业的社会基础设施

整合性社会资本和链合性社会资本都高的社区做好了行动的准备，能够从事社区领域的活动。使用"企业社会基础设施"（ESI, entrepreneurial social infrastructure）这一术语来说明这一结构和影响，选择"社会基础设施"这个词是因为这个名称说明了在社区发展过程中，它与物质基础设施平行运作。ESI 是一种可监测的社区活动形式，在概念上区别于社会资本，但假定它是高整合性和高链合性社会资本的产物。

两个主要特征把 ESI 与社会资本区别开来。第一，通过不含糊的集体努力，ESI 是容易变化的，它把社会资本和机构联系在一起。一个社区如果有发育良好的社会基础设施，它一般会参与社区利益的集体活动，那就是为什么我们称这种现象为企业的社会基础设施。较之社会资本的概念来看，ESI 是一个具体的概念，例如，它不会直接改变社区信任的水平，但它会鼓励原先反对的群体通过冲突管理或在重新判断问题上达成合作。

第二，由于多样性特征，关于方法与结论、社会包容，现存的不同观点保障了那些群体（通常那些群体的声音很弱）成为链合社会资本的中心，ESI 关注多样性包容的成果——愿意思考和接受选择。在社区规划过程中，从有不同价值观、背景的个人和组织那里获取各种类型的信息，从社区的内外部寻找各种类型的观点，来自于某个特定组织、或给某个特定组织的信息流要完全疏通，并使之在整个社区广泛扩散;再有,社区的自身决策过程包含所有公民,这确保高度的承诺来执行那些决策,一旦作出决策,就要有更多的公民接受。

显然,高度的ESI社区内具有相应的基本特征,包括立法选择、包容性和多样的社会网络以及广泛的资源流动。

(一)合理的选择

一些社区想找一颗银弹[①](A Silver Bullet)来解决各种问题;而在另一些社区,则要讨论和综合各种观点,他们认识到有一些可选择的方法来达到共同目标。由于工业化的持续提高,找不到现成的解决方案,相反,当监督进展时,实施反检测法,这样,达到目的的替代方法就可能被观察到。

这会引起争论,与冲突形成对照。有争论意味着人们持不同的观点,但彼此尊重;相反,在冲突情景下,在特定问题上,按照某人的立场划出很多阵线,并被贴上标签,这就是两者的区别,如奥罗拉的城市管理者在城市简介结尾引述的:"不同的意见只要不是私人的,那就是好的。冲突则可能使社区默默地同意,但不能解决问题,反对的意见仍然存在,因而也压制了争论。新问题不能被带走,未来的设想不能被分享,达到目标可选择的方法也不会有进展,在这种情况下,冲突就暗藏在表层下。"

在接受争论的那些社区,政治是人性化的。普通公民也愿意参加公务员竞选,并认为能够实施一些措施解决社区的问题,并且不会让他们受到选民的攻击。他们清楚地意识到,在地方层面上,对于政府部门支持的变数,公共因素是最活跃的因素,因此,

---

① "一颗银弹"是欧洲传说中被认为是狼人和吸血鬼的克星,银弹有专门对付妖怪和驱魔的效力。

参与要在公民组织和政府组织两个方面都获得提高。更进一步地，当涉及市场活动时，ESI 自身也得以加强。在爱荷华州的马歇尔敦（Marshalltown）市，一个有肉包装厂的社区，移民人口作为该厂的工人正在增长，市场活动也在增加，还有地方管理人员，形成了一个多样的群体，并使这个社区获得了成功，改善了移民的生活状况。

这类社区更加注重过程，按公民喜欢的方式组织会议，让所有人有机会表达观点，当争论开始滑入冲突时，专门的冲突管理机制就要发挥作用，一名在冲突管理方面有经验的外来者将会给予帮助。从积极的一面看，加快了个人和集体的成功。但在一些社区，不是以理性来选择，相反"有限的利益"思想很强，一个人的成功被认为是耗费了另一个人的资源（奥罗拉城市管理者说明，他原先工作的那个社区，一个人的得被看成是另一个人的失），在这些社区不会出现争论，因为人们不愿冒险表达相对立的观点。

要做出明智的决策，地方报纸在传递所需信息或不传递所需信息上，起了很大的作用。在某个问题上，报纸会为社区对话定调，如果它想提供信息并说明争论合理，就会尽量避免把不同意见变成敌意的冲突，因为这些冲突可能会进入社区。在一项全国非大城市社区的研究中，关于一个社区是否能成功地运作一项经济发展项目，最强的预言家之一就是报纸，它不仅报道社区问题，而且还要漂亮地报道他们。

不幸的是，在一些小社区，报纸是周报，有长长的广告和社会公告，只有很短的新闻报道，某个季节里最大的瓜和某个高中篮球比赛得分也报道得清清楚楚，但在学校理事会会议或城镇委员会会议上很少见到记者，这就暗示着坏消息不会出现在报纸上。在大多数社区，编辑愿意登载争论的问题，或者是社区问题的解决办法，但要冒触犯他人的风险,因为,编辑被认为是公正的,他们的案例建立在事实基础上而不是编造。公开争论和获取真实信息以排除谎言的那些社区,最能够处理来自各种渠道的信息,做出提高社区利益的选择。

关注过程要评估面向目标的进展情况,当进展与期望不符时,反检测的讨论就会产生。不要过度关心"那是谁的破主意?"、或者"为什么你不听我的?我有一个更好的主意",更多的关注应该是"我们从上次的努力中学到了什么?"以及"我们现在要尝试什么"。

(二)包容与多样的网络

几种高质量的社会网络——社区内的关系网,让社区得以有效控制其社会与经济发展,并使之成为私企家的社区。它们包括人性化政治、开发社区外部联系、多样化的社区领导、受排斥群体的参与方式,每一种都需要被逆向讨论。

很多农村社区,讨论政治只涉及个人,而不是问题。在社区里,社会网络的质量高,它就能接受和面对各种有理由的分歧,在争论中,不会把公众立场转变成或道德正直、或道德败坏的象征。在某个问题上有不同意见的人可能在另一个问题上会达成一致,这促进了集体对某个问题的解决,更进一步,分歧在早期是表面的,要到它们爆发并分裂社区时才会被镇压。政治人性化要求接受争论与辩论,并作为正常的社区生活特征。

要开发与外界的联系,一个社区必须获得作决策的信息。私企家积极培养社区外部联系,积极寻找来自其他社区的资源、来自州和联邦政府的资源。他们参与区域的计划组织,与合作拓展服务部门交换意见、申请联邦政府资助;他们也参与横向学习,例如,肯萨斯州迪凯特(Decatur)郡的居民决定开发自己社区的狂欢节而不再依靠"内容单薄的"、"不可信任的"巡回演出团,并逐渐使之成为 4-H 教育的内容。他们咨询有自己狂欢节的社区，派代表团去俄克拉荷马州的海杜兰（Hydro）学习成功经验。代表团返回社区后呈交了报告，并采用海杜兰的经验建立了自己的狂欢节，整个节庆由志愿者管理。郡的公民组织每年负责特定的骑马比赛或其他活动，每一个组织在一起计划每年的活动内容，有一个具体的项目来加强组织间的社会资本。从狂欢节引发的活动支持了整个社区的新生企业。

因强调灵活、分散的社区领导，社区可以避免依赖某个代理，尽管代理一直与社区联系并充满个人魅力，但在私企家的社区，成员们轮流当公务员，分担非正式领导的作用，社区新来者在领导的岗位上很积极，因为他们感到社区很重视变化以及来自外部的力量。奥罗拉发展公司没有让所有新来者进入领导层，然而包括新成员、年轻人，特别是妇女进入领导岗位对很多农村社区（包括奥罗拉）来说，都是一种挑战，因为社区更愿意男性（白人）进入领导层。

包容不是简单地让人们坐在一起。一些培养年轻人的计划要教授领导者技能，并使年轻人共同分担社区责任。这些计划发现，现在对年轻人的共同反应是"太好啦，这里会有人卖甜甜圈和打扫卫生了"。年轻人很愿意做一些事，但他们更会比较有利的发展计划，当他们想要参与到计划中时，如果该计划的领导者回答"噢，我们不在这里开展了"或者是"20年前我们就想了，但没用"，年轻人的参与热情会受到打击。

针对多样性最好的方式不是问"我们要改变政治立场吗？"，恰当的提问是"当我们朝着目标努力时，需要用谁的观点？"。例如，如果一个社区的发展目标是要产生更多岗位，想就业的当地人就要成为这个过程的一部分，以便在提供就业机会的人力资本和建设资本之间有更好的联系。

促进多样性也涉及直接问非参与者他们为什么不参与："是合适的时间吗？"、"吃午饭的地方太贵吗？是合适的地方吗？"。午餐会对在工厂工作的人和按小时计酬的人来说，不太可能参加，另外，穷人和有交通问题的人也发现难于参加会议，因为他们缺乏交通工具。

普遍的邀请不会促进包容性。个别邀请偏向于在报纸上登广告，没有接到邀请的人和不在邀请名单中的人，如果他们确实想要恭维或反对，他们一般会来参加会议。个别邀请应说明个人或机构的特定能力如何对工作发挥关键作用。

如果不组织受排斥的群体，很难获得来自那个群体成员的有效参与，或者说，只会有受教育程度高的成员及富人参与。关于农村移民的研究发现：移民利益群体的形成是一个重要的先决条件，让他们有效地参与代表社区领域的社区组织。包容性与多样性必须共存，但有时候包容也意味着鼓励无组织或受排斥群体形成他们自己的组织，成为更有效的社区参与者。

（三）资源调动

资源调动是构成社区活动或 ESI 的关键部分，社区的资源必须完全可得。使用私有资源，要获得信誉；使用公共资源，要获得高质量的学校教育、娱乐服务和其他机会，这不意味着不能获得别的类别，但它应该是所有公众可得，并有机会获得他们。

当调动私有资源时，金融机构要确定对各种层次的私企家和公民如何分散适度的借贷、适度的期限。调动私有资本是社区活动的一个重要因素，它给每一个人贡献的机会，当社区需要调动资源时，各种层面的私业主都要贡献财金支持，对个人来说，贡献时间和财物做有价值的事可以得到各种机会。奥罗拉在调动地方资源上做得相当好。领导者按照一个简单的规则，即：如果有潜在的经济发展趋势或宜人的居住地，即使看起来要冒险，他们也不害怕使用地方资源。地方资金部分也从外部投资和企业中获得，因为地方投资发出信号：社区愿意与其他人成为合作伙伴。

为发展而建立起来的社会资本或 ESI，包括社区的和地域的利益。研究发现，ESI 在不同部门（市场的、国家的和社团的）、不同层面（国际的、国家的、区域的、州的、地方的）的机构活动家中，通过形成倡议和行动联盟得到了很大的发展。社团对增进政策调节的可持续性非常关键，只有政府（州级）才能提供市场活动家奖励，这些人致力于保存和保护自然和人力资源，也只有政府才能惩罚反道而行的那些人。尽管一些上市公司最初抵制处理雇员和污染的条规，但经过一段时间后，很多公司发现污染和不起作用的工人其实都是一种浪费形式，通过环境投资计算和建立雇员责任制，利润可以得到提升。

四、结论

如普特曼（Putnman）在意大利的研究（1993）、世界银行 2001 年的研究和其他研究所说明的，当存在社会资本时，能促进发展。当整合社会资本与链合社会资本不能调和时，会阻碍社区发展；当链合社会资本和整合社会资本彼此加强时，发展就产生了。地方资源要创造性地与外部资源联合并扩大，必须建立各种环境让所有社区成员都有机会对社区工作有所贡献，并能感受到他们贡献的重要性。

尽管需要在社会各个层面平衡整合性和链合性社会资本，但为受排斥群体建设链合社会资本非常关键，除非已经有相应的社会资本存在于受排斥群体中，否则一个社区很难建立它的社会基础设施；除非到一定程度，社区的链合社会资本（由主流社区组织定位的包容）提高了受排斥群体的部分社会资本，并与社区中部分主流群体积极团结，否则会进一步加大与已被组织起来的受排斥群体的差距。要看到私企家社会基础设施的构成成分——合理选择。建设包容性和多样性网络的人更可能受特定项目、政策或目的的影响，积极进行广泛的资源调动，使社区受益。

本章摘要

如果小的社区要想繁荣，建设互惠和彼此信任的社会资本极其重要。通过提高社区内外交流，社区能培育持续的社会资本，这一现象与人类社会一样古老。社会资本涉及到整合社会资本和链合社会资本。整合社会资本指来自相似背景的个人和组织建立各种联系；链合社会资本则把社区内外不同的组织联系在一起。当两种资本都高时，私企家的社会基础设施得以促进；如果两者都低时，就要探索对集体问题的各个解决方法，综合整合社会资本和链合社会资本来看，他们对社区发展有积极和消极的影响。

在社区中，如果人们有分歧但又能彼此尊重，接受争论会有积极的结果。如果地方新闻媒体只反映积极事件，那么社区就不会取得进步，因为现实状况得不到足够评介。社区内外的社会网络增强了经济活跃性，但这些网络需要包容和多样，多样的组织不仅应该被邀请来坐在一起，而且还应该鼓励他们在参加社区联盟之前，把自己首先组织起来。

社区内的资源必须被获得和有效地调动，只偏爱某种资本可能产生消极影响，因为每一种资本类型都可能促进其他资本的生产率。维护社区成功需要在各种资本内建立协同作用，如果按规律考虑它们的彼此关系，所有的资本形式都可以得到有效的利用。

关键词

社会资本。社会资本包括互惠和彼此信任的思想，这些思想可以通过各种过程得以加强，如：形成组织、组织内及组织间的合作、培养对未来的统一认识、建立集体认同观、参与集体活动。

机构。通过个人或组织的参与意愿，改变社会结构的能力。

整合社会资本。在社会经济体系中有相似地位的个人或组织间的各种联系。

链合社会资本。个人或组织之间单个的联系。那些联系往往是方法上的，即单个的目的，因而不涉及情感交流。链合社会资本可以是水平的（彼此之间是平等的），也可以是垂直的／层级的。

公民参与。指人们在社区中的参与和在国家公民生活中的参与，它包括参与政治活动，但一般是参与公民社团。

公民宗教。一整套的文化思想、象征以及由它的信徒们做的直接的宗教仪式。一般而言，如果某些成员不表达出足够的忠诚和爱国之心，他们会被作为消极的一面而受到国家权威机构或其他社团成员的制裁。

公民社会。是一个社会的组织部门，它要传递这个社会总体的价值观。公民社会由很多协会构成，不同于政府，也不同于市场或以营利为目的的公司。

主顾主义。是一种系统，属于这个系统的人对某件事或某个人的资助表示感激，该资助人为了换取客户的忠诚，会提供一定的赠与，但他始终处在权力的位置上。

集体代表或社会团结。共同拥有源于仪式和强大网络的神圣象征，相似于整合社会资本，对形成强大的集体认同感或整合社会资本有贡献。

多样性。这里是指在考虑手段与结果时，会有很多不同的观点，即：有不同背景和阅历的个人不同地看待某个问题，因此就有可能提出新的思想来解决某个问题。

私企家的社会基础设施（ESI）。既是社会能力，也是集体意愿，提供地方社区经济、社会、环境的利益。

社会网络。是关系网，它把社区内的个人或组织与外界联系起来。

灵活网络。指那些可拓展的、有合同的，并能改变构成以回应不同环境的网络。在这种网络环境下，人们容易进入社区组织的领导层，也容易退出。

水平网络。在一个权威系统中，以同种水平或相似水平把人们或组织联系起来的网络。

垂直网络。是个人、组织、社区之间的联系，彼此是一种层级关系。

弱势关系。价值观和阅历都不同的人的联系，通常只是单个目的的联系，相关的词还有横向联系和链合社会资本。

渗透边界。渗透边界是一些社区或组织的特点，即外来者与社区成员没有严格的区别，这让他们的界限可以就手头的问题加以拓展或协议，这类社区一般有较强的包容性。

社会排斥。避开或排除社区或组织中一定的群体参与决策讨论和资源分配。

社会领域。是个人和组织因特定利益互动的过程，要花一定的时间，并会出现有差别的结果。

社区领域。是一种社会领域，它关注整个社区，即由个人、家庭、组织、公司和政府机构形成结构性的互动关系，目的是使社区发生变化。

社会结构。是机制框架，在人们中间形成每天、每周、每年有序的互动。

参考资料

Aurora Cooperative News. "Aurora West Project Breaks Ground." September 7, 2006. Online; available: www.auroracoop.com/go.asp?id=001746016#giltner; accessed July 30, 2007.

Bourdieu, Pierre. 1986. "The Forms of Capital". In Handbook of Theory and Research for the Sociology of Education, ed. John C.Richardson, 241-258.New York: Greenwood Press.

Coleman, James C. 1988. "Social Capital in the Creation of Human Capital." American Journal of Sociology 94(September S95-S120):95-119.

Duncan, Cynthia M. 1999. Worlds Apart: Why Poverty Persists in Rural America.New Haven: Yale Uinversity Press.

Durkheim, Emile.[1893] 1984. The Division of Labor in Society. New York: Free Press.

-----.[1912] 2001. Elementary Forms of Religious Life. Trans. Carol Cosman. Abridged by Mark S. Cladis. Oxford University Press.

Granovetter, Mark S. 1973. "The Strengh of Weak Ties." American Journal of Sociology 78,no. 6:1360-1380.

Kaufman, Harold F. 1959. "Toward an International Conception of Community." Social Forces 38(October): 9-17.

Narayan, Deepa. 1999. "Bonds and Bridges: Social Capital and Poverty" (August). Policy Research Working Paper 2167, Poverty Division, Poverty Reduction and Economic Management Network, The World Bank.

Putnam, Robert D. 1993a. Making Democracy Work: Civic Traditions in Modern Italy. Princeton, NJ: Princeton University Press.

-----.1993b. "The Prosperous Community: Social Capital and Pblic Life." The American Prospect 13:35-42.

-----.2000. Bowling Alone.The Collapse and Revival of American Community. New York: Simon and Schuster.

Sharp, Jeff S. 2001. "Locating the Community Field: A Study og

Interorrganizational Network Structure and Capacity for Community Action." Rural Sociology 66:403-424.

　　Toennies, Ferdinand. [1887] 1957. Community and Society. Trans. and ed.Charles P. Loomis. East Lansing: Michigan State University Press.

　　Toqueville, Alexis de. [1835 and 1840] 1956. Democracy in America. Specially ed. and abridged by Richard D. Heffner. New York: New American Library Mentor Books.

　　Willkson, Kenneth P. 1972. "A Field Theory Perspective for Community Dvelopment Research." Rural Sociology 37,no. 1:43-52.

　　----.1991.The Community in Rural America. New York: Greenwood Press.

　　World Bank. 2001.World Development Report, 2000-2001: Attacking Poverty. New York: Oxford Univesity Press. Also online; available: www.worldbank.org/poverty/wdrpoverty/; accessed September 2002.

第六章　政治资本

乔和艾伦生长在小湖（Small Lake）密苏里州一个现在还贫困的地区。成年后，他们在这个城市安了家，对这个城市非常了解。

乔在一间小的制造厂工作，艾伦在家里做工艺品和在镇上的咖啡屋和社会活动中心做兼职服务员。由于他们的孩子越来越大，乔和艾伦意识到这个地方娱乐设施很少，可用的也太差，特别是他们认为灯光应设在城镇公园的棒球场上，这样可以为孩子们的棒球俱乐部做更多比赛计划。

两年前，他们带着居民签名的申请去找城市委员会，但都没有结果，官员解释道，经费不可能给"奢侈的娱乐"。没有钱什么都不能做。后来，艾伦的一个老客户说"如果想在城里做些事，你需要去与汉克谈谈"。艾伦认识汉克，他是当地的饲料与养殖场供应店的老板，几乎每天都来咖啡店喝咖啡。但她不知道这个人对城镇政治的影响，因为他从来没有被选举作为公务员，汉克似乎只是"普通男人"。

第二天，汉克到了咖啡馆，艾伦给他倒咖啡，并与他谈起对灯的需求，以及在避免年轻人惹麻烦上，运动队将怎样发挥关键的作用。一个星期后，这件事再次摆到了城市委员会面前，很容易获得了通过，并通过一个小型的资产评估而获得了资金。为什么艾伦与汉克偶然的一次对话比两年来与城镇官员的联系更有效呢？

本章讨论农村社区的政治资本，评价理论和检测社区权力的方法、来自不同渠道的权力或既得利益、外部联系与社区权力的重要性；还要评价各种权力结构对社区发展与变化的意义。

一、政治资本

　　政治资本由组织、联系、声音和权力构成。政治资本是一个组织的能力，在特定的社会部门影响资源分配，帮助建立资源利用方面的事务。政治资本决定标准、规则和条规，并要保证那些标准是连续的，在一定的程度上得以加强。一般来看，政治资本反映了主流文化资本——倾向维持现状。在很多农村社区，高度的整合社会资本强化了这一现状，打击有不同想法的组织和一些提供选择的事务。控制政治资本的人实际经常不在被选举的位置上，但通常却成为官员们的顾问，有时候官员也不征求他们的意见，但要有特别的理由按老套行动，在一定程度上，还要期待他们的回应。正如艾伦的例子，城市委员会很清楚，汉克反对任何可能提高财产税的事，很自然地，也可以拒绝带来开支的任何建议。

　　关注政治资本，要理解是谁管理农村社区的事务，还要明白当分配资源时，如果受排斥群体的问题不被列入议事日程，要怎样提高他们的声音和影响，在什么情况下，受排斥的人能够组织起来一起工作，认识周围有权力的人并感到舒适，同时把他们的问题引向行动。

　　农村社区深受外来力量的影响，甚至在最小的地方也能感受到国家和国际事件对他们的影响，很小的社区也有权力创造和分配资源。

（一）定义权力与行使权力

　　权力是创造某种环境的能力，否则将不会出现并使某个事件产生——有人希望发生一些事件。因此社区内影响公共和私人资源分配的能力就被叫做"社区权力"或者叫社区的政治资本资产。社区权力可以通过外界的联系被放大。谁拥有了权力，在一定程度上，他就会影响社区居民的生活质量以及社区自身的未来。

　　权力重要的一面是"手段"，通过手段来行使权力，包括物质的、机制的或权威的以及影响力的。在集权制社会中，权力经常会受到物质力量的威胁。机制权力——权力来源于占有某个机构的权威地位——需要下级服从命令或规则（如果他们还想留在机构中），只有当更上一级修订了机构的规则时，下级才有可能拒绝执行命令，尽管如此，拒绝也可能会危及某人在组织中的年限。影响——指权力来源于更多非正式的联系，如友谊和社会地位。告发者如FBI的科琳·罗莉、世界通讯公司的辛西娅·库珀以及安然公司的莎朗·沃特金斯是一些例子，这些人饱受组织中政治和文化资本的折磨。他们首先通过一定的制度报道不一致之处，当权威之人还不作出修正行动时，他们试图通过外界的力量来改变组织的这种情况。

　　如果能听到受排斥者的声音，对弄清楚谁真正管理一个组织或一个社区很重要。拥有权威地位的人可以设定相关的议事日程，也可以不设定。如麦克道尔的人可以在一个地方过一生，却不知道社区中谁能主宰事件的发生或阻止事件的发生。行使社区权力的方式被叫做"社区权力结构"，针对一个社区，我们可以为地方权力做一张图，明确到什么程度它有广泛而集中的参与。例如在小湖，一种隐藏的权力结构对城镇的政治和决策有极大影响，说明官员并不总是城镇的管理者。在一些社区，从不参加公共选举的个人或从不承担任何义务的人，却有强大的影响网络，可以主宰社区事件的发生或不发生。

（二）竞争理论

　　社会学家不赞成北美社区行使权力的方法以及确定社区权力

构成的方法。由此产生的分歧认为,不是所有社区都有同样的权力结构。研究者把多样的假设带到社区权力研究中,那就是:多元论、杰出人物论、阶级基础分析以及"发展机器",阶级基础方式的变换形式。最初大多数社区权力研究是关于城市的,后来更细致的研究和对理论的检验在农村社区产生(Hamphrey 等, 1980; Ramsey, 1996; Sharp & Flora, 1999)。因此,我们要使用这些理论来探讨农村社区的权力。

社会学家设定几种方法来确定谁有权力。每一种检测技巧都与权力支持理论有关,对"谁正在管理这个城镇"的回答都有一点变化。了解了权力理论后,就能知道检测社区权力的方法与描述的理论有密切关系。

(三)多元论与精英统治论

社区权力的早期研究从多元论的观点中得出结论,主要关注社区治理中谁居重要的位置。对社区怎样工作做了深入调查后,社会学家开始注意到在行使权力和分配资源中不平等的方法。很多情况下,少数人用他们的经济和社会地位控制社区,导致权力竞争,即精英统治论。这部分探讨这两种模式,在战略上利用每种模式检测权力。

(四)多元论和事件分析技术

多元论者对权力的看法——不管在社区还是在区域、国家或国际的层面上,都要有民主工作方法的基本假设,那么相应的多元权力理论假定就是:没有主流权力。获得权力的能力在人们中间广泛分配,除非分析表明还有另外的情况——人们所握有的权力在竞争性的利益群体中被分散。尽管某个特定组织会在某个问题上占优势,但它不会在下一个问题占优势。如果不研究这种情况,某个组织就不能确定其他组织的利益是什么(Polsby, 1960)。

第六章
政治资本

　　持有多元论者观点的社区理论家看到公民民主决定政治问题，就像公民通过市场作决策一样，即：个人得到好的信息。因而，个人也会成为基本的政治阻碍。公民个人行使他们的政治影响主要通过选举。"一个人、一张选票"的概念是多元论的根本，选举可以直接行使作为，如"新英格兰城镇会议"直选代表类型。当然常见的是：选举为某人而设，因为他代表了一群选民，在这种代表民主制的体制下，公民不能直接参与做各种公共决策；反过来，选出来的代表要服从一定时期内有效的选举。假定生效是一种手段，用这一手段，代表（学校理事会成员、城市委员、郡的监督者、州官员、总统或总理）一般都会反映他们所代表的选民意愿，尽管各个选民会看到他们的目的在短期内不能实现（特别是他们选的候选人失败），但决策在长期内应该对大多数人有益。

　　以多元论者的观点来看，美国民主体制植根在法律体制中，即禁止滥用权力。美国宪法说明了这样的一个机制，它是检查和制衡三个管理分支机构——立法部门制定法律、管理部门实施法律、司法部门实施仲裁（当出现争端时）的一个系统，是不同于英国和法国的管理形式。在英、法两国，管理立法要按管理者制定的政策行事。美国人权法案和其他的法律保证，即使持相反观点的人也有表达的自由和平等的机会。平等包括选举体制本身，即通过定期选举，被选的人只能拥有暂时的权力，愿意尝试的人都有获得当选的机会，通过选举过程，所有公民享有参与管理的公民权，包括管理选举本身的权力。

　　在持多元论观点的社区理论家看来，代表制民主并不意味着每个人都能行使同样的政治影响，有人可能不参与选举，不参与地方党派，不给某个候选人财金支持；但如果他们参与并具备天赋，他们的影响大致与任何一个积极的公民相等。不同的阶级和种族影响可以通过统计走势来解释，一些组织或阶级不积极参与到政治过程中。参与还是不参与由个人决定，没有参与的个人也会作非参与性的选择。

持多元论观点的社区理论家假定分散的经济、政治和社会权力也使用决策过程，他们相信，评估怎样决策和由谁决策最好的方法是看公开行动，换句话说，由有权力地位的人做决策。

持多元论观点的社区理论家也怀疑这些分析要假设有幕后影响，事实上他们否定一定的组织有一定的先决利益的想法，他们也不接受不同阶级有相抵触的政治利益的想法。在一定程度上，阶级利益引发政治冲突是常见的事，因此，对持多元论观点的社区理论家来说，在公开、清楚的情况下，公众普遍持赞同态度。

以多元论观点研究社区权力的人使用"事件分析技术"的方法，这种研究方法需要确定和应用公众争论的问题以揭示决策过程。也要利用报纸、观察和访谈来明确哪种决策重要，谁作了这种决策，通过这些渠道收集到的信息表明公众投入决策资源的多样性，这一多样性也支持了多元论的观点。

经典的多元论研究是："一个美国城市的民主与权利，谁治理？"(1961)。罗伯特·达尔(Robert Dahl)在康涅狄格州的纽黑文(New Naven)做研究时提出，他检测了三个问题：政治任命、城市振兴和公共教育，没有一个单一的组织能够主导这三个方面的决策过程，不同的组织和个人各自都很积极，只有任命的官员和选举的市长才会对这几个问题有共同的积极性。因而他的研究结果支持多元论者的观点。

威廉·多姆霍夫(William Domhoff, 1983)重新检测了城市振兴的问题，探索在幕后潜伏的东西和决策过程本身的周期。他发现，在纽黑文，城市振兴居先的是经济利益，而它要根据规划，政治家只是实施者,不是决策者。然而,只有当决策过程被公开后,他才看到了这个过程,因而检测的只能是多元论的外表,如果有人用"事件分析技术"来确定在社区中谁有权力,那么研究期间是很重要的。在公开发布某个问题之前,就要看到,谁的议事日程一开始就包括了问题,要实施幕后策划以明确这些问题该怎样介绍给公众,决策时要得到哪种利益。

(五)精英统治论和幕后发生了什么

精英教育的思想方法来自于弗洛依德·汉特(Floyd Hunter)在佐治亚州亚特兰大的研究(1953)。该观点获得重视则来自社会学家赖特·米尔斯(C.Wright Mills)的著作《精英权力论》(1956)。他提出"一种精英权力"——政府官员、商业主管、军队领导的一个联盟控制了国家。同时他也提出在联盟中享有的各个政治、经济利益被他们相似的社会背景强化,精英成员上同所中学和大学,属于同类的俱乐部会员,到同样的度假地休闲。精英链也有技术上的分支,如商业主管变成政治家,政治家有商业利益,退休的军队领导坐到公司理事的位子上,这些联系进一步保证和加强了彼此的利益。多姆霍夫的著作《谁统治美国?》(1967)发展并修正了米尔斯对国家层面的分析。

精英人物统治论也是一个假定观点,即权力要适应阶层体系。持精英权力观的社区理论家提出,权力要按层级来分配,前提是权力(控制高压统治的手段、权威地位、调动财富或信息、威望及其他个性特征)要得到累积。例如,富人经常被认为有突出的天赋,否则,他们不会成为富人,富人的财富因此可以变成威望、控制信息和得到权威地位。多元的权力理论把社区看成是系列的功能联盟,即组织界限相当不稳定,成员们彼此不同意某个事项,在任何时候都没有主导型联盟;而在另一方面,持精英权力观的社区理论家,看到的是一个金字塔式的权力结构，即一些有共同利益并代表着主要经济机构的个人，在城市事件的发生中，无论大事还是小事，他们都发挥着重大的影响。

汉特在他最有影响的社区权力著作之一《社区权力结构》(1953)中，开发了著名的"名望"工具来确定一个社区的权力。汉特收集了很多社区领导人和来自报纸及组织活动家的名单，并理出一份名单，有175个人，然后在社区熟人的帮助下，根据这些人对权力和政治的了解情况，从最初的名单中删除那些没有太多权力的人，最后留下40人。他与这些人进行个别的访谈，每个人被问了大量的问题，包括：如果社区要做一个项目，需要一群领导作决策，那么大家都会同意的领导人是谁？结果有10人被列了出来。答案给了他一份更高声望领导人的名单。

使用"名望"工具，研究人员在研究不同的城市时，对它进行了修正。汉特发现一个呈金字塔状的精英人物统治权力结构，塔顶是一小群商业领导人，一个杰出的上等阶级通过连锁的理事网络控制这个城市的经济，那些领导人可能生活在受排斥的邻居当中，但他们属于同类的高级俱乐部成员，在彼此的家里聚会。如：40个高层精英人物中只有4人是政府官员，其他人是银行家、制造业主及其他商业领导人，他们的权力尽管不是正式委任的，但官员都要服从他们，遵从他们的命令，但却看不到他们本人。

汉特也发现了小的决策群体——来自于商业阶级——对大多数关键问题意见一致，他还注意到，"争论也被避免了，部分原因是决策群体不允许每个提案太离谱，特别是在决策中，离谱的提案会遭到激烈的批评"(1953)。汉特不否定这些小群体在大部分关键问题上有绝对的控制，但指出，在制定公共议事过程中，小群体发挥了主要作用。

持精英权力观的社区理论家实际上批评事件分析方式，认为它经常关注争论的问题，根据政治决策者来划定权力。他们提出的大多数决策没有争论，也从来不会受到公众反对，因为决策系统支持了某个群体把社区利益建立在他人利益之上，他们拥有权力，控制公众议事日程，但在政治活动中看不见他们，那么，重要的事就是要察看社区中什么问题从来得不到公开决策，或随意做出无价值的决策。马修·克伦森（Matthew Crenson）在一项研究中表明，城市社区中，当污染成为一个问题，空气质量差的问题就会成为这些社区"主要的政治问题"，在那些地方，"企业的权力相当弱"，从而说明：重要的不是公众决策的程度，而是"一个社区划分出的主题没有获得政治关注，就永远不会成为关键的政治问题"（1971）。

二、权力与经济利益

社区权力的阶级基础理论关注权力的经济根源，这一理论及其后来的变化都假定控制经济体制的人控制更广泛的社会，经常是经济利益影响和控制着政治决策。这个部分要探讨社区权力的阶级基础理论以及它的最新变化：增长机器（the Growth Machine）。

（一）权力的阶级基础理论

根据对权力的阶级基础分析，对经济精英来说，只要政策和分配制度能够促进利润的产生，不论个人还是群体作出决策并无大的区别。处于官方决策位置的人可能并不是经济精英，但决策者却要代表经济精英的利益，这就是小湖出现的情况。在那里，汉克是一名地方商人，对城市委员会却有大量非正常渠道的控制。

1930年，由海伦（Helen）和罗伯特·林兹（Robert Lynds）做的重要研究发现，经济体制对理解权力和在"中等城市"中分配资源很关键。"中等城市"是他们给印第安纳州曼西（Muncie）的名字，现在是一个都会城市。在20世纪30年代，这个城市是快速发展的社区，1925年不到39000人，10年后发展到47000人。

以地方为基础的波尔（Ball）家族拥有并经营波尔球瓶（Ball Jar）公司，是世界上最大的家用灌装设备生产商。林兹发现，1933年的"银行假日"（bank Holiday）①之后，波尔家族控制了很多金融公司，并对幸存下来的地方金融机构发生兴趣。波尔家也大量涉及地方地产，打造着这个城市的发展。通过慈善业，他们还影响地方大学的发展（现在的波尔国立大学）、建医院、社区基金以及YMCA-YWCA（一个慈善机构，为儿童和成年人提供计划和服务，致力于个人发展和社区发展）。尽管有家族成员偶尔成为地方官员，但他们控制着共和党并影响着民主党，因而在很多领域能够促进或抑制变化，简单地说，波尔家族在曼西行使着政治权力。

林兹找到大量证据来质疑那些政府官员的独立性。按照他的观点，选举出来的官员素质都高，波尔家族和其他商业组织在经济和社会上并不理会这些人，但在政治上却要利用他们。控制经济工具的人（波尔是这一类的精英人物）并不想卷入直接的政治参与，但他们确实需要限制政府对他们利益的干涉，政府官员因此而被看成是一个必然的坏蛋。使用这一看法，维迪奇（Vidich）和本斯曼（Bensman，1968）在20世纪60年代的纽约州坎德（Candor）得到了相似的结论。尤金·海因斯（Eugene Hynes）和维尔纳·莫

---

① 1933年，美国"大萧条"时期，3月5日，新选举的总统富兰克林·罗斯福宣布"银行假日"，强迫银行在4天内关闭。然后通过议会在3月9日通过的"紧急银行法案"，保证美联储近乎独裁地控制银行，还允许财政部迫使美国每一个公民和商业机构交出黄金，接受纸币。3月10日，罗斯福发布"美国总统令6073号"，禁止美国人将黄金转移到国外，禁止银行为黄金付钱。4月5日，罗斯福发布"美国总统令6102号"，命令美国人将黄金和金币流通券交给美联储银行，以纸币交换。

瑞（Verna Maunry，1990）在堪萨斯州的一个小城镇所做的商业阶级控制和公民动员的案例研究，通过观察并加以推理认为：精英人物，特别是特定商业利益的精英人物关注着城市的管理，并希望控制相关的决策。

很多农村社区拥有自己的公共事业，在堪萨斯州海因斯和莫瑞城镇研究的案例里，公共事业价格政策及比例结构是：家庭要比商业和企业付更高费用。永久拥有这些业务的商业组织与官员们来自相同的城镇，通过支付高额的地方公共事务费，官员们尽可能保持低的财产税，因而拥有财产多的人占优势。分区决策在体制上也迎合了对城市委员有直接影响的人；特定的利益群体也影响着政府支持的商业计划，既得利益者有理由控制社区治理以及非治理机制，参与分配资源。一般而言，这样做很容易达到目的。

农村社区的工人利益区别于以上那些人的利益。对工人而言，最重要的是收入水平、福利以及可能提高现有工资的活动。地方管理影响工资水平，主要是支付雇员工资的多少，通过他们是否有意识地招募高工资或低工资的公司和其他诸如此类的活动。在小社区还有大量的情况让工人们不能影响这些决策，即：很少有公共理事会，甚至当选举官员时，工人们很难参加那些非正式的，有时候也是正式的会议，这些会议往往在白天工作的时候开。海因斯和莫瑞的文献报道了一名工人市长的案例，在记者发布会上他被公开嘲笑，因为他不按时参与城市委员会会议，他的工作又使他不能参与由城市委员会召集的会议，这个城市委员会由小商业者构成，他们有灵活的时间安排活动。

海因斯和莫瑞也清楚说明了地方精英人物严密控制、让人寒心的特点，即：阻碍人们做政府官员的候选人，阻碍公开解决对他们有消极影响的问题。这里的人们不愿意行动，因为他们感到很弱势，例如海因斯和莫瑞报道：城镇公民关爱组织的一名杰出人员很担心她的表亲，一名学校教员可能因她继续参与活动而丢失工作，她变得倦怠了。当精英权力中的每一个成员拥有的经济、政治和公民作用拿来交换时，很少指望人们能参与决策，在社区内，经济、政治和公民作用越分散，各种公民的声音就越能被听到。

（二）增长机器（The Growth Machine）

1976年，哈维·莫罗奇（Harvey Molotch）出版了一本书《城市像一台增长机器》(The City as a Growth Machine)，介绍了社区权力的阶级基础理论变化形式。在对大量的城市进行研究后，他看到一个重要组织，后来被称为"增长机器"。它是一种组织联盟，能够意识到社区发展的经济成就，引领商业阶级内的其他组织。这台机器的作用就是鼓励增长并从中获利。这些组织加强土地利用，包括利益相连的开发商、建筑公司、房屋保险公司、房地产代理机构、商业建筑业主、租赁单位、银行和其他依靠总体租赁水平提高的商业（Logan, Whaley & Crower, 1977）。提高总体租赁水平的能力（从土地或其他不动产中获取收入）大量要依靠提高社区的人口，这些增长机器才能与其他社区的增长机器竞争，吸引资本；反过来，也吸引居民提高土地、建筑物、商贸和服务的回报。

地方权力结构中最积极的精英一般是"食租"阶级的成员，是从不动产中获取收入的人。这一阶级要促进人口增长（有新的人口，才能持续地建造办公室和房子，扩大城市），通常也美其名为增加就业。这些现代食租者在土地利用、建筑物利用方面有利可图，包括开发商、商业的和居住的业主，都是投机不动产的人。食租阶级不生产产品，也不提供服务，但为制造业、服务业和零售公司提供基金并把它们用在理想的地方，靠此赚钱。食租阶级的利润主要依靠人口增长，其次依靠利用地方管理政治资本的程度。在美国，地方管理对规范土地利用有独一无二的权力，正是这种土地利用提供了这一阶级的潜在利益，因此，食租阶级拼命工作，使有决策权的人在实质上拥有食租阶级的利益。在国家的层面上，他们有很大的政治贡献，从而在洪泛区从事建设时，能在支付抵押和联邦政府灾难基金的利息中获得扣税，有利于他们继续盈利；而在地方层面上，这一阶级众口一词解释为什么它的成员需要在分区、扩大排污管道、排污处理厂、铺设路面，甚至免税上有特权。

增长机器和食租阶级迫切吸引工业，因为工业可以产生商业和居民建筑并提高土地的价值，这就可以解释为什么尽管很多研究已普遍说明用于吸引工业的刺激并不能补偿地方利益，但这种刺激还在继续的原因。这样做实际威胁社区生活质量，也带来其他的花费，如学校、公园、图书馆等。因而有一些细致的讨论：是新的业主支付了一定水平的工资？还是新的工业和服务公司对居民的生活质量产生影响？很多工业建在低收入地区，包括农村，因此，是有财富的人获得利益，但发展成本却加到了穷人的身上。由于空气污染、学校拥挤、交通堵塞而使生活质量下降。农村居民受污染，但不生活在那里的投资人却获利，这种情况经常出现在以黑人、土著和拉丁人为主的社区，被称为"环境种族主义"，贫穷的人进一步受到排斥，因为种族或少数民族很少有政治资本来与工业投资人抗衡，那些社区经常被投资人选中，是因为那里很少有环境法，也很少有让那些法律存在的手段。

因此，很多社区集中的冲突是增长机器和邻里之间的，这种冲突可以理解为使用价值和交换价值之间的冲突。有使用价值是因其被利用，而不是它的货币价值；交换价值则只有当商品被卖后才看得到。例如一幢公寓，对业主来说有很少的使用价值，但它有交换价值，来自于出租收入或售卖收入；在另一方面，某人祖先的房屋由于不打算卖它而只有使用价值，但房子也可能被卖，具有交换价值。但已逝去的业主，除了使用价值外，他没有意识到任何交换价值。财产具有价值即在于这两种极端，如一个专门技术人员的家，只要他住，不论搬几次，都只有使用价值，但他要关心房子，以保持它的市场价值，因为他可能在某个时间卖掉它。业主对房屋做的任何改善都必须考虑两个方面：一是它能提高居住享受（使用价值）吗？二是它能提高房子的销售价值（交换价值）吗？

开发商的企图与中产阶级的老住户在房屋使用价值和交换价值之间经常起冲突，长期为邻的人更希望有使用价值，会首先寻求保护自己的家（居住时间越长，使用价值相对于交换价值更大），邻里协会将努力提高使用价值，为此采用多种方式提高自然和建设资本，让公共和集体拥有的东西如公园、球场、运动场和自然景观不会马上转化成金融资本。其次，相互为邻的人都有一种维持土地价格低的想法，从而使财产税更低；而增长机器创造利益则来源于提高地价，努力支持振兴城市。其实，邻里协会更愿意自己纳税创造邻里之间提高使用价值的东西。

农村社区的增长机器有与城市相似的构成。大卫·麦克拉纳汉(David McGranahan)指出："地方拥有的银行、机构、法律部门和其他公司更大地在社区内部经营"，为此"收入及财富就要依靠商业量，在一定程度上就要有经济规模"，才可能成为增长机器的部分（1990）。增长本身是好的，能做各种事促进增长，主流文化资本的价值观也支持这些活动，评判政府与私人投资，支持建立规则，使这种增长至少使社区受益。尽管外部利益如跨国公司建分厂可以调动地方增长机器的政治资本、得到特别的税收优惠或环境特许，但增长机器的核心是由地方公司和个人组成的。

（三）明智增长（Smart growth）

明智增长联盟在20世纪70年代首先出现在城市，以抗击城市扩张和过分的郊区化。这些原则逐渐也被用于农村。

明智增长的农村社区经常有生动的组织技巧、积极的户外娱乐活动，经常捐赠定期的农民市场和社区园艺。

明智增长的原则（来源：www.smartgrowth.org/about/principles/default.asp），是利用所有的资本并试图利用权力划分，对维护和提高生活质量加以规划，同时培育活跃的经济。

1. 创造一定范围的住房和选择。为各种收入水平的人们提供高质量的住房是明智增长战略中的一个整体构成。（建设资本和金融资本）

2. 创造适于步行的邻里距离。步行的社区是理想的生活、工作、学习、礼拜、游玩的地方，因而是明智增长的关键构成。（人力资本和社会资本）

3. 鼓励社区和利益共有者合作。增长要创建更好的居住、工作和娱乐——回应社区自己要怎样增长和在哪里增长的观点。（社会资本和文化资本）

4. 用强大的地方观培育有特色的、迷人的社区。明智增长鼓励社区提出设想和建立发展与建设的标准，反映社区建筑景观和特色的价值，同时扩大住房和交通选择。（文化资本、自然资本和建设资本）

5. 为社区做可预见的、合理的、具有成本效益的发展决策。在实施明智增长方面才会获得成功，必须包括私人部门投资。（金融资本）

6. 综合的土地利用。明智增长支持社区内综合统一的土地利用，这是获得宜人居住地的关键。（自然资本）

7. 保护空地、农田、自然风光和重要的环境分区。通过支撑地方经济，保护重要的环境分区，提高社区生活质量，把新的增长带进现实的社区，以支持明智增长的目标。(自然资本)

8. 提供多种交通选择。在住房、购物和社区生活方面提供更多的交通选择，是明智增长的关键目的。(建设资本)

9. 对现有的社区加强发展指导。明智增长要对现有社区的发展加以指导，从基本设施中得以体现。要利用周边地区提供的资源，保护空地及城市边缘不可替代的自然资源。(社会资本、文化资本和建设资本)

10. 使用紧凑的建设计划。明智增长为社区提供一种手段，包含更多紧凑的建设设计，作为一种对环境、土地消耗的发展替代。(建设资本)

爱荷华州的迪科拉(Decorah)是一个成功实现农村明智增长运动的地方。在一个自然形成的河岸地带，多年来，通过使用自然资本，这个城镇已成功控制了购物中心的扩大和无计划的增长；通过公民和商业领导人的联盟，包括地方同行，这个城镇维护了有边界的经济增长，使之变得更有可持续性。迪科拉成为近来颁布的"爱荷华东北食品与健身倡议"的一个部分。

其他的农村社区组织可能以非增长联盟为特征，那种联盟在一定程度上区别于城市，农村非增长联盟一般控制那些特别小的、非贸易中心的社区，它的可贵的特征在于依靠原有的社区财富。

在小社区，非增长联盟包括制造业主、加工业主、商业性农民和为出口进行生产的人（产品卖到社区以外），他们的利益在于低成本的劳动力，不必产生一个更大的地方市场以吸引新的业主，特别是在大城市地区要付高薪的分厂。例如，佐治亚州厄尔利(Early)郡控制花生加工业主，直到20世纪80年代，不仅反对高工资，还

第六章 政治资本

反对给公共学校开支，因为他们害怕黑人受教育更多，会要求提高工资。在 70 年代，富有的白人上私立的白人学院，压缩了公立学校的开支，在权力群体的利益面前，成倍地降低了学校的资金，这样，一是让大量的劳动力无技术从而保持低薪，二是让税收更低。

另一个例子是在中西部的农业社区，那里的农民（退休的）通常控制着郡委员理事会或监督理事会，他们喜欢一个有限治理的、非增长的方式，因为他们不需要当地人买他们的产品，这样他们有低的房地产税收利息。他们的兴趣在于改善道路、桥梁，使产品可以有效进入市场，这是一个低开支观点的特例。

退休者关注更多的是房子的使用价值而不是交换价值，他们也是非增长联盟的一个组成部分，这个群体由农村社区实际人口构成，很多是经验丰富的外来者。尽管这些退休者不积极参与社区事物，但他们大量参与选举，有时候还会打败工业税收债券以及学校和其他的基础设施债券。

阿瑟·维迪克（Arthur Vidich）和约瑟夫·本斯曼（Joseph Bensman）对纽约州北部地区的小村庄斯普林研究发现，那里的非增长精神主导着社区。长期的经济下滑后，它成了一个对周边工人低出租卧室的社区，商业精英通过一种看不见的治理，控制着地方政治。这个精英组织由村中三名共和党委员组成：一名饲料、种子销售商；一名周报编辑；一名律师，他同时也是村理事会顾问。这个群体决定村官的提名和操纵选举，这样他们的候选人总能赢（因为民主党参选的人是村中明显的少数，在共和党的选票上，提名即相当于被选）。民意测验的时间也让工作中的工人很不方便参与，在选举期间，一旦出现太多"不合适"的人，"安全"的选民可能被招募。

研究还发现对进入村理事会的非正常要求：(1) 成为社区公

民至少要10年，永久居民最好；(2) 在经济上很弱，服从权力之人的控制；有亲戚与政治机器的主流人物有关系；(3) 对治理方式有很少的知识；(4) 持低税收、低支出的思想。研究归纳出："这因此会出现不胜任者、经济上的弱者，有恰当亲戚关系的人因规则的一致性而被选举"，对村理事会而言，他们没什么可做的，因为，照他们看来，例行的管理事务自动完成。"(1968)

该研究指出另一个特征统一在村理事会成员以及看不见的管理中：都拥有可出租的房产，作为房产的拥有者，在逻辑上应该是增长机器的组成部分，然而，经济下滑很快在他们的经历中打上烙印，他们开发一种低税收的方式在房地产中赚钱就是保持低消费，追求在出租业上赚钱而不是在房产的销售上赚钱，上班族的涌入让他们收获了增长的好处，不必花自己的或其他人的钱就使它实现；但必须肯定那些"恰当的人"被选举到村理事会，限制选举并确保相信管理限制的人被选到村理事会。

在大一点的农村社区，管理影响更多地通过半管理部门如商业顾问团（商业顾问团经常要疏通政府资金，但又不需承担太多的政府责任，这些资金要促进乡村旅游和经济发展）加以实现。这既是非增长机器、也是增长机器的商业利益选择，在地方商业顾问团中是积极的；相似的公民组织能表达自己的地方发展观。

城市社区的增长机器特别有控制力，农村社区定位非增长、明智增长还是优先增长在方案上变化很大。在具有创造力的社区，明智增长最有影响，在那里，极有可能建立地方性的私企加工厂，采用先进技术和管理实践(Wojan & McGranahan, 2007)。在斯普林，自主管理例行事务的非增长组织在一些社区足以打败增长机器和拒绝新的经济活动，受优先增长组织控制的非大城市社区，经常是区域性的贸易中心。从其他例子中看到，在危机和人口下降期间，食租阶级和个别从低税收中受益的人可能会联手挽救农村社区，通过吸引或创造资本的方式提高社区就业，当然，面对经济下降时选择什么也不做的农村社区更多。

（四）地方与缺位的业主

现代资本体系中，业主与管理分离。提供资本或继承资本的人不一定拥有管理知识和天赋来提高资本积累（增加利润和公司发展），更进一步看，现代经营需要巨大的资本，远远超过个人或家庭能够存或借的数额，有限责任公司允许出卖股份来增加资本，或者与竞选做交易，使某人成为理事会主任，他将制定对公司有利的政策。当公司在股票交易市场购买政府证券时，它是"政府持股公司"，当家庭或几个人持有股份时，它是"私人持股公司"，基于对地方和人们发生的事情，谁拥有社区的经营呢？如果家庭公司是以社区的、州的、美国的甚至是海外的为基础，它会是什么呢？如果家庭公司不以地方为基础，这个公司有同样的地方政治资本吗？它利用了什么样的地方政治资本，能像地方公司一样开展业务呢？如果一个社区做了公司不喜欢的事，公司可能威胁要离开吗？还是希望听到其他的声音？

在圣·何塞城(San Jose)后来的研究以及增长机器文献都说明：公司的国际业主极少参与因公司或经营而产生的社区问题，更多参与则通过各种各样的组织。另外，当反对外来者解决一些严重的问题如环境污染问题时，有非地方业主意识的公民鼓励集体流动；另一个极端是，某个外来的公司如果就某个问题得不到让步，它可能威胁要离开社区，因为这会直接影响它的利益。

非地方业主的增长会导致对增长机器的偏好。非地方业主的公司一般使用经理，经理经常流动，因此对社区的影响非常短暂，公司的缺位经理也不会为社区事物中的人力资本、社会资本、金融资本或政治资本,甚至慈善活动投资;相反,地方企业家还经常参与各种公民活动,可能还会通过成为投机资产的共同业主与食租者发生联系,经常地,地方慈善家也会通过社区基础的基金注入一点财富。

非地方业主的公司通常与国家或国际供应商网络联系,地方私企并没有从这些商业联系中受益,较之地方性公司,更少或多样的影响来自业主缺位的公司。当地方经营活动与增长机器联合,既是实质的、又是象征的利益能发挥出来,培育增长精神,制定使地方公司受益的支持政策。

产生在制造业公司中的集权也会产生在媒体中,日报很少由地方拥有,连锁报纸与各个社区联系有限,也很少由地方拥有来促进地方增长机器,更多的是登载某个独立编辑的观点。多姆霍夫(1983)指出:地方报纸的出版要保证只对一般的增长机器作报道,不对特定的增长机器细节作报道。报业的利益在于要卖出更多报纸,特别是要登更多广告。地方出版物在增长机器组织中更像一名仲裁人,总体上,其行动要像一名发言人一样为增长机器服务。实际上,当报纸不由地方拥有时,增长机器就损失了一个重要的综合要素。

相似地,在少数州际公司里,银行变得更为集权。不像地方拥有者,州际公司没有兴趣去控制地方税收源和土地利用,联盟银行通常不与地方增长机器联合,对地方社区的投资更不感兴趣。

业主缺位的经营对社区有一种矛盾影响,社区多元论者对地方政治不感兴趣,因而为地方政治创造了更大的空间。不感兴趣意味着不控制社区精英人物的利益,经济精英人物中缺乏合作给了非精英们更大的机会来谋划自己的利益。另外,当某个问题产生并直接影响业主缺位的公司时,如果问题不按对他们有利的方面解决,公司可能会威胁离开社区;如果这个公司对社区经济有很大贡献,这一威胁就相当厉害了。

三、权力结构与社区变化

由于很多制造业分厂搬到劳动力便宜、又没有环境限制的地方，农村地区的制造厂减少，同时服务部门的活动扩大。增长机器，不论是地方的还是国家的都会发现很难对社区利益进行管理，因为工业化普遍被认为是对社区所有问题的解决法宝，地方增长机器能够说服地方管理给新企业税额优惠，提供这一优惠，即使有固定收入的人也发现，自这些工厂出现以来，他们实际损失了很多利益，失业者也没能从中受益，因为有更多受过良好教育的上班族占据了新岗位。现在服务部门已代替制造业成为新的增长部门，为农村社区的非精英和一些精英也带来了新问题。即使在小城市，以城市振兴名义而建的售卖场（the Mall）赶走了来自更贫困地区的人们，城郊的售卖场以连锁及特别优惠的方式替代了地方商店，小社区中的买卖已成为附近大社区连锁的"沃尔玛"。

人们的环境意识越来越高，更关注到农村填埋的城市垃圾，关注核垃圾处理，关注毁坏农田和牧场的抛掷地点。在一些情况下，如果这些东西根本不能为社区精英创造财富，整个社区的利益才会联合起来，但经常这些问题会分裂极度渴望得到就业和收入的社区。

快速发展的社区，新居民经常是专门技术人员，对社区的地方价值观和组织能力都有极大贡献，并愿意参与社区事物。他们的责任还包括关注环境，经常与不愿意支付年度经费和社会发展资金的人或组织打交道，他们还有社区以外的政治资本，能够抵制增长机器。

国家经济精英的重新流动对地方有影响，分公司管理层的人需要成为地方组织的积极分子，形成自己的协会才能游说地方政府、支持政治候选人、公开他们的观点细节、土地利用以及自由经营。

由于国家和地方精英的利益有分歧,国家精英和国家权力结构希望说服地方精英:国家增长机器的思想应该也是地方精英的思想。最后,地方商业顾问团可能会提出一些计划,这些计划似乎能对照地方发展的需要,但也能匹配国家的商业政治顾问团和思想进程,这才是国家增长机器需要的东西。

在多大程度上,权力被集中;在多大程度上,权力被地方或缺位的个人、公司和机构利用,各个社区有很大不同,重要的是要分析社区内的变化怎样出现和需要什么策略组织平民评估地方权力结构。挑战精英权力是一个赋权过程,无权的群体能从中得到成功,然而这要冒险,因为精英经常控制信息和象征性的东西,如文化资本,他们可以使反对的人丢失名誉,不是用体制来打击他们的地位,而是对他们的个性和品德加以质疑。

四、理解权力结构和提高受排斥群体的政治资本

在社区研究中,选择某种工具可能会使结论偏离,近来的研究介绍了新的研究工具(网络分析)和综合研究方法,展示了一幅更有竞争性的社区权力结构画面。对受排斥群体而言,理解权力结构对获得政治资本非常关键。

杰夫·夏普(Jeff Sharp)和简·福罗拉(Jan Flora, 1999)通过提出四个关键问题对社区权力结构揭示出丰富的信息:(1)对外界,谁最能代表这个城镇?(2)做事时,你需要谁的支持?(3)你需要谁来执行项目?(4)社区中谁能阻止项目?从对这些问题的回答中看到,那些保守的中年男人最有可能成为项目的阻碍者。

德鲁·海曼(Drew Hyman)、弗朗西斯·西格登(Francis Higdon)和肯尼斯·马丁(Kenneth Martin, 2001)综合地位、名望和事件分析看到了在权力结构认定上某个小城镇出现的不同。这

第六章 政治资本

个小城镇有一所大学,他们发现谁最有影响要根据特定的问题,不会有某个组织一直影响社区的每件事,这说明了人们因不同的问题、各方面的社区事物而感知到权力结构。研究还发现,地位和名望尽管有交叉,但不在同一个人身上,因此得出结论:要理解谁行使政治资本,两种方法都是必需的,但如果只用这两种方法,可能得出这样的结论:社区有精英人物统治的权力结构。但是当研究者察看公共记录并使用问题分析法(对增长机器的利益非常重要,如划分公共土地、是否建新学校以及地方管理联盟)进行信息访谈时,发现在每一件事上,都有不同的人发挥影响力,在每件事上有影响力的人都在有地位、有名望的人的名单上。研究者明白了,在每一个问题上,地方增长机器是一个玩家,每次,它都被有组织的公民利益打败,政治权力被相对分散并有对抗性的影响。

研究者也得出结论,尽管增长机器的支持者有一种优势来控制地方居民,即他们有经验寻求增长,但是"如果公民愿意维护自己的社区并想'渗透'地方管理、理事会、委员会,可能就会有多元的结果"(2001)。为弱势群体建设和维护政治资本的关键就是坚持不懈,对组织的关键是行动、形成联盟、认识其他组织相反的观点。经常是某个组织可能起来抵制一个项目(如建大的购物中心),然后解散,这对一个地区正确利用社会资本和自然资本不利。

持精英权力观的社区理论家和持阶级基础社区权力的理论家,都利用关键地位网络分析法研究主要的社区机制,持阶级基础权力观的理论家还使用这一方法来确定公司结构和认定公司高级领导人。

网络分析法要设法得到主任理事会成员的名字以及公司或组织所有重要官员的名字,确定组织和个人之间的联系;评估联系方式。网络分析法要表明各种情况下单一的精英权力或不同的权力集团,那样才能根据他们的联系情况为他们定级别和在网络中的位置，才能检查连锁公司的网络，确定他们带来的资源，以及他们是代表一个增长机器还是其他类型的网络。

权力结构的平衡研究要利用大量机制，以限定研究中的理论偏见。一个综合各种方法的研究案例是"激进者和动摇者（Movers and Shakers）"。1982年，菲利普·庄斯亭（Philip J.Trounstine，圣·何塞立大学调研与政策研究所主任，也是一名记者）和特里·克里斯滕森（Terry Christense，一名政治学家），对加利福尼亚的政治有广泛的研究，完成了在加利福尼亚圣·何塞做的社区权力研究。他们采用网络分析法，做了名望研究，还使用历史报刊特有的方法察看实际结论。历史分析有助于确定最重要的问题，包括附加的土地利用政策、城市振兴、分区选举与随意选举等研究怎样决策以检测议程设置和操纵符号。他们还发现确实有一个优先增长的权力结构，然而这个权力结构一直在变化，发展机制提高了民主参与、提高了信息流动，因此也提高了多元化的程度。这也包括了报道从地方业主到缺位业主的变化。政府官员从泛泛选举到街区选举的变化。由于提高了多元主义，优先增长的力量就部分下降了。

他们还发现，当地方公司变成跨国公司时，就会提高多元主义，因为跨国公司感兴趣的是直接影响其经营的专门决策，不感兴趣社区内的其他决策，所以战略是要在一定范围内降低公司的权力，但又要让它在直接影响眼前的财金利益方面相对强大。

有大量的方法确定哪个组织和个人有权力，地方社区既得利益要明确和联系地方权力，参与组织要明确特定的政治舞台，即寻找权力和行使权力。

五、谁受益

乔和艾伦能利用汉克的影响解决城市公园棒球场的照明灯。然而，如果委员会仍不同意，这一问题会引发更多的敏感性，例如影响汉克饲料和养殖场供应店的问题可能会有不同的结论。社会学长期关注现代社会中的权力，一个主要的社会问题是要确定什么人从什么类型的活动中受益。

研究社区权力结构表明，在不同环境下，不同的权力活动者很重要，如在美国的一些城市，中上层阶级环境保护者能够应对增长机器（Molotch, 1976）；其他社会学研究则表明还有不同的赢家，如克拉伦斯（Clarencelo, 1990）的一项研究说明加利福尼亚抗税一开始是在工人阶级当中，因为他们处在巨大的经济压力中，认为征税是主要原因，即：能使用的工资性收入更少（支付基本生活的费用），管理是无效的、缺少关爱的，与那个群体相连的商业利益也有影响，但最终，抗税使房地产开发商得到了好处。

从早期的研究中看出，精英权力上的集中可以实施统一控制（Mills, 1956），后来的关注已转变到特定的问题上，表明谁控制什么、谁从中获益，即使在一些小的农村社区，也有复杂的权力结构，政治资本非常关键，它不仅决定着怎样解决问题，也决定着哪些情况会变成问题。

本章摘要

政治资本能转变为建设资本、社会资本、文化资本和金融资本。这种转变要靠行使权力。社区权力是社区内公共和私人资源分配的能力，行使权力要靠物质力量、经济力量、机制力量以及影响力。行使社区权力的方式是社区权力结构，怎样的结构影响着社区怎样发挥作用。

社会学家在关于怎样行使权力和怎样检测权力上有很大分歧，多元主义者假定获取权力的能力应在人群中广泛分配，这一模式依靠事件分析工具来探索和测量权力。研究者要确定争论的公众问题，然后使用决策过程解决那些问题，并使之成为一种检测权力的工具。持精英权力观点的人假定权力与社区分层的方法相适应，权力没有被广泛分散；反之，它被少数人拥有。使用精英权力模式的研究者根据名望检测权力，向社区中有知识的人提问以确定在权力方面名声最大的人。

社区权力阶级基础理论假定控制经济体系的人控制社区，这一模式的当代变化是增长机器模式。增长机器是一种组织联盟，在社区发展中能得到经济利益，这一联盟行使权力来促进经济的发展。这一模式被成功用于城市，农村社区则有更多的不同，要根据是否作优先发展、明智发展还是不发展的定位规划。

要使权力结构更为多元化，广泛参与建立社区日常事务很重要。一旦问题成为公众性的，就需要讨论和及时抗争，然而，如果在社区赋权和广泛参与建立日常事务两个阶段中缺少了赋权，那么最后的决策过程如讨论、争论和妥协相对来说就毫无意义。

关键词

阶级基础分析。它作为一种权力理论假定控制经济体系的人控制了社区。

社区权力。是社区内影响公共和私人资源分配的一种能力。

社区权力结构。由行使社区权力过程中所认定的方式构成。

精英主义。作为权力的一种观点，它假定权力普遍要与社会分层体系相适应，财富、威信和权力是彼此相连的。

事件分析法。是一种研究方法。要确定和利用公众争论的问题来表明决策过程。

事件分析工具。是一种优先战略，用于从多元论者的观点中检测权力。研究者要确定公众争论的问题，察看决策过程，并用决策解决问题，决策者被认为在解决那些问题方面是有权力的。对不同的问题要确定是否有相同或不同的人在解决问题过程中行使权力。

使用价值。是一种东西，如一幢房子，对业主而言，它的价值在于自己利用。但要考虑一些因素，如使人感到舒服、充满感情，传递拥有者威望，有拥有的快乐和使用的快乐等等。

交换价值。是一种东西，如一幢房子，对业主而言，它的价值在于合适的时候转变成钱。

增长机器。是一种组织联盟，建立可用的权力来促进发展，获得利益。

网络分析法。是一种检测权力的方法。用于察看社区中重要的组织和个人之间的联系方式。

新英格兰城镇会议。是一种直选代表的形式。在地区管辖范围内，所有的居民被召集在一起，对地方政治、规则、规定和预算做决策。

多元主义。作为一种权力理论，它假定权力是一种个人的属性，获得权力的能力要在人群中广泛分配。

权力。使某件事发生或不发生的一种能力，或者阻止某件事情发生的能力。

食租者阶级。是这样一些人，他们的基本收入来源于出租或不动产价值的增长，这一阶级包括当地的房产业主、商业业主和工业业主、农业土地业主、在土地和建筑物上的投机者。

名望工具。检测权力的一种工具。向社区有知识的成员提问：社区中谁有权力。

参考文献

Crenson, Matthew A. 1971. The Un-Politics of Air Pollution: A Study of Non-Decisionmaking in the Cities. Baltimore: Johns Hopkins niversity Press.

Dahl, Robert. 1961. Who Governs ? Democracy and Power in an American City. New York Haven : Yale University Press.

Domhoff, G. William. 1967. Who Rules America? Englewood Cliffs, N.J.: Prentice-Hall.

————.1983. Who rules America Now? A view for the ' 80s. Englewood Cliffs, N.J.:Prentice-Hall.

Humphrey,Cragi R., and Richard S. Krannich. 1980. "The Promotion of Growth in Small Urban Place and Its Impact on Population Change, 1975-78." Social Science Quarterly 61,no. 314:581-594.

Hunter, Floyd. 1953. Community Power Structure. Chapel Hill: University of North Carolina Press.

Hyman, Drew, Francis X. Higdon, and Kenneth E. Martin. 2001. "Reevaluating Community Power Structure in Modern Communities." Journal of the Community Development Society 32:251-270.

Hynes, Eugene, and Verna Mauney. 1990. "Elite Control and Citizen Mobilization in a Small Midwestern Town." Critical Society 17:81-98.

Lo, Clarence. 1990. Small Property versus Big Government: Social Origins of the Property Tax Revolt. Berkeley and Los Angeles: University of California Press.

Logan, John R., Rachel Bridges Whaley, and Kyle Crowder. 1997. "The Character and Consequence of Growth Regimes: An Assessment of 20 Years of Research." Urban Affairs Review 32: 603-630.

Lynd, Robert S., and Helen Merrell Lynd. 1937. Middletown in Transition: A Study in Cultural Conflicts. New York: Harcourt, Brace, and World.

McGranahan, David A. 1990. "Entrepreneurial Climate in Small Towns." Regional Science Review 17: 53-64.

Mills, C. Wright. 1956. The Power Elite. New York: Oxford University Press.

Molotch, Harvey. 1976. "The City as a Growth Machine." American Journal of Sociology 82, no.2:309-330.

Polsby, Nelson W. 1960. "How to Study Community Power: The Pluralist Alternative." Journal of Politics 22(August): 474-484.

Ramsey, Meredith. 1996. Community, Culture, and Economic Development: The Social Roots of Local Action. New York: State University of New York Press.

Sharp, Jeff S., and Jan L. Flora. 1999. "Entrepreneurial Social Infrastructure and Growth Machine Characteristics Associated with Industrial Recruitment and Self-Development Strategies in Nonmetropolitan Communities. " Journal of the Community Development Society 30, no. 2:131-153.

Trounstine, Philip J., and Terry Christensen. 1982. Movers and Shakers: The Study of Community Power: New York: St. Martin's Press.

Vidich, Arthur, and Joseph Bensman. 1968. Small Town in Mass Society. Princeton, N.J.: Princeton Press.

Wojan, Timothy R., and David A. McGranahan. 2007. "Ambient Returns: Creative Capital's Contribution to Local Manufacturing Competitiveness." Agricultural and Resource Economics Review 36: 133-148.

第七章 金融资本

蒂娜希望成为她家第一个读大学的人,她是里约大峡谷(Rio Grande Valley)移民工的女儿。这个峡谷是得克萨斯州一个贫困地区。她6岁开始在田间劳动,习惯了艰苦的工作。由于父母不能负担她读大学,所以她决定放弃梦想,并与她的高中恋人结了婚。不幸的是,这段婚姻只延续了3年。她和儿子搬回父母家,在那里,有她信任的人帮忙照看孩子,有她爱的人帮助准备食物。

20世纪90年代早期的经济下滑使她难于找到工作,即使有高中文凭也找不到,她只能在当地的一家餐厅做临时工,到餐厅要开车50分钟,收入比国家规定的最低额还少。幸运的是她母亲帮她照看孩子,父亲是一名技术熟练的机械师,通过换置零件,他可以让很多坏了的车再跑起来。

她的良好服务和友好态度使她得到更多的小费,她按时上班、听从指挥,甚至期待老板向她提问,她与厨师和其他服务员友好相处,当有紧张的事情出现在餐馆时,她像一名和平使者一样提供帮助。老板很欣赏她的工作风格,开始让她为餐厅做一些管理工作并看到了她的经营诀窍。不久后,她被提拔为经理助理,是一份有福利的全职工作,受到父母的鼓励。她去社区大学读会计课程,当她逐步了解餐饮业的内在工作时,她感到自己正在拥有所向往的东西。

老板买下另一间餐厅,并让她去当经理。蒂娜获得了好收入,但她知道,她应该成为餐厅的拥有者,一名私企家。但那时,即使得到父母及亲戚的资助,她也只有7000美元开业金,她决定找低

第七章 金融资本

成本的资源支持开餐厅,她找到了专为妇女提供服务的小型经营发展中心,中心帮助她分析和开发了一项成功经营的计划,通知她有另一个信贷渠道能追加她的开业资金。不久后,她弄清了一些餐具供应公司为刚开业的餐厅提供设备,利率非常优惠,设备本身也是附带品。为了新餐厅,她需要很多餐具,花费肯定会超过 7000 美元。她参加了当地商务顾问团的拉丁人委员会,开始与地方商人联系,这些商人提供专门的服务,如一些投资银行家提供更多选择的信贷建议、私人销售地点,在那里,投资银行家还提供民族宗教活动,交换资本并开展业务。几个月之内,计划被制定出来,她已建立了足够的社会资本和金融资本,开始了她的私企生涯。找到其他的资本源对她的成功是关键的因素。

她的餐厅很具拉丁民族特色,她雇可靠的服务员,让他们接受良好的培训,她的厨师虽然是新人,但极有创造性和天赋。三年内,她在峡谷又开了两间餐厅,为儿子读大学存了大笔的钱,她现在增加了房间,与父母分开住,有内走廊与父母相互走动,并与拉丁人居住区开展合作。

金融资本很重要,特别当它投资于提高人力资本和建设资本时,能转变成更大的生产力。蒂娜需要资金和链合社会资本,把她的想法变成可盈利的买卖,然而对农村社区和相似的经营来说,有资本利用的风险,因为存钱者和投资者都会受到外界更高利润的诱惑,金融资本也被新的法律驱使,从一个地方到另一个地方更容易,越来越有流动性。

由于资本更易流动,农村社区散失了对资本的控制,蒂娜必须建设外部的社会资本,这有助于使她知道怎样得到金融资本和投资金融资本。她的餐馆虽是当地的一个,但因经营有方,很吸引来自远地的人。

本章探讨金融资本及它的各种形式,到哪种程度社区能够依靠金融资本?是否建立一些机制来给农村经营提供借贷?对照农村社区新的金融资本渠道,传统渠道必须发展以适应金融领域的变化规则。

一、金融资本的概念

金融资本常解释为钱:需要开展新买卖的钱;在货币市场上用于投机的钱。但钱不一定就是金融资本,金融资本也不只是简单地指钱。这个部分要说明金融资本的定义、金融资本的各种形式、政府和私人特征的金融资本。

(一)金融资本的定义

资本是能够产生其他资源的各种资源。金融资本代表着一些资源,能转变成货币工具,具有更高的流动性,即能转变成其他的财产。这个定义使我们要区别消费与投资,如果买一部车子作为个人使用,这部车子就不具有资本的形式;但买它作为交通服务工具,车子就成为一种创造收入的工具,这就是某种资源创造了另一种资源(收入)。

尽管金融资本不仅仅指钱,但用钱作为例子有助于建立金融资本的概念。钱被用于各种目的,用它买东西,如新的音响、食物(两种都是货物);或者戏票、垃圾处理服务(两种都是服务),这些钱是消费的部分。钱也能用于生钱,例如钱投资在债券上,以利率的形式会产生更多的钱;钱投入某项经营中,盼望获得增值的利润部分,当钱用于生钱时,它就是金融资本的形式。

(二)保持金融资本的运行记录

社会学家一直对社会组织和经济组织之间的互动怀有兴趣。理论学家(Weber, 1978)建议:结算钱的方法与资本主义的出现联

第七章
金融
资本

系在一起，早期，最普遍的结算形式是现金结算，保持钱在经营中或进或出。即使某项经营是投资新厂或累计账目清单，也没有交换方式使钱成为资本产品，当结算者要保持资产运行记录而不仅仅是现金记录时，资本主义作为一种经济组织形式出现。

21世纪早期的很多丑闻都与结算有关——清点什么？为什么要清点？在哪里清点？——这说明了要有一个清楚、标准、重要的金融资产的透明标志，否则能源公司捏造他们的利润，同时又制造人为的能源短缺。

公共贸易公司的CEO经常被评估，因为要给他们工作津贴。评估基于两点：公司净值和它的季度收益。松弛的结算和缺乏监督让行政管理人员在20世纪90年代膨胀，然而，给利益共有者（因监管底线他们损失了大量的钱）与给美国政府（因公司和CEO的免税，它也损失了大量的钱）的东西是不一样的。如从1996年到1999年公开的数据表明斯普林特（Sprint）公司给它的利益共有者的收益比给国内税收服务部（Internal Revenue Service）的多58亿美元。

公司的文化资本和结算业使免税、夸大收益、放大个人利润合法化。美国保障与交换委员会（the U.S Securities and Exchange Commission，SEC）前任委员阿瑟·莱维特（Arthur Levitt）在华尔街杂志（2002年6月17号）上清楚地说明了这一点：安然（Enron）公司不是一个脱离正轨者，麻烦的是，促使这家公司内讧的不是战略不协调、新竞争者的出现、竞争技术的突然产生、基本的管理失误等，而是它暴露了不规范的结算、夸大了资产负债、彻底的公司欺骗和不法行为。

SEC试图每十年改革一次结算业，但国会中巨大的反对派阻碍了任何变化，甚至还报复性地削减机构预算。当寻求短期的个人和公司经济利益时，政治资本往往被调动，让控制金融资本的人使要做的事情变得模糊不清。公司丢钱，但公司的 CEO 却得到加薪和津贴，同时，利益共有者失钱、工人下岗、养老金被削减，此时，文化资本被再次凸现出来。

自定规则似乎是一个好思想，如果一个公司因某些事迫使另一个公司离开，那它自己的名声也会被败坏；然而，相反的一面也会出现：如果一个公司因某些事让另一个公司生存下去，那么那个公司就会回报。在互相做"同行评议"的过程中，当 SEC 查账时，结算公司就会反复发掘 SEC 职员认为的主要缺点。不过，在政府的评议报告中，他们互相会给出一个清楚的账目。(Weil & Paltrow, 2002)

很清楚，面对现代经济的出现和繁荣必须有大量合适的机制，按照组织和国际公约必须保持资产的运行记录和评估借贷，它发挥着巨大的作用,因为可以得到金融资本。我们需要新的国际公约吗？需要新的方法保持金融资本的运行记录以支持农村经济吗？银行撤销管制以及在全球经济中提高金融资本流动，都说明了我们需要一些新东西。

（三）金融资本的形式

有形的金融资本相对容易确定，资本产品（建设资本）包括物质的东西（汽车、机器、建筑物），它们由个人或公司投入，产生新的资源，如：俄勒冈州的一家锯木厂投入设备是为了伐木；堪萨斯州的一家肉制品包装厂投入建筑物、围栏育肥地和交通设备是需要运牛进去和把加工的肉运出来；土地成为一种投资是因为土地上所具有的资源和它能提供的发展空间；伐木公司购买土地，部分是为了现有的伐木需要，但同时也是因为土地能够维持新的发展；房地产公司买土地，是希望当土地升值时，获得理想的利润。最终，金融资本包括的金融工具是股票、债券、衍生产品、期货、信贷证，当然还有钱。

（四）公共与私人的金融资本

根据谁投资来进一步划分资本，可分为私人资本和公共资本。当个人或组织投入资源时，他们用的是私人资本。土地、建筑物、设备以及与买卖相关的货物清单都是私人资本的一个股本部分。由农民家庭、伐木公司、石油公司拥有的土地都是私人资本，在自己教育上的投资也是一种私人资本投资的例子。

公共资本指的是由社区投资的资源。税钱用于修建道路、排布下水管道、维护社区公园和支持学校。管理就是要提高需求的资金，投资公共产品，特别在涉及原始购买的管理层面时，这类资本产品被公共拥有。如：社区拥有的街道系统和工业园区；郡拥有的政府大楼、郡的道路系统和垃圾处理场；州拥有州的道路系统和州大学；联邦政府则拥有国家园区和联邦的土地。

公共资本和私人资本经常通过伙伴关系联系在一起，如：在西北地区的一些伐木公司要在美国森林服务局所属的土地上砍树，伐木公司要利用在联邦土地上获得的收益，转化成一定的费用付给政府。二次教育也需要被公共和私人的资本资助，当人们付学费读大学时，他们是为自己的发展投入私人资本，然而，学费只是维护公共机构费用的一个部分，州的税收要支持公共大学；城市或郡的税收要支持社区大学。

（五）资本流动

各种形式的资本，其区别还表现在它们怎样易于流动。土地和一些资本产品的形式如建筑物、道路等，不能流动，因此，个人和社区必须弄清楚怎样使这些资本形式产生效率。通过对比，金融资本和人力资本更易于流动，钱可以流动到有更高回报的任何地方，人们也能搬到能赚到更多钱的任何地方,这两种资本流动都带来农村社区的问题。

金融资本变得越来越容易流动,不仅在美国的任何一个社区,即使在全世界,从农村社区到城市中心,电子转化资本在几秒钟就可完成。在英国新汉普郡创造的财富,可能作为一项对加利福尼亚的投资,或者作为马来西亚在地方银行的存款,以投到能够产生更高利润的地方。

例如,爱荷华州的农民,当猪价高并且生产成本低时,可能卖一卡车的猪,产生的利润变成存款,以后又能进行投资。农民也可以打电话给在得梅英(爱荷华州州府)的代理,让他通过电脑购买纽约互助金的股票,互助金投资在马来西亚的制衣厂,在那里,这笔钱收到了比投资在爱荷华农村制衣厂还高的回报。因此,在爱荷华创造的资本变成了在马来西亚支付的工资。

二、金融资本和社区需要

几乎所有的农村社区都要依靠金融资本。金融资本不仅帮助个人建立家庭和买卖,也让地方管理能够提供道路、学校、下水管道及社区居民和经营需要的其他服务。这部分内容探讨公共和私人对金融资本的需求,说明农村金融机构发挥的作用。

(一)公共及私人对资本的需求

为了扩大和保护边境,联邦政府鼓励民众定居边境地区,以土地资本创造资本。在垦殖期间,政府有很少的流动资产,战争使联邦财政负债,尽管很多家庭都安了家,但大多数政府的土地给了大公司,如铁路公司。联邦通过取消政府对土地的控制和以很低的价格卖土地给私人,鼓励土地私有化,这一政策鼓励公司和私人的资本开发农村地区。

第七章 金融资本

从一开始，美国政府就意识到公共资本在农村社区开发和发展中的作用。1787年首先通过的"西北条令"中，联邦政府提供土地给新建的社区建设公共产品，如学校、道路等，这些被看成是一个社区存在和国家繁荣所必需的东西。美国和加拿大是世界上少数几个赋予地方权力，通过地方手段如财产税来提高公共资本的国家。征税给地方一个有力的工具，通过这一工具而更加自助，不像一些国家的农村社区必须依靠中央政府支持建设学校、道路和水系统。

现在，公共服务的费用增长，加上人口和税收基础的减少，使得大多数农村社区更加依靠州和联邦政府的金融资本；反过来，这种依靠又使农村社区很少能控制他们的资本投入，如一个学校区，由于新的拉丁移民流入，他们需要西班牙语的指导，但发现很难制定一个相应的计划，因为联邦资金已经做了相关的计划，但并不仅仅是只为西班牙语教学；尽管需要提高地方水系统，但郡监督理事会要加长地方机场的跑道，因为这样才能获得联邦资金。社区发现，越来越难提高地方的金融资本，对资本投入的控制转到了州或联邦的层面；社区还发现，自己的行动要按照州和联邦的优先计划，而不能按照地方自己的计划。

为了开发，社区需要除土地以外的私人资本，很多社区最初依靠的方式是种田。农业生产不像工业生产是连续不断的，农民在种植之前要犁地，收获之前要播种，生产活动之间有很长的期间，尤其在经济作物种植方面。因此，一开始的生产决策做出来后，就要很好地计划销售，那就意味着很多以农业为主的社区收入不稳定，收获物被卖出，大量的钱进入社区，但在其他时间里则很少有进账。

垦殖期间，妇女整年都要卖鸡蛋或奶糕，努力平衡家庭收入。当作物收成不好或找不到买主时，地方居民要创造其他机制产生金融资本。个人或组织要形成银行和合作金融机构，提供信贷给消费和生产性贷款,这些机构在社区中特别重要,要依靠农业、伐木业和矿业,因为生产和收入的波动性非常突出。

(二)农村金融机构

很多小城镇银行的名字,如弗吉尼亚州格伦迪(Crundy)矿业及商业银行、堪萨斯州的农业及畜牧业银行、爱荷华州的农业与矿业银行,都反映了导致它们产生的特点。小买卖也需要资本,工人们在两个发薪日期间也需要借贷,农村银行一般有地方特征,像地方买卖一样,大多数结构是一样的:既有私人拥有的,也有合作拥有的信贷联盟,在社区中,这些银行会告诉你金融资本在那里做什么。

因为资本量和涉及风险,银行一般要组建公司,这些公司要把业主的资产与银行的资产区别开,兼并是一种合法的战略,经常用于限定个人债务,兼并银行需要得到州或联邦政府的许可。"州"出现在某个银行的名称中,意味着它得到州法律的许可;"国家"或"联邦"的词出现在某个银行的名称中,意味着它得到联邦政府的许可。

在一定的风险基础上银行借贷给个人,风险越低,银行家可运作的资本越多,评估风险适用的因素包括:(1)净值;(2)现金流;(3)个人的借贷知识。当银行联盟,评估风险的第三种要素被用得越来也少;相反,银行转而使用信贷比率,它是私人控制的中央数据库(信贷局),记录一个人的财金历史、现有的资产和债务。

尽管一些农村居民拥有大量的土地财富,但因那种财富流动性低,很难转化成现金(土地的特征加强了这一说法,即某个人是土地的财主,现金的穷人),当这些人需要钱投资于经营时,他们用资本资产(土地、牲畜或机械)作为抵押担保,以保证归还贷款。

对金融机构来说,存钱被作为一种借记或一种债务记入银行的

第七章
金融
资本

账册中,是债务就意味着有义务按照要求补偿存款人的信用到他们的账户上;另一方面,借贷是一种资产,因为有第三者欠银行一笔钱。金融资产可以是钱,也可以是不动产,可以用于抵消债务。

在净值基础上的借贷要比较抵押担保与负债率,抵押担保对借出方很重要,因为如果不能清还贷款,就要没收固定资产或卖掉它以清还贷款。基于净值的贷款(抵押担保值减掉负债)是相对安全的借贷,但把某种偏见引进了金融资本流中,富人最容易获得额外的资本。

更多富有冒险精神的银行家基于借方的偿还能力给予借贷,偿还能力的确定要详细比较扩大生产的成本,判断可能扩大生产的销售,现金流而不是净值是这类借贷的准则。确定现金流要收集更多的公司运作数据,但它也有更多的不准确性,银行家要评估的不仅是未来的资产值,而且也包括未来的投入需求成本、未来的产品需求以及未来的价格。

以借方偿还能力为基础的借贷避免了利用净值方法产生的偏见,因为这种借贷基于个人的未来偿还情况而不是现在的资产情况,使资产较少的人更能够得到借贷。然而,这种借贷方式也出现了另一种偏见,账户记录好的人以及有现金收入的人更有可能得到贷款,这类贷款使更多受良好教育的人受惠。

传统上,农村社区的银行家有第三种准则提供借贷:借方的知识特征。从某种情况看,这是一种计算偿还能力的速记法。节俭和努力工作的年轻人可以以一次握手就获得贷款,显示银行家对个人借贷的信任。在小城镇,这种借贷面对妇女和少数民族时经常带有偏见,因为在传统上他们就被排斥在外。对社区很了解的银行家不会做错误的借贷,但他们可能会损失一些好的借贷。

这一准则特别重要,它让固定资产少的人得到借贷机会,成为小的经营业主,但在大多数地方,这一非正式的评估方法正在消失。尽管各州法律不一样,分行和拥有公司的综合银行,使用借方个人知识获得借贷的方式正在下降,也由于农村银行转到了大城市,借方的个人知识不再被作为评估借贷风险的方法。

大多数情况下,失去信誉可能来自于两类事件:离婚或医疗急救。反过来,提高了财金的脆弱性,掠夺性借款——现金需求和很高的利率——正在农村出现,这进一步降低了家庭可得的钱。

三、资本来源

要创造更高的生产效率,或获得更多的对生产性的投入,个人和公司都需要资本。获得资本的一种方法是卖某种资产,另一种是少花钱和累积存款。但很多人、很多公司、很多社区在某个时期都需要大量的资本购买如土地、一间公司或一部机器,他们没有太多可卖的资产来支付购买,即使他们有这样的资产,卖掉这些资产也就意味着卖掉了生产能力;他们也没有足够的存款以现价来购买这些资本资产,所以,他们必须借钱,银行能以大量的方式提供这些借贷。

(一)存款

对世界上的大多数人来说,收入似乎不够维持家庭和建设家庭所必需的花费,一些人在特定时期能省下钱存起来。一些存款是自愿的,另一些则是非自愿的,如:贡献给社会安全、政府制定的养老金等。如果不考虑他们是愿意还是不愿意,存款代表了一种资本源。

在很多社区,有中等收入的存钱者一般把他们的钱存到地方金融机构,这些钱会被银行用于再投资、存起来、放贷、信贷联盟等,以赚取利息。尽管农村金融机构对存款和投资给予更低的利息,很多居民仍然喜欢农村银行，20世纪80年代期间，大多数农村银行的存款稳定上升，但在90年代，由于货币市场和互助金的快速普及而下降。这些投资选择提供与银行相似的服务，包括自动提款机（ATMs）和借记卡。1999年，国会通过格雷姆－里奇－比利雷法案（the Gramm-Leach-Bliley），提高小银行得到联邦政府的家庭借贷金，支持农业、农村、小型经营和低收入社区的发展投入（Dolan,2000），会员制为农村银行提供了很多的利益，包括稳定而长期的资助，它也提供农村信贷市场另一种流动金，可以提高某个银行的利润，因为这种基金比存款的成本还低，这就弥补了一些农村银行存款的下降。

（二）利率

贷款给某项经营，贷方要使贷款安全，就要通过资本产品作抵押担保，或者通过对生产产品的扣除，简单来看，如果商家不偿还贷款，银行有权利收购购买的资本产品或者是商家生产的产品。还有一些费用需要借方付，才可以使用这笔贷款，这笔费用就是利率。对存款者个人来说，他们的存款被用于提供资本，因而也要得到一定比例的利率，才能鼓励他们存入银行更多的钱，而不是把钱放到床垫下，或者是购买额外的消费品；一定比例的利率也留给了银行、信贷联盟、存款或贷款，这些钱包含着管理贷款的费用和提供银行利润的费用。

名义上的利率（借方付的钱）根据贷款提供以及对借方竞争的要求而有所不同，然而，利率不会受地方提供以及对资本的要求影响，即使在边远农村，也要产生利率以回应货币和美国政府及外国政府采用的财政政策，这种控制，降低了地方机构对地方投资的资本配置。

为了在全球金融市场上竞争，各种项目都必须具有高回报和低风险。传统上，农村社区的投资刚好相反：低回报、高风险。当利率与全球市场绑在一起时，资本就离开了农村。这种现象是众所周知的"资本战"，表明到某种程度，最初投资在农村的资本逐渐挪到了其他地方以寻求更高的回报。

高通胀时期，名义上利率高，但经常被通胀率超过，在这种情况下借贷给借方，为贷款而支付的利率低于购买的增加值；另一方面，存款者也会损失钱、债券和其他普通的金融投资。因此，经常要寻找投资，使市场价格尽可能等于或超出通胀率，商品及房地产是这类投资的常选之物。如20世纪70年代，土地和城市的房地产作为投资者防通胀的投资机会，价格迅速升级；90年代，土地价提高，但较之70年代是一个渐进的比例；到了2002年，地价已是20世纪80年代中期的两倍。然而，随着地价的提高，协调通胀的价格却比70年代低了15%，城市房地产价格在90年代下降，然而农村房地产的价格却在上升，在很多地区，农村发展快，是因为新房屋的开发，这些房子被建在大都市的边缘地带。

地方银行对大的、高风险的投资不提供所需的金融资本，因为风险太大，需求的数目也太大，也或许是银行家缺乏专门的知识来判断合适的贷款期和回报率，如：习惯做农业贷款的农村银行当要求资助建设一个箱柜厂时，他们不敢确定是否给予贷款；城市银行对农业贷款同样难以评估，只有一些私人金融资本能够通过债券和股票做这些事。

（三）债券

当大量的金融资本需要做长期投入时，贷款就要做正式的合同协议，如债券。债券要付利率，并构成事先设计好的偿还承诺（比获得贷款要多的数量），在一定的时间范围内偿还，通常20年或30年。经营要能保证安全及未来的收益能够偿还债券增值的部分。

20世纪80年代，美国金融市场撤销管制，允许交易低质债券，高风险、高利率的债券经常以相当低的价格售卖，所付的钱远远低于债券的面值，通过债券增值的钱被转成股票，投在新的经营或扩大经营中。因为经营有风险，债券也要付高额的利率，大多数的风险在城市，但抽走了农村的金融资本；而当经营失败，曾经在风险资本公司投资和城市房地产投资的存、贷款机构会破产，农村人用他们的纳税对存、贷的紧急援助将会有所贡献。

包括农村城镇和郡政府，都能发布市政公债来提高政府的金融资本，通常情况下，州法律不允许使用公债支付地方管理、学校、医院的运行费用，但允许它们用于建设或结构性改善，这些债券要有诚信商品担保和颁布者的税收权利。美国政府强烈感到应该有合适的地方金融机制，从个人和公司在债券中的投资里获得利率，通常采用免税，它提供了另一种刺激，使地方社区能够得到金融资本。

债券是一种重要的机制，通过它，农村社区可以提高金融资本，同时保持地方的控制，例如工业税券，用它增值的钱可以吸引来自另一个地方的经营，但不一定建设一家地方公司，尽管地方努力从财金上吸引公司留下，但风险还是会使公司搬走，最终，社区承担了风险；私人发布、公开管理的债券也能为新公司提供重要的基本金融资本，或为希望扩大的地方公司提供投资资本。

（四）股票

有时候一家公司要借贷时，既没有足够的资本资产来提供抵押物品的担保，也不能证明有超出费用的收入来保证稳定地偿还未来的债务，在这种情况下，就必须找到其他的金融资本。

一种机制就是"上市股票"，通过股票市场，公司卖股份给一般公众，有存款的个人（或者要想得到金融资本的人）投资在这家公司的股份上。为交换他们的金融资本投资，个人根据股份，将收到公司以股息形式付给个人一定比例的公司盈利,股东通过股票交易买份额,也能赢钱或赔钱。

一旦公司决定卖股份,公司就不再仅属于最初的业主。然而,作为新股东资本投入的结果,公司的资产会提高,公司的股票会被明确为总资产,减少了总债务,合伙人或股东同时共同拥有股票。作为对投入金融资本的一种交换,合伙人或股东拥有决策权,即谁管理公司和怎样管理公司。

通过工资性投入给公司或通过津贴赚得的股份,雇员能以某种方式提高资本而成为业主。20世纪90年代,很多新开张的公司提供这种股票,作为吸引有才干的、高技术工人的一种方式,公司中部分所有权也是一种吸引劳动力的方式,因为在有些地方,熟练工人相对较少。

7.1 作为部分业主的工人

何塞要在某一天退休了。在41岁时,他已有80 000美元的存款,他的工作只是从4月到11月,一年有20 000美元的收入。作为一个移民工人,他一生都在努力工作,而且很幸运的是他工作的公司很照顾工人。

在威斯康星州的滑铁卢(Waterloo),麦凯动物繁殖所的工人努力工作获得福利,这个繁殖所以它的工人福利而闻名,付给工人超时工资,那是很不寻常的。1984年,麦凯采取一种大胆的方式,通过雇员股份合作计划,给工人公司份额,1998年,公司有60名全职工人。在生产旺季,大约有100名移民工人,一旦他们在一个季节里工作满1 000小时,即从3月一直工作到11月底,他们就有资格享受这个计划,公司承诺工人,该年工人总工资至少10%被留出来作为退休金;这个数字也要依靠公司在该年赚的数目,以及它怎样付给工人。工人工资的20%到25%要被扣出来,投入到各种互助基金中,但工人退休计划中的钱不能被抽走,直到他们为公司工作5年后才能使用;同时,他们可以拿这笔钱作为上大学的费用或购买住房的费用，5年后决定离开的工人如果把公司的股份卖给公司，可以拿到现金。

　　繁殖所总裁格里夫·梅森说，在旺季时要雇用工人相当困难，找到熟练、可靠的工人更加困难，直到开始这项计划后，情况才好转，既然移民工是公司成功的一个因素，他希望保证大多数人能够每年都返回来，这些信息在移民工中传开，保证了工人在繁殖所的工作，繁殖所也得到90%的回报率，同时，公司还发现，在移民社区中建立起来的人力资本和社会资本提高了金融资本，不仅是工人的，也是公司的。

资料来源：

Jonathan Kaufman. 1998. "Sharing the Wealth." Wall Street Journal, April 9. www.mckaynursery.com/employment.asp; accessed August 5, 2007.

　　股票的市场价大都要依靠公司的收入，股票有两种类型：优先股要担保一定比例的股息，如果公司变现，还要有一定比例的资产；普通股则有一定比例的回报，波动要根据公司利润。股东有选举权来决定公司的管理，他们的选举分量要看拥有股票的数量，通常是选举主任理事会，制定政策和任命公司的CEO。在卖股票寻找金融资本的过程中，业主将放弃管理控制。

　　一旦公司开业，他们还需要更高的内部投入，使技术升级和开发市场，进一步来说，需要来自投资者的金融资本，这些投资者愿意冒风险和有等待回报的耐心，这种股票资本被称为"风险资本"。一些人指出，缺乏风险资本可能会扼杀潜在的私企家，其结果会阻碍增长和发展。

　　由于技术公司的技术升级，风险资本在20世纪90年代膨胀。2000年，在美国投入的风险资本达到了350.6亿美元，过去从来没有这样高。2006年，风险资本下降到260.1亿美元（Money Tree

Report，2007），但比20世纪80年代还是高，随风险资本而来的是公司管理，对新开业的公司来说，获得人力资本和社会资本对获得金融资本有很大的帮助。

尽管卖股份是提高金融资本的一种有效战略，但在农村地区，它总是不能存活，要在股票交易上卖股票，公司必须满足几种与金融公开有关的要求，对农村小公司而言，陈述金融公开的费用相对于想得到的金融资本数额，可能是昂贵的。

四、金融资本的变化规则

银行被州和联邦政府批准的一个原因是要保证地方金融资本为地方投资，但通过政府实施控制，在农村社区的风险一直以来都是不同的。如果美国国家银行（联邦储备银行的先驱）不进行约束和限制扩大，开设银行就更容易。1781—1791年、1811—1816年和1837—1863年期间，控制相当松弛，在这期间，只需要州的批准就可以建立银行。19世纪30年代和20世纪20年代是无规则的银行时代，任何一个私人都能符合最低的资本标准开设一家得到州批准的银行。特别是在农村，银行数量增加，1921年美国的银行多达30 000个。

（一）规则时代

1929—1933年大萧条（the Great Depression）期间，有10 000多家在农村的银行倒闭了。1933年的《银行法案》为批准银行确定了更多的标准，包括更严格的资本金要求以及方便社区需求和竞争环境。

1933年，针对银行还有其他的一些限制，如：确定贷款限制、限制内部贷款、严格银行投资、确定利率上限、活期存款没有利率，持有支票的人可以在任何时候使用存入的钱。1933年，联邦储蓄保险公司（the Federal Deposit Insurance Corporation，FDIC），成为一个监督机构，保护国家银行和州银行的所有存款人。若在被FDIC监督的银行存入10万美元，就要提供借方保险，一旦这个规则使用，很少建立农村银行，但也很少有银行破产。在规范银行的活动中，政府发挥了主要的作用，降低了对社会的金融风险。

这些规则在20世纪30年代中期和80年代早期发挥了很大影响力，特别是不同的组织要划分出不同的金融功能，如：银行不能参与房地产业务，互助储蓄机构（存款与贷款）禁止开活期账户，这有两个主要的目的：(1) 推动一定的社会目标，如拥有住房；(2) 避免各个公司内部的利益冲突。一名关注房地产资本市场和房地产金融的经济学家唐斯（Anthony Downs，1985）指出："国会明显相信每一个老资格金融机构的管理质量，相信这些机构的资产将被谨慎管理，不必通过事先评判，因为这类评判需要知识和专业技术，远远超出了普通公民的能力。"

联邦机构提供对金融机构的集体监督，监督其安全性和金融资本的社会责任。银行规则提供了一种政府机制，从而在主要的机构中维护公众的信任，把金融资本与开发者和消费者联系起来；反过来，通过州和联邦储蓄保险，金融资本提供安全的服务，并使借方获得这种服务，公众对银行和互助机构的信任不仅通过存款保险，也通过联邦和州管理机构提供的监督。

（二）撤销管制

随着世界经济的转变，1971年美元贬值，1973年石油价格上涨，由于通货膨胀，钱不值钱了。存钱者发现从不受控制的金融机构中他们能得到更高的收益，他们只需把钱投入新开发的金融工具，如基金货币市场（money market funds）。银行也发现，他们没有金融资本以合法的比例借出，换句话说，他们丧失了竞争力。

1970年，农村发现，地方拥有和控制的金融机构在与不受银行管制的非金融机构竞争，如斯尔斯（Sears）公司和美林（Merrill Lynch）公司。这些机构具有跨国公司的特征，通过提供投资机会如基金货币市场，把金融资本带出了农村，某种金融资本从传统银行中离开了，包括农村社区的银行，因为储户越来越希望到其他地方获得更高的利率。

另外，存款和贷款机构，在传统上是长期借钱给房地产购买，它们也发现付给储户的短期利率更能吸引存款，其好处远远超过了长期的借款。20世纪80年代早期，存款和贷款机构被提供参与一些活动的权利，为其他机构服务，以支持它们的利益，这些变化为存款和贷款提供的是短期帮助，但农村银行丧失了它们的竞争优势。

银行撤销管制在一定程度上降低了政府的限制和监督：(1) 使用信用卡和服务；(2) 金融机构的地理位置；(3) 由金融机构提供的各种服务。其目的是要提高金融资本分配的效益。通过效益，立法者想要的东西是资金流动的能力，在那里，可以提供投资者更大的回报，并协调在使用过程中涉及的风险，因撤销管制，投资回报越来越可以在一个很短的时间内进行评估。

撤销管制使金融机构更容易吸引来自农村的存款，将这些钱增加到国家的金融资本库，这些资本又被投进能够产生极高的短期利益的任何地方。从农村的观点来看，越来越难于保证地方金融资本投资地方，被各种国家政策所驱使，金融资本很容易从一个城市流向另一个城市，从一个国家流向另一个国家，国际金融资本市场更促使了金融资本流出农村。

银行家和其他放贷者认为较之其他选择来看，投资农村社区有很高的风险和很低的利益，较之城市，撤销管制提高了农村地区信用卡的使用，降低了农村借方信贷的可能性，更进一步降低了金融为农村穷人服务的可能性。通过管理和储存保险,平衡交换公众的信任已偏离了中心,格林(Gary Green)是一名广泛研究农村银行的农村社会学家,他提出再管理,允许在形式上有更大的灵活性,银行工作的内容和组织结构要负起社会责任,包括投资农村社区。

五、商业金融资本和社区

在大部分地方,农村较之城市,金融资本总是少,美国金融市场最近的变化使得农村社区越来越难于吸引和得到金融资本。这个部分要探讨一些战略,通过这些战略,农村社区能吸引和得到金融资本。

(一)保持地方的金融资本

在很多方面,银行和其他借贷机构就像农村社区的商业买卖,它们也要求投入资本,而不仅仅只是存钱。个人想开一家银行或想要购买现成的一家银行,就要拿出他的存款或从其他金融机构得到商业贷款。

一家银行的开业还需要更多的金融资本,通过正常的贷款程序不能得到那么多,银行就需要来自股东的股票资本,由于越来越多的股东和业主来自社区外部,关心利用银行存款的决策就有很多方法使股东受益,而不一定是使社区受益。在原先的业主模式之下,地方业主更希望可得的利益与社区利益相一致。

由于银行和互助机构享受来自政府部门的特权,如存款保险和监督,很多人就认为银行应该提供公共产品和股东的短期利益,然而,对银行来说,很难使股东利益与社区利益相一致,因为这些股东可能住在世界上的任何一个地方。股东一般鼓励使用金融资本,获得有利可图的短期利益,可以有更高的分红,让他们的股票价值更高,这与社区的需要是冲突的。社区经常需要"耐心"的资本投入地方，这种金融资本的利用强调长期利益，并能认识到社区中有这样的金融资本可以产生增值的效果，这种增值就是在一定的程度上，钱要在地方经济中循环，图7.1表明，每一个美元在离开地方之前都可能流通6次，这1美元就可能累加到1.66美元。

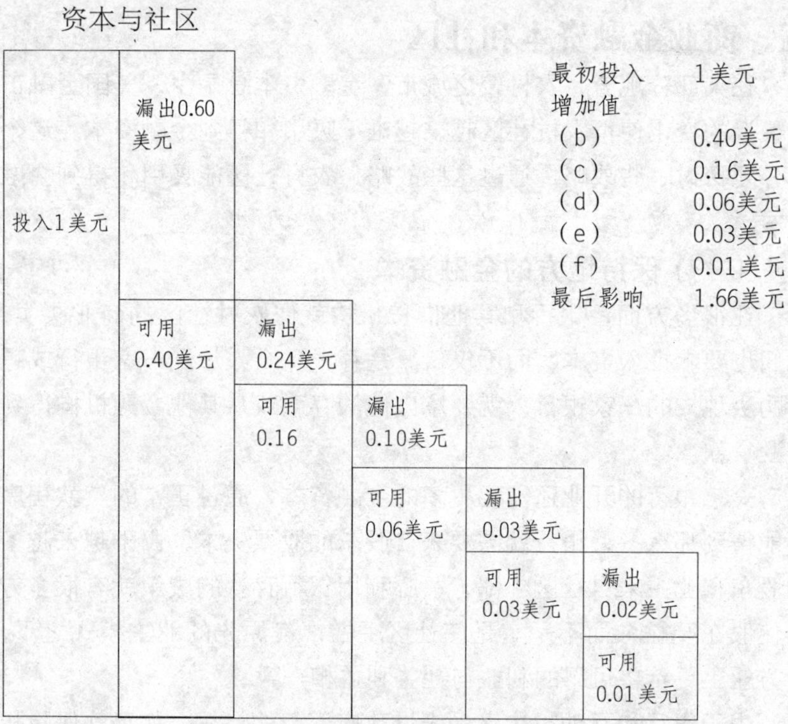

资本与社区

最初投入	1美元
增加值	
（b）	0.40美元
（c）	0.16美元
（d）	0.06美元
（e）	0.03美元
（f）	0.01美元
最后影响	1.66美元

投入1美元
漏出0.60美元
可用0.40美元
漏出0.24美元
可用0.16美元
漏出0.10美元
可用0.06美元
漏出0.03美元
可用0.03美元
漏出0.02美元
可用0.01美元

图7.1 收益增值

借贷与存款比率的下降，可以看到农村银行离开社区的原因。下降意味着，社区居民存入的钱更少通过贷款被投到社区，相反存入的钱通过市政公债，存入更大的银行以及其他政府债券中，流出了社区。土地危机明显降低了农村社区传统借贷的机会，银行家也还没有找到大家认同的非传统的借贷方式。

1977年，《社区再投资法案》鼓励银行对地方社区投入金融资本，立法主要瞄准贫穷的城市地区，在这个法案的期限之内，很少有银行被强制再投资农村社区，直到1982年土地危机，农村缺乏再投资仍然没有成为一个受关注的问题。农村银行积极做农业贷款，并用与能源相关的贷款从事多种经营；1995修订了社区再投资法案，提出了一些规定来降低评估过程，新的法案称为《褐地法案》(Brownfields Act，褐地主要指市区大量被废弃、闲置、未充分利用的工商业废弃物场址)，与环境保护机构一道发挥作用，帮助低等和中等收入的社区清洁环境和恢复工业园区。这一行动减轻了金融规定、金融债务和金融负担的恐慌。

政府发行的有价证券用于支持联邦政府的债务，是联邦政府出售的短期或长期的有价证券，在政府证券上，农村银行比城市银行有更大的资产比例。

(二)新的金融资本

农村社区创造金融资本的传统方式现在已经不适用了。农村金融资本的流动似乎超出了人的外流，政府以及私人单位和新的公司合资部门试图用新的方式来产生投资性的金融资本。2001年，37个州实施专为农村的投资计划，这些州为加工农产品提供贷款补贴或提供贷款担保计划、赞助、免税以及其他对商业的金融刺激(Kilkenny，2001)。

农村社区和区域也能创造社区基金吸引代际间的财富转化，这可能会出现在2000年至2020年之间，因为在20世纪80年代和90年代获得财富的人已逐渐离世，这些基金为各个公民提供大量的方式，让公民贡献他们的财富投资社区公共或私人的风险企业。

通过利用政治资本，蒙大拿（Montana）社区基金一直在努力积累这些钱来维持州慈善事业的减税。尼布内斯卡州和其他州也采取了类似的行动。

农村的风险资本金也是合适的，如明尼苏达州的东北风险金。由于经济结构原因，该州铁矿带（Iron Range）矿业倒闭，1989年，东北风险金被开发，它从战略上介入，降低对单一产业的依赖，免于陷入复杂多变的钢铁市场；东北风险金还有东北私企基金——提供贷款和公司指导，以及东北风险公司——在开发住房的公司中进行股票投资。

国会在1994年创建了社区发展金融机构基金（the Community Development Financial Institution Fund），在落后的城市和农村扩大信贷、投资资本和金融服务的可行性。通过刺激创建和扩大多样的地方基础社区发展金融机构（CDFIs），通过提供对传统银行和互助机构的刺激，基金投入加强了私有市场、创造了健康的地方税收，并赋权给居民。CDFIs是专门的金融机构，在地方市场发挥独特的作用，这是传统的金融机构做不到的。CDFIs提供广泛的金融产品和服务，包括为首次购房提供抵押贷款、资助必需的社区设施，给要开张或要扩大的小型公司商业性贷款和投资，给修复出租房贷款，给低收入家庭和地方公司必要的金融服务。

1986年，拉科塔（Lakot）基金被奥格拉拉·拉科塔（the Oglala Lakota）部落成员建立，开发南达科他州松树岭保护地的一个私有部门，1999年，这一基金被确定为CDFI，使它可以得到追加的金融资本，目的是帮助部落的私企就近创造就业、生产产品和服务。他们在保护地开始了新的经营，包括住房基金在内，多样的基金也满足了其他金融资本的需要。

因为提供比金融资本更多的东西，很多非传统的借贷者和投资者获得成功，也提高了与私人企业家一起工作的人力资本和社会资本。米歇尔自她的第一个孩子出生后，她就在家里办儿童看护院，因为她看护儿童的水平高，越来越多的家庭去她那里，但因为空间有限，一次只能照看4名儿童。她感到需要在社区提供能够负担得起的、高质量的儿童看护所，感到她应该雇看护工，建立经营，提高收入和服务社区。但她没有经营的经验，只有大约150美元的存款，东北私企基金向她表明怎样计划经营、管理收入和费用，然后，以低价租给她一幢适用的房子。她现在有两个雇员，像米歇尔一样，白天在儿童看护所工作，周末去读社区大学。

（三）降低风险，保留金融资本

通过使用农村商业贷款二次市场，提供任何贷款的商业银行能降低风险。贷款二次市场让农村银行打包大量的商业贷款，这些商业贷款是贷款二次市场提供和服务的，而购买政府证券的投资者则要承受风险。1989年，贷款二次市场作为农业贷款被提出来，它对年份长的家庭抵押贷款很适用。这种分担风险的方法有助于农村银行在社区中反复流通地方金融资本。

另一种降低贷款风险的方法是提供技术支持，进行个别的管理、交易、审计和计划，这样，联邦政府的小型公司管理计划以及州和地方层面上的合作拓展服务都可以帮助小型企业，把金融资本的投入连接在一起，因为随贷款进行的还有人力资本和社会资本投资，小型金融组织得以成功。

通过州和政府进行贷款担保，分散了政府和私人部门金融资本投入的风险，这样的担保也大量用在学生贷款计划中，这样私人银行也可以贷款。借钱的个人要负责偿还本金和利息，通常低于市场比例。有联邦政府担保，如果借方违约，贷方能得到一定比例的原始贷款，因为它把金融资本投资在一个更广泛的事业中，这一战略比只由政府进行直接的资本投入更合算。

（四）政府的间接作用

免税会降低用于投入的税收，当然对一定的商业来说，免税确实是理想的。政府引导金融资本的另一种方法是退税。作为一个发达国家，美国把拥有私房看成是社会进步，税收法典就是想让联邦税收降低所有支付房屋抵押贷款的利息以及地方对房屋的征税。

一些法律也降低了对一些人的征税，因为他们要在特别的地方投资建立新的经营或扩大原有的公司，政府提供免税努力吸引工业，但使用这一战略出现的问题是：尽管它使投入到某个地区的私人金融资本受益，但它不能提高对国家总体金融资本的投入，进一步来说，税额优惠经常还提高了政府金融资本投资学校、监狱、消防站、排水管道和道路的需求，提供给新的经营减免税，磨损了需要政府金融资本投入支持的税收基础。

越来越多的社区试图通过阻止金融资本漏出、组建地方公司、创造合作金融资本投资于地方来留住金融资本，如果成功，这些事业将会建立强大的地区和团结居民，这种由金融资本创建的机制提高了地方控制，一般都有长期的时间框架，不像公司从外面带来的金融资本，股东希望在短期内要有所收获。

从外面招募的公司经常是大型跨国公司的分厂，他们要找地方优势，如便宜的土地和更低的工资水平，这种移植对农村地方金融资本的形成更加困难，最大的问题就是低薪就业、很少购买地方产品进行生产，停止生产和关闭也是最频繁和最有可能出现的，因为业主缺位和缺乏管理，但是，公司招募对一个绝望的农村社区来说却有相当大的诱惑。

最近的研究已直指这一缺陷，这种短期方式已植入社区发展的努力中，农村社区被迫解决因金融资本快速流动获取短期利益而产生的各种问题,当农村社区组织起来,制定计划,提供社区发展所需要的公私金融资本时,可以制定供选择的投资模式,同时也加强了国家的经济基础。所得税抵免(EITC)是一种对低、中等收入工人的联邦税收福利,他们有资格申请信用卡,它降低了工资额度的影响以及工人支付收入税的影响,补充了大部分低薪工人的收入,还可以得到美国税务局(IRS)退税返还。

很多有孩子的家庭有资格获得EITC,也有资格获得儿童税收抵免(CTC),尽管CTC减低了联邦收入税的负债;一些收入达不到付收入税的家庭也有资格获得CTC的再资助(预算与政策优先中心,2007)。然而,较之城市工人来看,低收入的农村工人很难获得这些支持,因为他们缺少支持网络来帮助做那些文书工作之类的事。

(五)农村社区可选择的金融资本源

联邦计划已长期认识到需要建立资本投资美国农村,农村实体要得到低息政府贷款。尽管农村电力公司在1997年有将近110亿美元的外部投资,但只有610万美元(0.5%)进入地方经营性投资和基础设施投资。如果是投资地方或农村其他地方(分散风险),农村实体可能是美国农村一个重要的资本源。

大多数银行想使自己成为一个越来越昂贵的账目持有者,要求更高的微平衡,支付更高的服务费。然而穷人需要现金支票、向亲戚汇钱、支付账单、紧要关头时借钱,1996—2001年,现金支票成倍流出,当兑现时,要付票面值3%的手续费,很多汇款给亲戚的人没有意识到,他们汇出的款实际并没有全额到达收款人那里,此外还要付寄费,因为每一个金融机构要用它处理交割中的流通费。同样的金融网点还提供贷款,每年收取300%到400%的年率,当这些网点进行金融处理时,不建立信誉史,也不提供一定的方法节约钱，在下一个由汽车毁灭的时代里，也不再需要一个贷方的结账日。

到农村社区的大多数联邦政府基金是以货物支付的各种形式，在美国最贫困的农村比例最高，"南部农村发展倡议"对密西西比分析发现，在美国最穷的364个郡中，在农村发展方面花1个美元，就要花15.65美元直接支付给农产品，而其中的大部分给了少数大农场的经营。

本章摘要

资本是能够产生其他资源的资源，金融资本由各种金融工具构成，表示交换价值，较之于其他的资本类型有高度的流动性，当个人或群体投资他们自己的资源时，他们使用的是私人资本；公共资本由社区投入的资源构成。资本形式的区别在于怎样使它们容易流动，自然资本、社会资本和一些建设资本形式相对稳定，人力资本可以流动，金融资本是高流动的，政治资本的流动和文化资本的流动则有不同的变化，对于受排斥的人来说，这两类资本相对稳定。

几乎所有的社区都要依靠金融资本，或者私人投资地方经营；或者公共投资社区服务。社区经常还要依靠获得联邦政府和州政府的金融资本以改善地方。个人经营要求助于地方银行，传统上，农村银行的商业贷款要根据个人的净值或现金流，或银行对那人的了解程度，由于农村银行的控制转向了大城市，这些标准变得越来越不重要了。

经营要贷款同时也要支付一定的利息，金融资本从大量的渠道获得，它也能选择卖股份增加所需的金融资本，为了交换为经营而产生的金融资本，股东要参与选择公司的管理人员并享有其他利润。市政公债被用来作为一种特别的金融工具，这样社区可以借钱来提高金融资本。

20世纪80年代早期，撤销银行管制改变了农村银行发挥作用的经济环境。限制贷款利率或限制支付存款费用的银行规定，使农村银行得到更多实惠，但当规定松弛，金融资本流到能赚得短期回报的地方，金融资本开始流出农村。农村社区一直在努力得到地方金融资本，降低风险与地方投资联系在一起，创新风险资本渠道和利用政府的帮助产生农村经营所需的金融资本。

关键词

金融资产。钱或不动产。用于清还债务。资产加债务等于净值。

资本。能够产生其他资源的资源。

资本战。当最初投入的资金或在特定地方产生的资金被挪到其他地方创造更高的收益，资本战就产生了。

资本产品。由用于制造另一些产品或资源的东西构成。

抵押担保。或叫借方资产，能被卖了变成现金，贷方需要它以使贷款安全。如果贷款不能被借方偿还，贷方可以拿走这些资产，然后卖了它以偿还贷款。

消费。为个人的享受使用产品和服务，即从产品储备和可得的服务中拿走他们。

核心存款。在银行的自然市场上需要有核心存款，作为稳定的借贷资金渠道，这些存款要有明确用途，意味着要有忠诚的客户。比短期存款和定期存款有更小的利率波动，包括小面额的短期存款和支票。

需求存款。存在商业银行和储蓄机构中，一旦贷方需要，可以被提取出来。

折扣。指某种公债以低于面值的价格出售或贷出，贷方从本金中扣除利息，贷出的只是净量（一种"折扣"性贷款）。

效益。说明在不同地方分配资本的目的是为了扩大投资回报，有一定的风险。

股票。属于合伙人或股东的公司净值（总资产少于总负债）。

联邦政府储蓄保险。是一项联邦政府计划。为达到10万美元的每一笔存款作保险。如果银行或互助储蓄机构倒闭，储户能获得FDIC、联邦储蓄贷款保险公司（FSLIC）或其他联邦政府支持的保险机构超过10万美元的赔款。

联邦储蓄保险公司（FDIC）。1933年创建的机构，为银行储户提供保险和监督受它保险的银行。

1913年联邦储备法案。立法创建联邦储备系统，通过联合基金和贷出银行储备来阻止反复发生的货币恐慌。

金融资本。包括股票、债券、期货市场和信用证。

政府公债。由联邦政府出售的短期或长期的支付承诺，如美国储蓄债券。

利息。为借钱而付的费。

低档债券。是高利息、高风险的债券，以很低的折扣出售，即：以低于其面值的足量出售。

土地。当它被用于创造其他资源时，成为自然资本的一种形式。

负债。债权人的索赔。

流动性。把资产转变成货币的难度和费用，流动性越高，转化的过程就越快越便宜。

少数所有制。指一名投资人的身份，他拥有少于50%的股份，但有权利向投资人进言和获得一部分利润，但不能操纵经营。

基金货币市场。是一种互助金的类型，投资短期的（少于1年）美国政府、银行、公司以及美国财政汇票。

第七章
金融
资本

递增。到哪种程度，总量变化要求引起进一步的经济产出总量变化。

市政公债。是一个州、地方或市政公司的债务契约，这些公债的利息从美国收入税中被免除。

1863年国家银行法案。面向美国建立一种稳定而统一的货币所进行的第一个立法步骤。要求所有国家批准的银行要遵守统一的规定，反馈关于政府公债的问题，对已缴乞的资本限制发行量，为债券赎回而维护美国财政部合法的货币基金。

名义利率。说明或公布的一定比例的费用或资本回报，不能修正通胀。

私人资本。由个人或各个群体组织拥有并控制的资本。

公共资本。由政府或社区如：公共学校、桥梁公司拥有和控制的资本。

真实利率。是名义利率加上通胀的利率。

投资者预期。他们投资某种资产，并期望有更大的增值，赢与赔取决于卖出价与买进价的差距，而不取决于该资产能创造什么东西。

优先认股权。提供公司雇员机会购买已定价的股票，以便雇佣他们，刚开业的公司不能支付高薪，经常就用优先认股权来吸引高技术工人和管理人员。

风险资本。由投资者提供的一种资本。投资者愿意冒更高的风险，以期获得比平均还高的利润。风险资本主要投资在扩大经营或资本短缺的业务中。

参考文献

Center for Budget and Policy Priorities. 2007. "The Earned Income

Tax Credit." Online; available: www.cbpp.org/pubs/eitc.htm; accessed September 9, 2007.

Dolan, Julie. 2000. "Rural Banks and the Federal Home Loan Bank System." Rural America 15, no. 3:44–49.

Downs, Anthony. 1985. The Revolution in Real Estate Finance. Washington, D.C.: Brookings Institution.

Green, Gary. 1991. "Rural Banking." In Rural Policies for the 1990s, ed. C.B. Flora and J.A. Christenson, 36–46. Boulder, Colo.: Westview.

Kilkenny, Maureen, and Gerald Schluter. 2001. "Value-Added Agriculture Policies across the 50 States," Rural America 16, no. 1:12–18. Also online; available: www.ers.usda.gov/publications/ruralamerica/ra161/ra161c.pdf; accessed eptember9, 2007.

Money Tree Report. 2007. Online; available: www.pwcmoneytree.com/MTPublic/ns/index.jsp; accessed September 9, 2007.

Pacelle, Mitchell. 2002. "Former SEC Chairman Levitt Decries Business Ethics in U.S." Wall Street Journal, June 17, C7.

Weber, Max. 1978. Economy and Society. Vols. 1 and 2. Berkeley and Los Angeles: Uiversity OF California Press.

Weil, Jonathan, and Scot J. Paltrow. 2002. "Peer Pressure: SEW Saw Accounting Flaws." Wall Street Journal, January 29, C1.

第八章 建设资本

诺特郡（Knott）是肯塔基州一个现在还贫困的农村地区。萨拉打开水龙头，一股肮脏、灰色、断断续续的水流从龙头中流出来。水系统又坏了，她必须出去买饮用水、洗碗碟水甚至洗澡的水，她还必须带全家的衣物去干洗店，来回至少 20 英里，她没有钱买汽油，因而就不能节约去洗衣服的时间。由煤业公司安装、私人水公司管理、现在为另一个州所拥有的地方水系统很长时间不起作用了。

尼布内斯卡州的希伯伦（Hebron）是与大都市接壤的一个农村郡。卡尔不能再走最近的一条路运送新鲜蔬菜到中心城市的农民市场，卡尔现在要多走 40 英里，因为运送谷物的卡车超出了旧桥的承载极限，桥倒塌了。卡尔很想知道郡计划什么时候能够修复它，额外花的汽油费显然带走了他卖蔬菜赚得的部分钱。

爱米莉和她的丈夫吉姆 2002 年秋天搬到印第安纳州的斯科茨堡（Scottsburg），他们爱这个小城镇的氛围，孩子能参加户外活动，并能步行去与新朋友玩耍。他们也急于从芝加哥搬来原先的经营，一直以来，他们都是使用因特网与客户订购，以保证资金和产品的流转。但爱米莉和吉姆很快发现拨号上网检索服务无效，因为印第安纳州大的城市电信部门服务得不到扩大对农村覆盖的利润，因而，他们不能提供服务。

萨拉和卡尔收入有限，用于买水和多走 40 英里的额外花费意味着是继续维护经济独立还是必须向他人求助；爱米莉和吉姆享受小城镇的生活，但如果不能使用标准商业设备，他们几乎没有选择地要搬到另外的地方。

这些问题对社区来说同样是严峻的。诺特郡发现它很难吸引公司来利用其山地资源，因为基本的服务如清洁水都经常得不到；希伯伦的经济持续下降，因为越来越多的小菜农不能交易其产品；斯科茨堡不能利用由新技术创造的新机会。很多公司不需要在大城市，但斯科茨堡需要找到一种办法来升级技术，才能留住像爱米莉和吉姆一样的人。

水服务、桥梁、宽带检索都是社会学家称为社区建设资本的东西。在每天的生活中，怎样依靠这些基础设施类型、质量和环境发挥作用？农村社区在新经济中怎样依靠这些基础设施为它的居民发挥作用？本章要定义建设资本，讨论它怎样被提供和农村社区怎样组织起来维护它。

一、建设资本的定义

建设资本提供一种基础来促进人们的活动。农村发展政策要包含提高建设资本，一旦使用新的物质基础设施，人们的生活也会得到提高，特别是有残疾的人。然而，专注于建设资本而忽略社会资本，使得农村水系统无计划地延伸或者升级，直到农村的早期居民没有能力继续在那里生活。

除建设资本外，社区还有很多东西。建设资本能支持社区生活，但它也会排斥一定的人们从投资中转走金融资本。

20世纪90年代后期，纽约州北部地区的一些社区沿着伊里运河在促进旅游业及服务上进行了有意义的投资，得到联邦政府住房与城市发展资金（the Department of Housing and Urban Development, HUD）的帮助，康奈尔大学的苏珊·克里斯托弗森（Susan Christopherson）及城市与区域规划学院的同事做了一项

第八章
建设
资本

研究发现：通过公共和私人部门投入建设资本建立旅游设施，对地方和区域的经济有积极的影响；然而，社区能力（社会资本和人力资本）对于构建广泛的战略,利用新的机会（战略准备），对于长期、成功的经济发展（也包括投入建设资本）才是至关重要的。

小城镇（甚至是州和联邦政府）已投入建设资本十多年。近来，很多农村社区给予巨大的税收优惠建谷物酒精厂，联邦政府和州的补贴也支持那种工业，在农村建盖监狱也被认为是社区经济发展的一种战略。

理论上监狱和酒精厂能带来就业，就业能带来收入，收入将繁荣地方经济。监狱肯定是一个增长的产业，被监禁人的数量快速增加，这是因为强制性判决和对国家安全的高度关注，但很多城镇发现，监狱并不从地方商业中购买所需要的东西，也不雇佣当地人。明尼苏达州的拉什市（Rush），约距明尼苏达北部60英里，这个市发现，现有的监狱并没有使空荡荡的商业街更热闹，或者是雇佣这个城市的人就业，城镇未来的发展想依靠它成为发展社区的温床，而不是使某人伏罪的温床。建设资本的界定在于它能够为农村社区做什么。尽管爱荷华州经历了酒精厂的大量增加和2006年酒精生产的大量增长，由工厂所带动的农村社区经济，通过工人的建设阶段对社区产生了积极的影响，建设了多个几百万美元的工厂。虽然玉米价格上升，但很快转成了土地费用，新入行的农民很难买土地，说明建设资本能带来一些问题，但或者也能解决这些问题。

这部分要明确建设资本意味什么，探讨农村社区在转化金融资本、自然资本和社会资本为建设资本时所面临的问题。

（一）建设资本

建设资本是一种永久性的设施，支持并促进农村社区的生产性活动，包括道路、街道、桥梁、机场、铁路、电和天然气设施系统、水供应系统、警务设施和消防设施、污水处理设施和垃圾处理设施、电话网、光纤网和其他通讯设施、学校、医院及其他政府的和商业性的建筑物、运动场、足球场，从中明显看出，一个社区的建设资本涉及物质基础设施，它能够连接通讯网络、检索服务和市场。

建设资本促进其他生产和自身生产。建筑物可用于工厂生产产品，这些产品用于出售。道路用于运输产品到市场，或者运输原材料到加工厂；电厂提供电用于照明和为各种经营提供能源和自耗。社区建设资本的这些成分使社区内的个人和企业更有生产效率。尽管社区的建设资本是必需的，但它不能确保经济健康和社区的福祉，人们必须以生产的方式来使用基础设施。

（二）获得与消费

获得与消费这两个问题都涉及人们对社区建设资本的使用，这里分别探讨这两个问题，察看这两个问题在互动中产生的建设资本类型。

当特定的群体或个人被拒绝获得产品和服务时，这被看成是排他性获得建设资本；当所有使用者都能得到时，被看成是包容性获得建设资本。很多东西如水、电、电话等，获得他们意味着要排斥他人，因为人们必须紧紧抓住这些东西以便使用。大多数街道对任何一个人都是可获得的，街道这一建设资本因而是包容性的；公共公园和娱乐场所也是包容性的，然而利用迪斯尼乐园则是排他性的。

要决定一个产品和服务是排他性的还是包容性的，要根据大量因素，一个因素就是加以控制利用的范围。例如，广播站可能很难进行广播信号的排斥利用；电视信号根据付费节目频道，根据对转播权的拥有加以控制，付费信号是排他性的。第二个因素是要决定某种服务怎样被组织。例如，水利用被看成是包容性的也能被看成是排他性的服务，类别要根据社区选择组织传输水的方式。

产品和服务的第二个特征是联合消费与竞争消费的思想。联合消费意味着虽然有人用了某种产品和服务，而其他的人也仍然能用；反过来，竞争消费意味着如果有人用了某种产品和服务，另外的人就不能用它。道路、电视和广播信号、动物园等都被看成是联合性消费；电属于竞争性消费；清洁水也在快速地变成竞争性消费。

联合消费与竞争消费的区别并不是明显的。在一些情况下，产品和服务明显支持联合性消费；而在另外的情况下，又支持竞争性消费。在一定程度上，资源与需求之间的匹配影响着我们怎样确定不同形式的建设资本特征。更进一步看，文化资本决定了怎样评判消费建设资本。在霍皮（Hopi，美国亚利桑那州东南部印第安村庄居民）文化中，私人家里的洗衣机被看做是共同使用的东西，然而，大部分美国欧洲人认为这是一种很大的侵犯，如果主人不在，一个远方亲戚放几件衣物到后院的洗衣机中，可能会招来警察。

（三）建设资本的类型

用获得与消费的两个层面来确定建设资本的不同类型，如表8.1中显示的，通过两种形式的获得和两种形式的消费会得出四种类别的建设资本。这里简要探讨在什么情况下由私人或公共部门控制更能适应某种类别。

表 8.1 产品和服务类型

得到	消费	
	联合性	竞争性
包容性	集体性	公用物
排他性	收费	私有

表的右下角是产品或服务，特征是排他性的获得和竞争性的消费，这些被看成是私有产品，对个人来说，垃圾填埋地必须付一定

的费用以处理垃圾，这是一个私人设施类型的例子，与是否由公共拥有或私人拥有无关。

到现在，人们还没意识到垃圾处理是竞争性的消费，人们随便在任何地方扔垃圾，垃圾处理甚至不是建设资本的一种形式。只有明白了在路边的水沟里、沟壑里、废弃的井里扔垃圾污染了水的提供、滋生了害虫、水很脏，垃圾处理才被看成是具有竞争消费的特征。现在，大多数人都意识到，一个家庭投到填埋地的垃圾量限制了另一个家庭能够投入的数量。如一个社区同意接纳来自其他地方的垃圾，那么它处理自己社区垃圾的能力就会受到限制。

收费性产品和服务属于排他性获得和联合性消费。获得是有限的，通常需要支付一定的费用，能负担这笔费用的任何人可以使用它。收费公路、远距离电话线路和光纤通信系统都是建设资本收费的例子，这些是人们主动参与消费的产品或服务，如果某人使用了收费服务，另一个人也能使用同样的服务，而不必去补充它。

包容性获得的产品或服务同时能与竞争性消费相匹配的是共用产品，公共学校的建筑就是这类设施的例子，学校建筑不需付费即可使用，但他们只能容纳有限的人数，一个孩子对学校的利用可能就限制了另一个孩子利用学校的机会，要满足大量人的利用就需要增加建筑物或扩大现有的空间。

把包容性获得与联合性消费联系起来的产品和服务是集体产品。街道、人行道是最明显的例子。如果社区决定让学校每天管理两轮孩子，或者增加班级规模而不是让孩子们转走，那么学校也可以看成是供任何人利用的集体产品。

在涉及固定资产的含义时，文化资本对不同的群体是很不同的，因而，不同的文化以不同的方式划分建设资本。一些人提出，更多产品应该划为私有，才有更高水平的创新性；另一些人提出更多的产品是共用的产品，应让所有的社会成员有机会获得它们。你的社区怎样评判不同类型建设资本的获得与消费，它有变化吗？

（四）农村社区面临的问题

农村社区一个很大的问题就是谁拥有和维护建设资本。从整个国家来看，社区中有很多东西是私有的，也有政府的事业。从洛杉矶的城市到爱荷华州的哈伦（Harlan），大量的社区自己发电并从中获得年收入。设施的决定作用是公平、有效地消费，以及在提供建设资本时政府的适当作用。

什么东西适合州拥有，以及什么应该由私人拥有，这不是玩石子游戏。洛杉矶市建设沟渠导致了其他建设资本的发展，如大量用于建设的水泥，如果不从签订合同的私人公司买水泥，洛杉矶市就要建自己的水泥厂。城市投入资金是建设资本的一个组成要素，但在美国大部分地方，这是私人投入的建设资本资金。

农村建设资本的缺乏已成为一个紧迫的问题。与大衰退后努力重建国家经济联系在一起，很多现有的基础设施建于20世纪30年代。社区规划者也意识到农村人最盼望的是他们的社区是否有完善的街道、公共建筑物和设施，因而，政府各种计划和私人提议都要努力支持农村社区发展强大的基础设施。

然而，那些设施现在正在恶化。20世纪80年代，每5个农村社区中就有1个报告它的2/3的水管线已用了超过50年；90年代末期的评估指出，全国55000个社区的水管系统中有45000个只能提供少于3300的人口使用。那些基础设施需要广泛修缮，这笔花费相当高，这些地方提高水系统可能在20年内花去312亿美元。21世纪的很多农村社区还要等着更换水管线以得到新鲜、洁净的水。在北达科他州遥远的麦肯齐郡（Mckenzie），郡的水协会1996年组成，努力工作以改善水质，过去使用的井水已不能再饮用，因为水质受到了污染，也不能用它洗衣服，因为衣服上会留下斑迹，喝井水的动物也会生病，因为含高度的硫酸盐，它吸引了地区内很多组织构建技术、管理和创立金融资本。2003年，它的计划和说明书得到了北达科他州健康部批准，郡又积极与州水利委员会和其他联合会一起工作，以获得州支持的发展基金来替代整个麦肯齐农村的水管线。

2007年8月，在明尼阿波利斯（Minneapolis）市有35座州一级的桥梁倒塌，州与州之间留存的国家桥梁和其他的基础设施也是致命的。2005年，全国有307000座"主干"桥梁（联邦政府和州的交通部门拥有和维护），其中23%有结构缺陷或功能退化；286000"支线"桥梁（地方机构，州机构拥有和维护），其中30%也有缺陷。修缮花费与农村管理可得的钱之间差距相当大，因而，农村面临着困难的选择：优先建设资本投入，就意味着一些建设资本将被抛弃，能分享一些建设资本吗？重修计划，建设一批能负担得起的建设资本吗？对农村桥梁，最可能的情况是使用单向通行的桥梁以降低桥梁能承受的重量极限。

维护和更新水管系统、下水沟系统、道路桥梁系统和公共建筑的责任逐渐从联邦政府和州转给了地方管理，从地方上看，改善基础设施要通过免税的市政公债支持，这些债券既是普通的责任债券，也是税收债券。普通责任债券要在整体上保证社区偿还债券，因此，资金要通过增加税收或再分配现有的税收得到提高。通过提高利率和提高用户数量而回笼的税收是提高偿还税债的一种成果。

在支持基础设施改善的过程中，农村社区面临着大量问题。经常缺乏足够的经济基础以应付解决基础设施问题的巨大资金花费。现在很多农村社区的税收越来越低，一般的责任债券也受到限制性利用，税收债券要基于一定数量的人口才能提高管理费用。大多数情况下，改善或维护农村地区建设资本的人均费用相当高，因而就要有实质性的合作形式，就像密苏里州西北的"水利伙伴关系"一样，12个郡的83个水区域不仅能够维护他们的独立性，同时还能分享水资源，并通过新的合作处理水。

农村社区高昂的人均花费，一个因素是因为那里人口较少，经常处在不理想的经济规模之下（每一种投入只有很少的用户），远距离服务使很多建设资本的安置和维护费用更高，这就是在农村以及遥远而贫困的地方不能提供宽带检索的原因。在一些情况下，高费用会被简单的技术所替代，或个人自己解决，例如，容易腐烂的池子和井，可能用昂贵的下水管道处理设备来代替；水系统也需要有更为稠密的人口居住地，农村很少需要宽大的街道，因为他们不会有像城市里一样繁忙的交通，一般说来，农村建设资本的人均花费更多是用于建设和维护。

一些农村社区转向其他的选择，如建设特色区域或影响性开发。如肯塔基州，创造特色区域体系来支持基础设施的改善，特色区让直接受益的人来支付改善基础设施的费用；影响性开发则是把开发费用从政府转给开发商，缅因州的伯特尔（Bethel），一个适宜人居的社区，在连接市政下水管道系统中提供开发商两个选择：要么开发商铺设新的管道系统，要么支付管道系统的发展费用，两种选择都提供了提高和维护社区管道系统需要的资金。

最近几年，出现了"农村扩张"这个新词。在密苏里州，寻求"一切从那里开始"的人，引发了小城镇的快速发展，甚至比周边的大城市发展还快。20世纪90年代，在拓展地区，政府同意建盖3500多幢新房子。涉及农村扩张的问题之一是处理城市垃圾。2002年，该州的奥罗诺戈（Oronogo），人口976人，是乔普林（Joplin）外的一个农村社区，因基础设施限制而停止了新的开发，它的污水处理厂已饱和，这个城镇需要260万美元扩大水系统，如果该项目开始，水费将上涨一倍。地区开发商提出他们不会促进城镇扩张，但会满足人们想要去这个城镇之外居住的需求。但开发商还是突破了规定，4年内，这个城市扩大了104%。缅因州也是这样。

二、政府与私人提供的建设资本

建设资本以大量不同的方式获得支持和提供，例如公共学校及道路，完全由政府投资并控制；反过来，私人学校和私人道路是私人的金融资本投入，另外一些建设资本形式，如电话系统，通过私人部门来开发。政府与私人的控制并不是简单的二分法，它是一种连续体（意为各部分有序紧密地联系，但首尾间差异很大），政府和私人投入的那些要素在不同的程度上被合并。这个部分将探讨四种基础设施类型，它们怎样被提供，这里将从中提出一个框架来检测社区所作的选择。

（一）私人收费类型

私人收费的产品和服务，或者由私人部门提供，或者由政府部门提供，是政府还是私人，这一控制的选择具有一定的历史发展特征，同时也是经济的私企化特征，或财政谨慎的特征。桥梁、住房、水提供系统、娱乐设施以及消防站，可以通过私人收取费用直接提供给用户，包括了成本和利润；而另一方面，一些地方政府提供收费产品而这些产品通常是私人的，如电或电话服务。一开始使用政府的钱修建的建设资本可能被转为私人收费产品而由私人部门控制，工业园区的土地或建在那块土地上的投资性建筑物，有时候也会被转让给私人公司，作为他们来到社区的一种激励手段，因而，三种最通常的选择似乎是：私人开发和维护、政府开发和维护、政府开发私人维护。

第八章
建设
资本

很多农村社区，垄断维护了对建设资本的分割。垄断是由一个公司控制产品的传递或服务而没有竞争，它们可以是政府的，也可以是私人的，它们特别容易形成是因为要防止不同的提供者提供竞争性服务。垄断服务最好由一个提供者掌握，这样才会有利益和效率。水服务、电和消防一般通过协议由一个提供者供给服务，公司接受政府干预，通常形成价格控制，提供人们要求的服务，为交换排他权而在某个地区进行那些经营。20世纪90年代，撤销垄断管制增长，对农村和城市产生了不同的影响。尽管对电话服务撤销垄断引起激烈的价格竞争，但在撤销电垄断的很多地方，据称很多公司进行假性竞争，实际上相互串通，制造人为的稀缺、限制用电和提高价格。尽管垄断似乎是自然形成的，只允许存在一个传递系统，但它也可以在竞争的基础上提供服务，建远距离的电话服务就是一个例子，它的基础设施即电话线、光缆和插口等都是竞争性的拥有和竞争性的租用。

现在被垄断的一些产品和服务曾经也在竞争的基础上被提供，如在马里兰州，消防一开始就是通过保险公司提供，私人公司卖的保险包括任何竞争公司的消防服务，如果一场火被扑灭，只需消防服务有相应的保险规定认可就行。一旦个人也买这种保险，邻居就根本不可能再做其他的保险，这种奇怪的消防服务是没有效率的，而且对公共福利也是危险的。

很多社区转而通过消防站和购买消防设备来提供更加统一的消防服务，并由社区统一控制，在一些社区，雇用带薪的消防人员，另一些农村社区则组织自愿的救火部门，不再有竞争性，消防服务成了社区建设资本的一种垄断。

当地方资源变得稀有时，一些社区要用他们的建设资本创造收入。伯特尔提供消防服务给周边的几个城镇，让每一个城镇承担一定的费用——按统一价格利用它的消防服务——这让人们联想到了在马里兰州买的保险业务。实际上，当真正救火时，消防部门支付一笔租用费在发火地点租借卡车、救火员的劳动费用以及提供脚手架的费用，这些费用增加了伯特尔的税收渠道，或许对小社区来说，这样能够提供高水平的消防服务。

在斯科茨堡（Scottsburg），城镇不愿意等待私人提供高速因特网检索，它建立了自己的无线网络，这不仅使经营活动更有效，而且还给了居民更好的医疗服务、政府服务和教育服务等，这个城市是幸运的。有19个州规定或禁止政府运作网络服务，在印第安纳州，爱米莉和吉姆与州上议员福特一道努力工作，抵制这一禁令。同时，斯科茨堡还扩展了它的服务给其他9个郡，因为在那里，私人不愿意投资电信服务。

农村社区还面临很多资金支持这些服务的问题。必须做出决策，消防服务是否应该通过政府或私人来支持？是否运作为营利还是非营利？志愿的消防队员能满足地方的需要吗？应该允许社区组织这些服务来回应地方资源吗？如果社区选择政府支持，多大比例的资金要来源于政府作为固定财产税的金额？

（二）公用的和集体的产品及服务

一般说来，集体产品或服务只被政府部门提供，公用产品和服务也经常由政府部门提供，因为这些基础设施类型不需花钱就可得到，私人部门很少被鼓励来提供它们。

当集体产品和服务提供给整个社区时，它们指"公共产品和服务"，在利用它们时，没有人会遭到排斥，公共产品和服务对每一个人都是免费的，得到任何特定的产品或服务反映的是一种公民权利。

"半公共产品和服务"是指一部分收费基础设施（私人产品的一种变化形式），或者是限制利用（收费产品的一种变化形式），很多城市的游泳池、图书馆变成了这种类型,一般来说,政府提供建设费用和维护费用,收取的费用则用于设备的持续使用。

相对于集体产品和服务,公共的产品和服务可能出现排他性。支付使用费限制了购买产品和利用服务的人,如果费用相对低,公共产品和服务看起来就像集体产品和服务;然而费用如果高,就限制了利用。

其他排他性的做法是限制特定年龄的、民族的、种族的、性别的人利用。20世纪初,在美国,两所政府高等教育机构一直禁止招收女性,即弗吉尼亚军事学院(VMI)和南卡罗来纳州舰船(Citadel),十年后,两个学校才允许招收女性。佐治亚州的奥古斯塔(Augusta)国家高尔夫球俱乐部,直到现在,仍然只有白人男性才能进入球场,妇女不能成为会员,即使她们随一名男性俱乐部成员一起来,也只能在球场边缘打球,这个排他性的高尔夫球俱乐部一直存在,并有权利不让一些人利用,只是因为它是"传统"的,到了20世纪60年代,黑人还不能利用社区的服务如学校、游泳池、汽车旅店、卫生间、喷嘴式饮水器。一直到黑人开展了大规模的抗议,提出法律挑战,明确他们的公民权要包括获得政府投资的建设资本,这种排他性才告结束。更进一步地,公民权也意味着一定的产品,原来是私人的如餐馆、保龄球馆,实际上已经具有了半公共产品或服务的特征。

(三)社区选择

决定政府部门或私人部门是否应该组织社区的建设资本,最终要返回去进行社区评议和取决于社区的决策者。马克斯·韦伯指出:确实有两种逻辑形式涉及这些决策。其一叫做"形式的合理性",即提供需求能在利润和损失方面计算出量。其二是"实际的合理性",即提供给人们的产品或服务要根据它的价值而不是利润,是否有利可图并不重要，或者是其次的。因此，盈利还是损失经常是不能计算的，当然，追求价值可能要关注维护特色、公平，或者是得到并保持权力。

通过地方治理，社区决定开发什么基础设施，其决策要根据社区居民预见性的需要，这就是组织群体的声音以及可利用的资源，一个社区能够决定投资新的垃圾填埋场而不是投资公共游泳池或新学校，也不是工业园区。在很多情况下，投入建设资本并产生足够的利润对私人部门来说太具风险，因而，地方社区必需假定有建设和维护的费用，并始终相信获得这些服务是社区公民的权利（实际的合理性），如果没有那种强烈的价值观，那么社区可能就会选择不做那种特定服务。

过去，联邦政府投资帮助地方被看成是一种公民权的需要，如清洁水提供和下水管道，一个社区基础设施建设的这些形式也被认为是有效的，并不考虑是否盈利，实际的合理性在于关注政府部门公平地设置基础设施的形式。20世纪80年代和90年代，联邦政府投资下降，利用清洁水和下水管道要通过授权方式，这一战略效果很小，但它也使联邦政府的花费更少，那笔花费已经转给了州或地方层面。

所有决策都涉及社区选择以及管理水平，以下例子让我们看到，在提供各种基础设施方面州和社区面对的选择，以及这些选择产生的问题。

三、政府选择：水系统

水系统是社区基础设施的一个部分，人们很自然地要关注输水系统的建设，并为家庭和经营服务。像空气一样，水被看成是所有人都可利用的东西。

然而，西部农村的很多地方，这种假定不再有效，城市发展加大了对水的需求，威胁着农村社区的水利用，各个管理部门也影响着水利用或者是包容性的、或者是排他性的，或者是联合的或者是竞争的，而水服务也被看成是利润的来源，为此，利用可以被形式的合理性决定，也可以被每个公民的权利决定，使之具有实际的合理性。这部分将探讨更大范围的政治关系，它影响着水利用以及在提供和维护水系统中社区面对的决策。

（一）水服务

假定水是可得的，社区以大量的方式提供，假定个人要得到水，能够蓄水或挖井。社区能组织一个共享的水系统，它既可以是公众的也可以是私人的。

理论上看，水作为社区基础设施的一个部分，既属于排他性的利用，也属于竞争性的消费，水，特别是清洁水经过管道被分配给整个社区，因此，一些用户可能被排除利用。另外，水资源是有限的，一个人的使用会减少另外一个人的使用，但直到现在，水的竞争消费特征在地方层面上似乎还很少意识到。巡回式浇水用于草坪上限制使用公共水，或在旱季定量使用水，这都说明了水在一定程度上是竞争性的消费。因为年久失修或不足的基础设施，污水储存和处理在美国农村社区也成为一个明显的问题。更为重要的是有毒的污水，人们已认识到它的后果。

> **8.1 什么是污水？为什么要处理它？**
>
> 你想过饮用水在离开水龙头之前是怎样"旅行"的吗？每一个人都在制造污水，美国的每个人一天要用75至100加仑的水，73%的人口与中央（城市）污水收集与处理系统相连，另外27%的人使用当地的排污系统，每天使用的水不会奇迹般地消失到土壤中，它成为污水或

> 排到下水管道，在重新变成可利用水之前，要进行过滤。污水含有致病的生物和有害的物质如清洁液和消毒剂，在污水处理中容易被忽略，直到那些细菌出现在家里龙头流出的水中，才能被发现，如果这些生物在水中，喝了水的人会生重病。在农村，基础设施经常是陈旧和老化的，更容易形成细菌进入饮用水提供系统，而污水处理相当困难，即使付费有时候也相当困难。
>
> **资料来源：**
> Olson, Ken, Bridget Chard, Doung Malchow, and Don Hickman. 2002. "Small Community Wastewater Solutions: A Guide to Making Treatment, Management and Financing Decisions." University of Minnesota Extension Service.

因为排他性和竞争性的特征，在地方层面上分配水可能更适合私人控制，因此农村更有可能采用私人供水：在各自的家里挖井。而在城市，水则更多地由政府部门管理。一般来说，所有公民都相信，他们有权利获得政府规定的、价格合适的清洁水，换句话说，实际的合理性主导了形式的合理性。

（二）水质

对于像萨拉一样的人来说，水质是一个严重的问题，还不仅是得到水。诺特郡（Knott）的水几乎不能喝，多年来，河流已成为工业垃圾投放地，城市拥有的下水管道也把污水排到河流中，甚至作为饮用水源的海湾中。有毒的化学物质从垃圾而来，工业和农业用水通过土壤污染了地下水，施肥和杀虫所用的化学物质四处流溢，污染了湖水、溪流和水库。

大部分农村社区，对处理渐增的水质问题毫无准备，大肠杆菌是消化道疾病的来源，也是在农村水提供中最普遍存在的问题，如果每个家庭使用自家的井，就更难于保证定期检测水质。

2001年"9·11"恐怖袭击后，人们意识到水受到物理的、生物的、化学的、辐射的和网络的威胁，例如不掌握计算机的人可能会打乱水的分配系统。因此与水有关的机构和组织在管理日程上，要使安全成为优先，即使是很小的水系统也要有应急计划。需要有针对性地提高安全和应急准备，修正水系统的缺陷也需要额外的资金。环境保护机构拨出大约2300万美元来支持中小型饮水设施，大多数联邦资金则给了大的系统，小社区的拓展必须实施安全性的水提供，农村社区支持项目公司以及它的成员和小社区一道工作，帮助他们计划实施建设资本的解决方案，以符合社区的状况和发展目标。

建设资本的解决方案其中一部分就是污水处理、维修下水道和水管线，整个诺特郡小社区的居民认为：那些小的、私人拥有的水公司要进行必要的投资维护水质，居民则依靠州及地方管理确保这些投资被很好地使用。

另外的解决办法是阻止地方水的污染。在一些社区，居民组织共同工作以监督清洁水法规的执行，这些组织追踪污染来源，然后采取公众行动阻止排放污染。公民组织还像监督者一样提供服务以保证个人和公司不在公共设施中丢垃圾，也鼓励私人公司为了实际的合理性，提高他们的建设资本。

四、私人选择：垃圾处理

建设资本还包括一种工具，即收集和处理由家庭和经营产生的固体垃圾。城市发现已没有空间来容纳所产生的垃圾，因而要设法把垃圾运到农村处理。在很多农村社区，垃圾处理成了一种税收渠道。像水一样，垃圾处理能被置于政府或私人的控制之下，处理地点需求的增长已受到环境关注，垃圾处理开始成为一个令人关注的问题。

（一）作为经济冒险的垃圾

垃圾处理涉及排他性的利用和竞争性消费。排他性在于，即使不考虑是政府的还是私人的，大多数丢垃圾和填埋垃圾的地方使用有限，用户必须付费才能扔垃圾。扔垃圾还涉及竞争性消费，即利用土地来存储垃圾使土地不能再为他用，城市已很清楚这种竞争性的利用，因为一些存储垃圾的地方已耗光了他们的土地。在农村，人们常常随便丢垃圾到任何地方或丢进河里，即使是这些随意的丢弃，最终也是一种对土地和河流的竞争性利用，因为这些地方填满后，别人就不能再用。

2005年，美国居民、各种公司和各种机构制造了超过2.5亿吨的城市固体垃圾，每人每天大约制造4.6磅的垃圾（1磅等于0.45公斤）（见图8.1），这一统计还没包括有害垃圾和有毒垃圾，它们也在大量产生，甚至更难于处理。由于垃圾处理的排他性和竞争性以及潜在的一些利益，私人会被吸引进来提供这类建设资本，农村社区本身也想使垃圾处理成为一种经济来源。

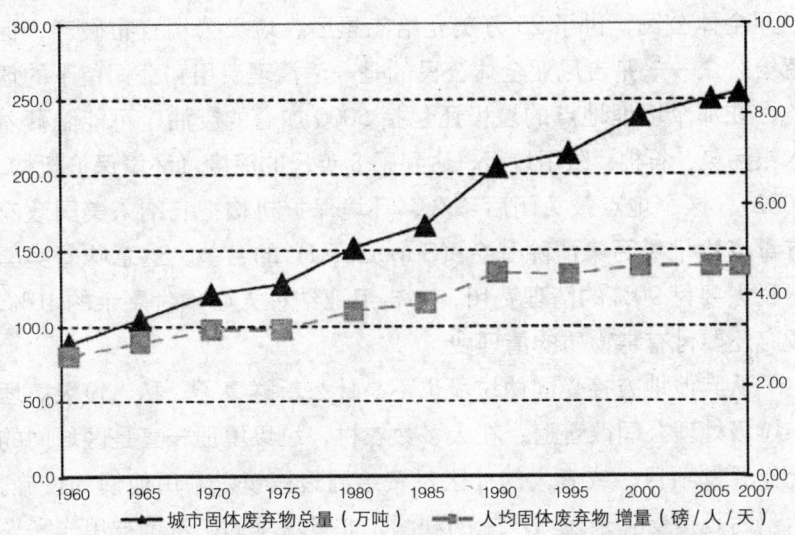

图 8.1 城市固体垃圾产生的走势，1960-2007

资料来源：www.epa.gov/epaoswer/non-hw/muncpl/facts.htm

杰里是一名独立矿主，在弗吉尼亚州建起了一家名叫斯坦金的垃圾公司。由于前面的公司很快划分了专门收益地盘，如清洗场地、煤矿、空置的土地等，他注意到，一旦煤被挖光，利用那些煤洞处理垃圾是一个好办法，杰里与他的芝加哥合伙人只花了很少的投资，就在弗吉尼亚的贫困地区建立了垃圾公司。当城市和工业隔出一个地方利用弗吉尼亚的山脉处理垃圾，垃圾处理就成了一个迅速壮大的经营业务，大量的垃圾被运到了填埋点，盈利很可观。

人们很少注意到，一旦垃圾到达填埋点，会发生什么。在对杰克逊河（Jackson）周边地区作了一项调查后，人们注意到一个不寻常的高度集中的危险性污染。1990年5月，靠近填埋点的弗吉尼亚全体公民，付了25万美元给杰里后，垃圾公司宣布破产，但留给公众——弗吉尼亚全体公民的是一笔清理费用和公司留下的债务，在那个填埋地点的垃圾还包括5000加仑的废油，可能隐藏着水银污染、石棉、医用垃圾，达到了8英尺的深度（环境保护机构，2002）。这个地点被关闭后不久，环境保护机构把它纳入美国政府有毒废物堆场污染清除基金（Superfund）的名单，这意味着美国纳税人要付90%的清理费用，弗吉尼亚纳税人必须付剩余的10%，政府还要付有毒物质的清理费。

从其他地方接受固体垃圾也不是什么新鲜事了，私人垃圾填埋和垃圾处理公司很普遍。在大多数农村，垃圾填埋一直是区域间的合作开发项目，或者大的社区付费给周边城镇以利用他们的设施。新东西是接受外来垃圾产生的利润，北肯塔基的矿带已被用作私人垃圾填埋点，西弗吉尼亚一家私人公司建了一个占地6000英亩的垃圾填埋场，距离西弗吉尼亚的韦尔奇（Welch）三英里，这是一个贫困的农村社区，为了交换允许建立垃圾填埋场，开发商答应为这个城市建一条下水管道系统，将使塔格福克河（Tug Fork）得到治理（Kilborn, 1991）。在城里有很多议论，既有支持的也有反对的，支持者认为这能提供就业机会（提高金融资本），反对者考虑的是污染和健康危害（自然资本和人力资本），这个计划后来停了下来。进入21世纪后，这个地区的经济持续下降，一些人还丢了工作。外来垃圾进入本郡垃圾填埋场的想法确实不能符合韦尔奇一些居民的想法，但其他人把它看成是这个地区就业增长的机会，也有一些人关注过去采矿的地方，因为垃圾填埋场将建在过去采矿的地下，反对组织阻止建设垃圾填埋场，到20世纪90年代后期，已申请获得建立垃圾处理设施的卡佩尔资源有限公司，决定不再建

第八章
建设
资本

这个垃圾填埋场。这个郡还提出了几种地方性限制，包括：限制垃圾处理厂的规模，从一开始的500英亩降低到35英亩。卡佩尔公司放弃了它已获得的申请，这让反对者们很高兴，然而，很多居民却感到失望，因为他们看到有好报酬的新工作和这个地区的利益丢失了。关于哪种资本应该优先发展的冲突经常成为农村持续发展的分歧，只关注垃圾对自然资本的影响可能会忽略对其他资本的消极影响。

> ### 8.2 邓拉普路（Dunlap Road）垃圾填埋场隐藏的费用
>
> 5月5日是一个周末，佐治亚州东北部的几个郡要去游行以便筹钱给著名的抗癌组织。在第二年度"认知环境健康"会议上，邓拉普路的居民也要游行来提高认识。有50个人站出来举例说明了慢性病与环境之间的联系，这些病来自于反复出现的有毒化学物质，这些有毒物质隐藏在地方垃圾填埋场中。
>
> 隐藏的花费一：自然资本。居民洁净的空气、土壤和水的价钱，损失的钱价值多少？
>
> 人力资本。在这个社区，得癌症不是一件奇怪的事，这个社区承受着巨大的环境危害，这一危害来自"郡城市固体垃圾填埋场"，已经30年了，地下水受污染，促使这个郡要改善城市水质，但不是每一个人都能做那样的选择。
>
> 隐藏的花费二：金融资本。邓拉普路固定资产的价值在下降，谁买会害死人的土地呢？
>
> 2006年，州环境保护部门来到社区，讨论更新垃圾填埋场的空气许可证，居民们惊讶地发现，没有户外空气监测告诉人们来自垃圾填埋场的哪些气体/微粒会进入人们每天呼吸的空气中，有人担心受污染的地下水蒸气会悄悄地闯入家中。居民们不知道他们受影响的程度，这要根据测试，但居民们确实知道，在一些时间里，户外的空气很难闻，他们只能待在家里。

隐藏的花费三：文化资本。有多少居民要为这一难闻的空气付费，这导致了生活质量、自由和追求幸福的下降。

对邓拉普路社区，一些事情得到了比卢普斯格罗夫教堂、佐治亚东北儿童环境健康联合会以及MICAH's慈善机构的捐赠，几个组织的成员集中在一起讨论可能扩大垃圾填埋场的问题。理查德（Richovd Field）博士是郡环境协调员，也参加了讨论并听取公民的要求。

隐藏的花费四：政治资本。在过去的三十年里，多少居民投入了时间、情感，以及遭遇的打击，他们要求获得体面的待遇，但却一直受到忽视。

社区领导人和组织者查尔斯发动了游行，他们游行到了奥格尔索普郡（Oglethorpe），并原路返回，因为社区填埋场与奥格尔索普郡有一份合作协议：社区使用该郡的建筑与爆破器材建设垃圾填埋场，而该郡的固体垃圾要在社区处理。

邓拉普路位于雅典克拉克郡（Athene Clark）和奥格尔索普郡之间，会有污染进入奥格尔索普郡吗？两个郡的管理是采用更好的循环处理，还是降低现有的条令？哪一种能把纳税人的钱用于继续燃烧垃圾，使之成为一种更好更绿色的方法？开发商什么时候来负责处理有毒物质，促进循环，而根本不必把它们铲进地里？

隐藏的花费五：金融资本。在那些不合理的费用上，有多少钱被花掉和将要被花掉，以解决和补偿对生态的危害，邓拉普路社区最终要产生债务。

委员卡尔带着他的两个大女儿参加了游行，他注意到了还有另外一个问题，即：这个社区一直受繁忙的、烧柴油的运垃圾卡车的干扰，要维护邓拉普路是多么的难。

隐藏的花费六：人力资本。对于那些有污染的商业卡车和设计糟糕的建筑环境，在永久性的健康影响上，要放什么样的价格标签？从1976年开始，人们不想要的东西被丢进人居的社区当中。

社会资本：这个周末佐治亚东北部的人在纪念他们所爱的人受到

癌症的袭击,他们还想知道有多少孩子能幸免于难,这个用完即扔的社会要把它的垃圾填进洞中,有多少孩子死在了填埋场的地洞中?

隐藏的花费七:人力资本。什么样的价格标签会贴到受损害人上面?政治资本。如果某件事要追加给邓拉普路所有无法挽救的损失,很容易看到他们的消极底线:三十年来对公正的歪曲。居民们还有希望:因为我们生活在同一个国家,民主给所有人一席之地,让邓拉普路的人民坐下来,让我们一起进行理性的思考!

资料来源:
McElheney, Jill. 2007. "The Hidden Costs of the Landfill on Dunlap Road." The Networker 4, no. 12(July). Science & Environmental Health Network.

斯坦金垃圾填埋场的经历说明涉及问题的复杂性。固体垃圾处理有环境的意义,这是为大家所分享的,也有利润的产出,特别在私人企业中,甚至公众也会得到好处,就像在韦尔奇一样,因而,今天作的决策应该包括未来其他目的的土地利用。

(二)政府回应

因为不恰当的管理,对私人垃圾处理公司来说,固体垃圾的处理,特别是有毒垃圾的处理,可能比总体的社会价值更加有利可图。垃圾被不适当地处理后,明显的社会花费会持续几年,因此,垃圾处理公司发现,很容易把垃圾处理的部分花费转给政府。最终,是纳税人来付治理污染费。因此,政府必须在固体垃圾处理中发挥更积极的作用。

政府干预应有两种类型:与私人公司订协议;直接由政府控制垃圾处理。

如果第一种选择可行,政府必须找到治理污染的费用,或者坚持私人公司的运作要包含这笔费用，但正如弗吉尼亚垃圾公司采取的行动所说明的，得到治理污染的费用很困难；另一方面，政府要制定规则来保护环境，要求私人公司采取一定的防范措施保护地下水、空气以及场地的外观。这些防范措施的费用能纳入公司的费用中，或者通过向消费者收取更高的费用，转给消费者，这些费用更接近社会真实费用，对整个社会来说，肯定比有毒垃圾污染的事后处理更合算。

如果第二种选择合适，政府和普通公众必须了解社会花费的需要以及处理的具体需要，这意味着要大力使用再循环、仔细选择垃圾填埋场、区分有毒和无毒的垃圾、选择合适的有毒垃圾处理办法。如果地方政府没有能力处理这些问题，州政府应该担负起制定措施和规则的责任。

（三）社区回应

固体垃圾处理问题被看成是社区通过组织才能解决的集体问题，然而，由于出现很多问题，反对力量组织起来保护他们各自的利益，解决方案不容易找到。当富有的郊区避免自己成为垃圾填埋场时，"别在我的后院扔垃圾组织"（Nimby）很早就行动起来了，其他社区也形成联盟支持再循环，或促进、提议新的垃圾填埋地点选择。在肯塔基州的格林纳普（Greenup），一个居民反对垃圾填埋的组织被建立起来，因为害怕地下水受到污染，阻止私人垃圾填埋计划。很多组织反对接收来自外州的垃圾，或者修建有毒的垃圾焚化厂，他们也提出推迟决定，因为社区要充分认识到利弊两方面。爱荷华州哈伦（Harlan）的人们当面对要建一个医用垃圾焚化厂时，他们找到了一个延缓建设的办法。

再循环是对垃圾增长的一个普遍回应，一些地方参与再循环计划是自愿的，而另一些地方则是有协议的，在降低固体垃圾处理量上，社区组织的计划一直是成功的，尽管一些再循环公司盈利或至少保本，但大多数为社区带来额外的开销，社区愿意提供再循环，降低固体垃圾的量，而不愿意让它成为产生城市收入的工具。

　　再循环要花钱，决定再循环就要涉及实际的合理性，社区再循环是因为他们关注环境，而不是因为再循环能生利。由于垃圾处理费用增高，垃圾处理的实际费用可能会转给消费者，再循环也可能会变成形式上的合理，个人会因各自的利益再循环自己大量的固体垃圾，而不愿付垃圾集中处理的实际花费，社区自己也发现再循环有更多的好处，而不愿意建新的垃圾填埋场。当这些情况出现后，再循环就可能转给私人部门，私人公司可能就发财了。最终，只有当再循环的要求补偿了再循环的花费时，再循环才真正发挥作用。政府通过为军队、监狱和其他政府机构购买再循环从而提高再循环产品的要求，2000年，美国的再循环发展很快，到2001年，由于EPA的支持减少，发展的速度减缓（见图8.2a）。

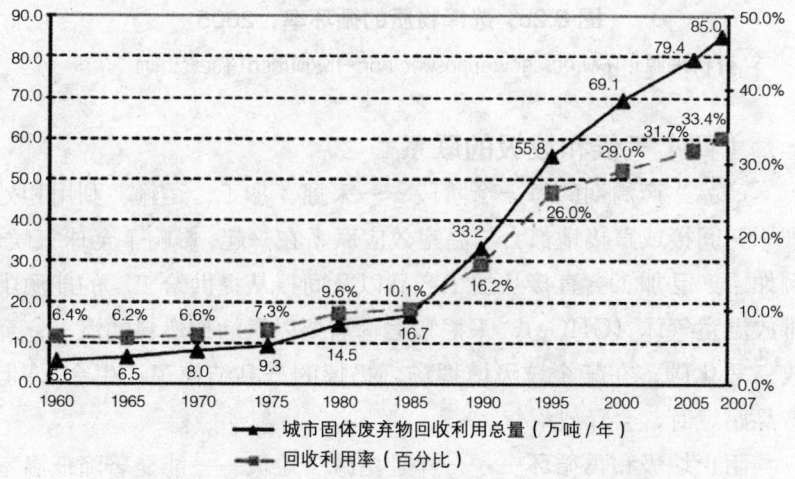

图 8.2a　城市固体垃圾再循环率，1960-2007

一些危险物质如汽车电池，是可以再循环的，但塑料、软饮料瓶和水存储罐都是不可再循环的（见图8.2b）。

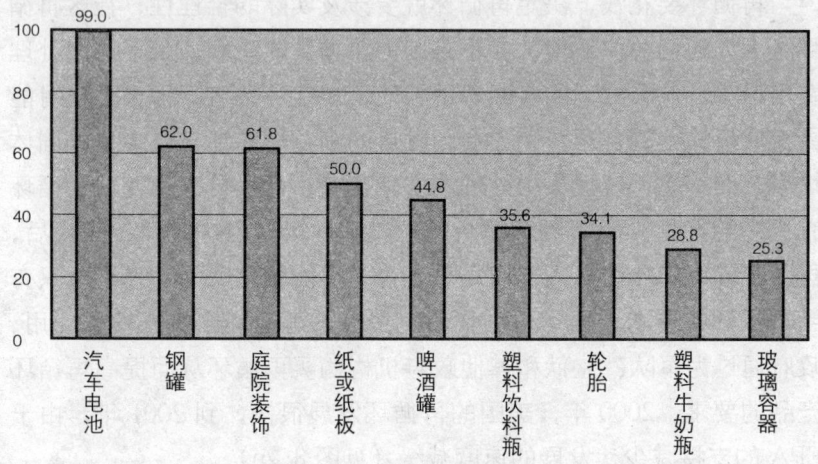

图8.2b　选择物质的循环率，2005

资料来源：www.epa.gov/epaoswer/non-hw/muncpl/facts.htm

（四）气候和垃圾的联系

产品生产周期的每一个阶段——采掘、加工、运输、利用和处理——间接或直接地都会与温室效应联系在一起，影响了全球气候，例如：产品加工会直接从加工产品以及间接从提供给工厂的能源中排放温室气体（GHGs），采掘和运输需要以汽油作燃料的汽车，释放二氧化碳，在某个垃圾填埋场，扔掉的产品结束了"生命"，但产品腐烂时，会释放沼气。

阻止垃圾和再循环——一样是指减少垃圾——能显著降低温室气体排放，EPA估计，只要提高美国再循环的比例从现在的30%

到35%，就能降低温室气体排放相当于1千万立方吨的碳，等于每年大约4600万个家庭中用电的排放量。

五、联邦政府的作用：创造联系

很明显，农村居民比城市居民更远离市场和信息，建设资本的两种形式——交通和通信技术，降低了隔离，但要覆盖更大的距离，政府与私人合作才能确保农村的利用，然而，农村社区必须提供地方性基础设施，同时也希望与其他的网络联系，希望私人公司提供必需的服务。过去，联邦政府在维护这些建设资本方面发挥了重要的作用。

（一）交通

交通对农村社区一直是重要的，在地方层面上，农村交通系统存在着四个主要的问题，一是新的不恰当的建设，二是对现有交通的延迟维护或不适当的维护，三是不适当的财政服务于经济需求，四是资金问题。

道路和桥梁不适当的维护特别突出，在美国北部中心地区，70%的桥梁是在1935年前修建的，其使用寿命设计为50年（Chcoine，1986），现在这些设施退化，就像在希伯伦（Chebron）一样，人们不能使用交通设施去做买卖。

尽管修缮和重建了一些桥梁，但很多还是太陈旧，农村的交通量在增大，使用农业设备、重型卡车等都需要重视桥梁，但维护农村道路和桥梁的费用逐步上升，部分由于通货膨胀，部分也由于系统老化。

1998年的《21世纪交通平等法案》（著名的TEA-21），授权1710亿美元改善美国的交通系统。尽管这是一笔巨大的投入，但农村的资金还是不够，部分是因为分类系统的实施，地方公路和支线被认为是低等级的公路,它虽然构成农村公路的 77%,但只得到农村"联邦高速公路资金"的 15%,只有 77 亿美元(Brown, 1999)。在"地面交通计划"(Surface Transportation Program)计划下,确定居住人口不到 500 人的地方是农村,因为这样的分类,大量的农村不符合要求,这就漏掉了很多农村社区,实际上,这些地方的公路、桥梁由于缺乏资金而在持续恶化。

(二)公共交通

交通网络的存在是要发挥它的作用,不仅要有建造良好的、安全的桥梁和道路,还要有交通得以利用的手段。联邦政府决定对交通撤销管制,铁路抛弃了大量支线,明显降低了农村交通能力,偏远的农村社区生产数量很大而便宜的产品,诸如麦子以及木材,很多像堪萨斯州花园市(Garden)的社区,投资建设自己的铁路,以促进区域与地方基础设施的联系,其他被私人公司抛弃的城镇则很少能够这样做,而缺乏联系意味着一部分社区经济基础的丢失。

公共交通在农村总是显得不足,而实际上在很多农村社区现在已不存在。铁路整个抛弃了对多数农村乘客的服务,跨州的交通车系统也明显减少了服务。

公交服务说明公私伙伴在涉及交通问题上的伙伴关系的特征,政府提供道路,而私人提供交通工具。1982 年前,决策规定公交服务要根据实际的合理性,目的是为了公平:确保农村居民利用公共交通,这一规定把利润与服务联系起来,为交换营利的线路权,要求公交系统也要提供不营利的服务,希望沿着好线路产生的利润能够超过农村线路产生的利润。

1982 年公交规则改革方案反映出从实际的合理性向形式的合理性转变,在越来越激烈的竞争下,它是公平的,因而也使票价得以降低,但却是用降低对小社区的服务质量来补偿降低了的票价,不再提供农村社区公交服务，根据利润情况，服务线路也被严格选择，被抛弃的线路正是那些既没有航空也没有铁路的农村社区。

对航空业撤销管制也对农村社区带来了影响，公交服务规定要确保利用，而航空业的规定则是确保票价公平，航空线在1978年撤销管制后，通勤票价很快上涨，现在，从弗吉尼亚的罗阿诺克（Roanoke）到华盛顿市，飞行225英里，其票价几乎可以从密苏里的肯萨斯城飞到华盛顿5次。尽管这些费用反映的是由于在罗阿诺克和华盛顿之间的飞行乘客很少的缘故，但也反映出沿这些线路缺乏竞争。撤销管制初衷是降低票价，但由于经济原因，运载量逐渐降低，票价和服务被少数公司控制，同样抛弃了对小的农村社区的服务。其他服务继续成为航空基本服务的资金，这是一项联邦政府计划，意味着从管制到撤销管制的过渡。

（三）电信

由于世界经济更加统一，信息成为商业活动的中心。信息技术既能提高经济效益，也能使今天的农村商业活动参与竞争。通过现代电子与电信，信息流快速提高，它要求不仅要有个人投入（计算机、调制解调器、复印机等），还要有政府投入（转换系统、地下光缆、卫星连接等），如果农村商业要有效参与竞争，即使在小的农村城镇，电子商业必须得到提高。

很多农村和遥远的地方既没有因特网服务，也不能以合适的价格获得它，由于要提供大量的土地和水，还要有很多英里的电话线，目前这些都是缺乏的，所以农村与全球商业还有距离。

在平均收入水平上，农村家庭也很少能用宽带网络检索，现在只有29%的农村居民能使用宽带。德克萨斯大学电信与信息政策研究所（1999）的工作说明要继续奋斗，让农村享有因特网使用技术。提供因特网服务者可能不愿选择农村市场，因为成本太高，既使有现成的农村基础设施，因特网服务供应商（ISPs）也对进入农村市场持犹豫态度，因为服务价格限制了用户数量。在斯科茨堡（Scottsburg），当地人必须弄清楚怎样捆绑建立自己的因特网提供，也必须抗击电信部门制定的政策，因为它限制了社区通过地方公私伙伴关系自我发展的能力。

农村与世界经济的很多联系要通过因特网。1996年的《电信法案》适时提出要消除大电信公司的垄断，这样可以给小电信公司一个竞争机会，希望电话服务更加商业化，更多的农村人能够利用电信服务。"广泛服务基金"（Universal Service Fund）被建立，钱来自于每一笔电话费的附加税，确保投资要包括那些边远的农村社区。因此，2003和2007年间，政府补贴给了少数但有名的"完全"提供商——无线电话公司获得资金提供对农村的服务，而在农村已有的电话线也可以得到补贴，在那个期间，电信服务有了十倍的增长。

政府参与对农村电信基础设施的开发是关键的，这种激励经常变成了公司应得的权力，农村社区对私人公司还是没有吸引力，因为公司更希望铺设电缆线到人口稠密的地方。尽管无线技术和政府补贴的卫星系统已使花费相当低，但给无线公司的补贴与给有线公司的补贴一样，还由于连接各个社区的电信基础设施要跨地方的管理边界，就要涉及州和联邦管理层面的参与，可以是政府的直接拥有，部分介于公私合作拥有（如农村电力公司要负责供电给全国农民），或补贴给私人公司。如果不考虑业主的选择形式，农村电信基础设施的补贴政策就是一种政府选择，它应该根据技术变化再继续调查。

六、激励行动

到什么程度和在什么情况下，社区和政府提供必要的基础设施？诺特郡的社区要坚持到什么时候得到足够的水和下水管道？希伯伦能够说服郡管理部门修理桥梁吗？什么能够激励私人电信公司保证遥远的地方也能获得承担得起的因特网服务？

假如一个社区有能力调动投资来支持不同的建设资本形式，谁的需要会占优势？社区选择反映整个社区的要求了吗，还是只是对精英人物的回应？

本章摘要

建设资本包括永久性的物质设施，这些设施支持社区的生产活动，包括道路、桥梁、电话和因特网服务、水及排污处理系统以及运输设施。

对各种基础设施的利用可以是排他性的（限制利用），也可以是包容性的（所有人可利用），通过基础设施提供的产品和消费服务可以是联合性的（同步利用），也可以是竞争性的（一个人的利用会减少另一个人的利用），如果把两种利用形式与两种消费形式交叉，可以看到四种类型的建设资本：私人的、收费的、公用的和集体的。

建设资本形式是一个通过政府或私人组织提供支持的因素，或者政府部门、或者私人部门，都能提供私人的、收费的产品和服务；政府部门更多地选择集体和公用的形式。选择政府还是私人作为提供者，最终应由社区来决定。

有两种逻辑形式来做这些决策：一是形式的合理性，根据选择的量化评估：必须产生利润；二是实际的合理性，依靠其他的价值而不是利润。联邦政府或州支持地方基础设施建设经常依据实际的合理性。

建设资本的四种类型——输水设施、固体垃圾处理、交通和电信，说明了现在农村社区面临的一些问题。获得水和水质的问题影响了提供水服务的决策，州和联邦政府要干预与水权相关的问题，社区要关注运输水和保证水质的问题。对大部分社区来说，水的利用处于政府的控制之下。

因为固体垃圾处理涉及排他性利用和竞争性消费，私人更有可能控制，但地方、州和联邦政府必须有干预才能保护环境，要关注保障社会利益以及实际处理成本的战略。

交通和电信也要依靠州和联邦的参与，电子商业对所有的商业来说越来越重要，然而，农村社区一直难以得到可承担的因特网检索，在一个没有规则的环境里，在很多农村社区，要以合理的价格得到服务是不可能的。

关键词

建设资本。是指永久性的物质基础设施和服务。对支持商业和社区生活是必需的，包括道路、桥梁、电话服务、学校等。

集体产品。基础设施类型，涉及包容性利用和联合消费，道路和公共人行道是最普遍的类型。

公用产品。基础设施类型，涉及包容性利用和竞争性消费，如特定用途的公共建筑物。

私人产品。基础设施类型，涉及排他性利用和竞争性消费，在大多数社区，垃圾处理已成为私人产品。

公共产品。建设资本类型，不计费用，提供给整个社区。

半公共产品和服务。建设资本类型，部分要靠向用户收费才得以持续。

排他性利用。建设资本的一种特征，如拒绝某人利用某种产品和服务，公司部门更有可能是排他性的。

第八章
建设
资本

包容性利用。建设资本的一种特征，不限制所有人利用，公共道路属于包容性利用。

联合消费。建设资本的一种特征，一个人使用产品和服务不会减少另一个人的利用。

竞争消费。建设资本的一种特征，一个人使用某种产品或服务会降低甚至消除另一个人的利用。

形式的合理性。做决策是基于计算经济的得失。

实际的合理性。做决策是基于社会价值而不是计算经济得失。

基础设施。某种结构或某个组织必需的基础或支持框架。

垄断。一个公司在特定的区域范围内对销售和传递某种类型的产品和服务进行唯一控制。

税收债券。城市公债的一种类型，这种债券通过年收入得到保障，这些收入包括持续发行公债产生的用户付费和租用设备费。利用税收公债资助的项目有高速公路、机场、非营利健康保险及其他的设施。

参考文献

Brown, Dennis. 1999. "Will Increased Funding Help Rural Areas?" Economic Research Service, U.S. Development of Agriculture. Agriculture Information Blletin no. 753. Online; available: www.ers.usda.gov/publications/aib753/aib753.pdf; accessed April 14, 2003.

Chicoine, David L. 1986. "Infrastructure and Agriculture: Interdependence with a Focus on Local Roads in the North Central States." In Interdependence of Agriclture and Rural Communities in the Twenty-First Century, ed. Peter F. Korsching and Judith Gildner, 141–163. The North Central Regional Center for Rural Development.

Christopherson, Susan, Todd Alexander, Pierre Clavel, Jeffrey Lawhead,

Kenneth Reardon, Karen Westmont, and Eric Wilson. 1999. Reclaiming a Regional Resource: A progress Report on the U.S.Department of Housing and Urban Development's Canal Corridor Initiative. Ithaca, N.Y.: Department of City and Regional Planning, Cornell University. Also online; available: www.hud.gov/library/bookshelf18/pressrel/canalrpt.pdf; accessed April 16, 2003

Environmental Protection Agency(EPA). 2000. "The Drinking Water State Revolving Fund: Financing America's Drinking Water." Online; available: www.epa.gov/safewater/dwsrf.html; accessed January 21, 2003.

————.2002. "Region 3: Mid-Atlantic Region Hazardous Site Cleanup Division: Sim-Stan Landfill." Online; available: http://epa.gov/reg3hwmd/super/VA/kim-stan/pad.htm; accessed January 22, 2003.

Kilborn, Peter T. 1991. "In Despair, W.Va. County Looks to Trash." New York Times, October 16: A1-A2.

Strover, Sharon. 1999, "Rural Internet Connectivity." Rural Policy Research Institute(RUPRI) report. Online; available: www.rupri.org/pubs/archive/reports/1999/P99-13/index.html; accessed December 5, 2002.

Weber, Max. 1968. Economy and Society: An Outline of Interpretive Sociology. Eds. Guenther Roth and Claus Wittich. Vol. 1. Berkeley and Los Angeles: University of California Press.

第九章 全球经济

1975年，俄亥俄州55岁的约翰·布鲁克斯得到了位于纳尔逊维尔（Nelsonville）的一家旧鞋厂。他从来没有意识到他的厂和他的制鞋业将经历全球经济这样一个历程。

约翰·布鲁克斯感觉是被迫买的那间厂，因为他舅舅曾经是鞋厂主人。那时约翰·布鲁克斯自己买不起它，舅舅把厂交给代理人出售，但他们也找不到合适的买主。尽管首期只需付500美元，但还需付其余的600000美元。约翰·布鲁克斯的儿子迈克·布鲁克斯联系了一个高中同学，这个同学后来成了鞋厂的首席财政官。他们与俄亥俄州的一名议员联系，议员不希望地方鞋厂关门，不久以后他们得到了来自农民家庭管理部门的支持，获得90%的贷款担保。5家地方银行借给他们钱，保证他们成为业主。然而约翰·布鲁克斯还是感到前方的路充满了挑战，如果工厂经营失败，他将一无所有。

迈克·布鲁克斯一直在为密尔沃基皮革厂推销皮革，他决定帮助父亲，尽管约翰·布鲁克斯竭力反对儿子加入这个充满风险的事业，但迈克·布鲁克斯早已为这一机会做好了准备，他高中一毕业后就去意大利米兰的鞋业设计学校读书，1959年，当他的叔父以家庭名义卖了这间鞋厂，他感到在鞋业界失去了创自己牌子的机会，现在他有了第二次机会，不能再错过。

纳尔逊维尔的人很高兴鞋厂没有关闭，因为地方再度拥有了它。然而，运作需要更多的钱，布鲁克斯牌鞋想通过地方银行找到大部分运转资金，但只有两家银行有财金能力帮助制鞋厂发展。鞋厂首先与大零售公司如西尔斯和皮切尼做生意，创下了自己的牌子，因为它低价提供高质量的鞋子，邮购公司继续放订单给布鲁克斯鞋，约翰要卖的是商品而不是产品。

迈克决定，如果想获得更好的利润和扩大经营资金，他们需要一个鞋业商标。工厂开始瞄准走路上班的工人，包括邮递员和法令执行官，不久工厂创立了"岩石"鞋子和靴子品牌。1977年，迈克为工厂设计的直趾工作鞋获得奖励，岩石商标的鞋迅速发展。

迈克认为，他们需要提高价格，但是约翰不同意，坚持"我买这间工厂不是为了变成富翁"，多次争吵后，迈克终于让父亲同意起码应该与那些不想付更多钱的买者断绝联系。在贸易舞台上迈克是成功的，人们排着队买新鞋子去打猎，鞋厂也找到了有利可图的市场：坚固耐用的户外鞋子。

关于怎样经营家庭鞋业，约翰不同意迈克的一些想法，当迈克决定寻找海外劳动力时，约翰更加恼怒，约翰认为，使用当地的劳动力可以使社区受益，迈克则认为，如果不雇用更廉价的劳动力，公司将难以维持。到1987年，迈克以及他们的销售经理、工厂经理、财金督导以及约翰（一个沉默的合作伙伴），买下了多米尼加共和国的工厂，在那里制造鞋帮，然后运回纳尔逊维尔，地方工人再把鞋帮缝到鞋子上。几年后，他们在波多黎各开了一家分厂。

1991年，约翰决定只做兼职，他把他的经营也包括债务给了5个儿子。迈克仍然是公司的总经理，从80年代中期他已经是总经理。迈克注意到，大量的债务花在扩大经营的资金上，因而他决定通过股份市场寻找外部投资者。1993年2月，岩石牌鞋在纳斯达克（NASDAQ）上市。当时良好的经济发展使股票从最初的价格翻了一倍，短短几个月内，从10美元升到20美元，使债务降低到

1000万美元，约翰·布鲁克斯也被儿子的成功打动。迈克给了父亲100万美元多米尼加厂的股份作为父亲在公司的投资。迈克计划新的拓展，1997年，他对著名公司（Columbas Dispatch）说："我们有机会成为天木蓝公司①，或者渥弗林公司②"。

1999年初，迈克的拓展决策与岩石牌鞋的增长需求不对称，公司过多地负担那些卖不出的靴子和鞋子，还必须以便宜的价格卖给那些兴高采烈的消费者，这意味着净损失500万元，迈克必须作艰难的决策。他不想把工厂搬到海外，但他知道，如果利润继续下降，那就必须搬。还有，他必须与其他的拥有人分利润，这些人通过纳斯达克买了公司的股票，不像约翰，合伙人是为了盈利，那是他们对公司唯一的兴趣。迈克知道，其他国家的劳动力很便宜，是恢复公司利润唯一的办法。

迈克必须靠自己作决策，他不再能与父亲争论这一类的情况了，他的父亲1996年离世。迈克与他的管理伙伴忽略了他们的竞争者渥弗林公司和天木蓝公司，这两间公司关注时尚，而农村和蓝领工人买岩石牌靴子和远足的鞋子，已经不流行了。要依靠市场，但并

---

① Timberland。1918年，在美国波士顿建成，创业初期是一家专业制鞋公司。1955年，公司的创立者纳森·斯瓦茨（Nathan Swartz）收购了阿宾顿制鞋公司，并在以后的10年成长为全美最成功的鞋业公司。60年代，他们采取独特的制鞋技术，生产出世界上第一双鞋底和鞋面无需缝线的鞋，鞋底和鞋帮的完全铸合，造就了真正意义上的防水鞋。1973年，公司改名为"天木蓝"（Timberland），名字源于他们制造的最受欢迎的一款防水靴的品牌。从80年代起，天木蓝逐渐成长为一家国际品牌，并开始生产服装、女鞋、背包等，并创建了广受赞誉的天木蓝工作系列鞋，现在，天木蓝分公司已遍及世界90多个国家。

② Wolverine。是美国历史最悠久的制鞋企业，从1883年开始生产各种工作时穿的劳动保护鞋，靴子和户外的休闲运动鞋。经过一个多世纪的苦心孤诣，集团在世界各地休闲类、户外类、制服类等领域均取得令人瞩目的成就。其家族品牌不论是在产品创新、地理扩张、市场拓展，或者新品牌的导入方面，都取得前所未有的佳绩。是美国享有盛誉的鞋业巨擘。

不能快速扩大。他决定通过在沃尔玛卖鞋子以加强市场,因为沃尔玛公司每年卖1/3的美国打猎许可证。尽管岩石牌鞋的价值再度提高,但艰难的时刻还是来了。

到2000年11月,由于迈克把制造厂搬到了多米尼加共和国,纳尔逊维尔有110人下岗,公司的股票已跌到每股3.69美元,很多人对迈克公司的管理方法非常生气。他们讥讽他的新车,甚至纳尔逊维尔的工人也嘲讽他,工人们感到是他使他们和社区失败,他也意识到了工人们的痛苦。

2001年11月,迈克又把剩余的67个工作岗位搬到了在波多黎各莫卡的工厂,当最后一双鞋子从纳尔逊维尔的生产线上出来,悲伤的情绪显而易见。在纳尔逊维尔的鞋业制造要付给工人的薪水是每小时11美元,在波多黎各每小时是6美元,多米尼加共和国是1.25美元,中国是40美分。迈克认为公司能够繁荣的唯一办法就是给股东们支付红利,对他的股票再估价,就要利用便宜的海外劳动力。

岩石鞋也利用了海外税收的优惠。五星有限公司是开曼(Cayman)岛的一家股份公司,他给岩石鞋补贴,在多米尼加共和国的拉贝加建立了制鞋业。开曼岛是加勒比海的税收天堂。从多米尼加分公司返回的钱属于美国联邦收入税,但又从州和地方的税收中得以免除。1999年在多米尼加共和国,被选择到的公司可以不返回整个1999年的收入以及未来在分公司的收入,公司也不付财产税、收入税和销售税;工厂还位于免费交易地带。1988年,岩石鞋业在特拉华州建了一家分厂,叫"时尚鞋类有限公司",专门经营在波多黎各生产的鞋。通过波多黎各分厂,公司只付极少的收入税给税贷,根据《国际税收法典》第936条(法典的颁布是为了支持波多黎各工业化),在地方获得免税。这样,特拉华州也不付合作经营的收入税。当第936条被取消后，从2002年开始给公司的税贷到2006年中止；另外，公司在波多黎各的地方免税截至到2004年。此时，岩石鞋业也提供产品加工给远东的独立加工者，主要是中国，提供更廉价的商品，在2000年，这相当于公司销售的36%。

由于在纳尔逊维尔的很多工人没有组成工会，没有一个人获得公司其他的工作。61岁的朱迪斯说："我在这里工作36年了，我想再多工作4年就退休，这是我做过的唯一工作。"在纳尔逊维尔公司总部，白领工人有260多人，比工人的数量还多，提供给工人的岗位只需高中或以下的学历。2006年，迈克得到662390美元的延期赔偿以及优先认股中的91000美元。较之公共贸易公司的大多数CEO而言，这是一个相当不错的关闭工厂的打包计划。

在俄亥俄州，岩石鞋业是最后关厂的公司。美国劳工部报道，2004年美国剩下的制鞋岗位不到15000个（USDOL/BLS，2006），而在1972年是235000个。

不管农村还是城市，都同样被卷进了世界经济，但经济特征已经改变，金融资本，即货币经营业务，现在能容易地从一个国家到另一个国家，新的金融工具不断演变，进一步把债务和投资从管理以及责任中分割出来。网络使这一切更加地不费力气。全球商业从消费者那里获得提速，通过网络广告和网上商店，经营能瞄准其他的商业消费者，通过网络，也能彼此货通有无。这样，货币价格而不是原材料价格被很多经营决策驱使。本章要探讨：1.农村和国际市场之间的传统联系；2.世界经济特征的变化，包括电子商业；3.这些变化给农村社区带来的影响；4.新经济环境创造的机会和带来的问题。

一、农村与全球经济的联系

报纸的报道和饭后的交谈经常是全球经济的话题,好像这是新东西,好像美国经济以前不与世界经济联系似的。尽管美国经济的特征已经改变,但通过贸易,美国与其他国家的联系从没间断。过去,主要通过产品(木材、食物、布匹、海鲜、能源和贵金属),农村社区与世界经济始终捆绑在一起。

(一)出口自然资本

国际贸易刺激并资助了欧洲移民到新世界定居,贸易公司急于从新大陆提供的自然资源中获得收益,并资助在新世界的早期移民。新英格兰社区发现,皮毛、鱼和木材是最获益的出口物,南部则有大米、棉花和烟草。对殖民者而言,这些国际联系如此重要,以至于后来英格兰强加在美国烟草上的税收成了革命战争的诱因。

几乎所有依靠自然资源的经济都进入了这个圈子,在世界市场中受自然也受潮流的影响。在国际市场上,当矿产的价格膨胀,矿城进入暴涨的圈子;1870年,内华达州的银子外流几乎毁灭了德国,因这个国家以银子作为货币。一战期间,棉花价格飙升以回应对军服的需求。20世纪20年代欧洲从战争中恢复,棉花的价格跌到了历史最低,欧洲谷物生产的增长使美国的小麦价格在两次世界大战中快速下跌,直到铁路打开了中西部和东部的市场。俄勒冈的木材收益更多地依靠外国而不是国内市场,今天,原木从美国出口到日本,日本是最大的原木购买者,购买所有的尺寸和品种。美国比起其他国家更多地出口木纤维、整木和木片。

当石油出口国组织(OPEC)成员1993年限制汽油生产,从得克萨斯州到蒙大拿州的油城兴旺发达。OPEC联盟代表着主要的石油生产国的利益,这些国家大多位于中东,中东石油生产的下降意味着世界石油价格的增长,这足以鼓励开发本国的石油储备,引起了一些州经济的繁荣，如得克萨斯州和俄荷拉荷马州，金银时代已随过去的一个世纪被冲走了。然而不到十年，曾经繁荣的那些城市又在奋斗，来自于OPEC国家增长的石油生产急剧地降低了世界范围的油价，使美国国内的汽油不再有竞争力。

2000年，OPEC决定每天限制生产石油5百万桶，国内对汽油的需求在增长，这引起了更高的油价；OPEC决策以及关注伊拉克战争，也引起油价上涨；国际事件如2001年9月11日恐怖分子袭击以及伊拉克军队冲突，给提供方制造了不稳定的因素，导致价格的不稳定。随着在中东冲突的升级，OPEC成员就生产目标和出口战略难于达成一致。尽管OPEC缺乏协同性，但正在崛起的一些国家如中国、印度等对矿油的需求在增长，美国汽油进口的增长，使任何其他国家都相形见绌，需求大增，油价上涨。1990年和2005年间，平均每天汽油进口都增长了5百万桶，比除中国外的所有其他国家消耗总额还高，相当于整个中国的需求。

（二）进口人力资本

早期与世界经济的联系也包括工人的流动。人们需要在新世界收获自然资源创造的财富。欧洲移民寻找宗教避难或简单地是想开始新的生活。在南部，来自非洲的奴隶被强迫收稻谷、棉花和烟草。沿铁路线和矿山需要低成本的劳动力完成国内的工作，导致了对中国劳动力的大量征募。西弗吉尼亚的矿主们从东欧征募有经验的矿工，在整个中西部，渴望拥有土地的欧洲人占据了农田。

对劳动力的需要，特别是在农村是如此巨大，以至于美国在独立后，让边境敞开将近一百年，直到1882年排斥中国人进入。20世纪头十年，移民又达到空前的高度，由此一些人提议要加以限制。1921年，国会通过第一个配额法案，每年来自其他国家的移民只能占来源国当年生人口数量的3%，并且这些人已居住在美国，在

1910年人口普查时被纳入统计。1924年的《移民行动法案》更严格：使用1890年美国每个人的来源国作为基础，分配给移民作为许可，不再限定移民的数量，但是移民的宗族和文化背景使这种排斥行径受到鼓励，很明显是要降低亚洲、南欧及东欧的移民。1965年，来源国的限制被撤销，但数量的限制仍然存在，尽管这种限制被认为是"覆盖世界范围"的，但还是有涉及国家的移民限额，这样即使移民是美国公民的家庭成员，但在处理申请过程中，仍有大量的积压。

使移民政策与劳动力需求矛盾变得复杂化的是美国和加拿大的人口正进入老龄化，特别是农村人口。经济生存需要找到来自国家边境外的新的劳动力，要允许少量的移民在经济稳定和人口同质性之间进行合法的选择。

要努力捍卫美国免遭将来的恐怖分子袭击，在移民规定方面的新变化已被加强，让移民更难进入这个国家。某些变化包括一个计划，得到和持有学生签证更困难，在非移民签证申请上要等更长的时间，特别对来自中东的男人和伊斯兰教者。这些变化使那些有目的的移民更难进入美国，宗族和少数民族歧视只是一个副产品而已。事实上，很多墨西哥移民越过边界时被搜身，没完没了的提问。胡里奥就是其中的一个，他不想成为美国公民，1989年就从墨西哥来到美国，已经是实际的公民。然而，当他和三个墨西哥朋友近期探访墨西哥返回美国时，他们经历了好几个钟头的调查，包括警察检查和公民纪录（Adame，2002）。尽管胡里奥理解美国移民的严格监督是必需的，也是重要的，但这个例子很明显，在边界，有民族血统的男性是主要的检查目标，因为"9·11"事件。近来，国家安全部移民与海关执行署大范围的突然逮捕已拘留了大量的工人，他们有合法居住的文件，包括很多在美国出生的美国西班牙裔人和美国黑人。

尽管美国移民的限制升级,但要看到,在什么样的情形下农村的经济活动要依靠来自其他国家输入的劳动力,这是很重要的,例如在食品加工业、餐饮业、建筑业的大量劳动力,要靠移民提供。

二、变化中的全球一体化:金融资本增长的重要性

与世界市场的联系不是什么新鲜事了,但联系的特征在急剧变化,大量使用自然资源或者说标准化的加工产品在市场上进行买卖,驱使着国际经济能够以最低的成本开采矿或织造高质量的布,然后出口。因此,各国工业要寻求更有效的运作以维持竞争。

今天,资本从一个国家流到另一个国家,甚至比产品及服务的交易还多。公司变成跨国公司,把公司搬到能提高利润的任何一个地方,在加勒比海的一些小国家,税收的优惠被如岩石这样的鞋业利用,更大地降低了这些企业该缴的税,因而使这些企业到那些国家不受束缚。快速的电信交流使不同的经营业务以价值链的形式在不同的国家运作,结果,地方更不能控制地方经济。要理解这是怎么出现的,需要了解:1.国际货币政策的变化;2.贸易关系和国内财政政策的影响;3.公司国际化真相。

(一)国际货币政策

当二战将要结束时,世界领导人在美国新罕布什尔州布雷顿森林的华盛顿山大旅社会晤,商议怎样重新建立贸易关系的问题。大多数国家感到,20世纪30年代的经济混乱是由于纳粹分子对欧洲的控制,因此,他们急于开发新的机制以保证世界经济的稳定。布雷顿协议(1944)制定了一个在各国货币中稳定交换率的系统。交换率确定各国货币彼此相关的价值,对促进国家间贸易是非常重要的。协议下,美国固定美元对黄金的价格是每一盎司35美元。其

他国家的交换率从而相对于美元被固定。固定交换率不允许美元的价值在世界市场上波动。

50年代和60年代期间，美国在整个世界资本中享有经济主导权，它的经济稳步发展，当欧洲国家和日本转变注意力重建在二战中被摧毁的一切时，美国已经填平与其他国家的贸易差。美国主张公开贸易其产品并享受贸易顺差，出口比进口更多，在世界经济中，美元作为其他币值的标准被固定下来，占据了独一无二的地位。

当世界经济从二战中恢复，其他国家加强了他们的工业基础，美国的出口面临越来越大的竞争。70年代早期，美国进口比出口增多，部分原因是美元被估价更高，美元净值流出美国进入其他国家，美国就从这些国家进口货物。

当其他国家持有的美元超过黄金储备时，美国又向他们买回美元，金融家猜测美国要提高黄金的价格，换句话说，要提高黄金交换率，每一盎司从35美元到40美元，有效降低每一美元对黄金的价值，这是面对某个标准——黄金，货币贬值的一个例子。金融家试图摆脱在世界货币市场中的美元，希望在贬值前把美元卖给美国。在世界货币市场上的美元潮迫使美国正好做了让金融家害怕的事情：使美元贬值。1971年8月，美国暂停了收购黄金。

建立新的稳定交换率也失败了。1973年5月，尼克松总统签署史密森（Smithsonian）协议，建立浮动交换率，允许货币价值波动和找到相应的市场价。中央银行，包括美国不再固定交换率，除非某个国家的货币出现广泛的波动。这样，国家对货币的控制降低了，国家对国家银行的限制被解除了。

金融资本——用于投资的钱，现在可以更容易地从一个国家流到另一个国家，允许私人投机者趁交换率波动时尽量买卖货币牟取利益，对交换率不理想的那些国家将带去破坏性的影响。通过货币交换而建立的资本市场产生流动性的钱是通过进出口产品产生货币的 30 倍，例如，尽管某个国家的玉米在世界市场上有竞争力，但更多地要依靠那个国家现行的货币交换率计算生产玉米的成本。强势美元还打击了游客到美国旅游，而美国的游客则兴高采烈地到其他国家旅游。只有当美元相对于其他国家的货币变弱，外国游客才会到美国，美国人也会更多地去黄石公园或纽约旅游，而不是到欧洲或亚洲。然而，尽管现在美元值较低，获得旅游签证的困难还是降低了外国游客到美国旅游。

人们跨境迁移，不管是为了旅游还是为了工作，自"9·11"事件后急剧下降，也暂时减缓了跨国的钱的流动；但同时发生的经济衰退，国家经济研究署将之定义为"产出与就业下降的时期"，引起美元价值的不稳定，来美国旅游和国内旅游的人数下降，经济没有反弹回来。涉及一些大公司如 Enron 和 WorldCom[①] 的丑闻使国际投资者产生怀疑。2002 年 1 月 1 日，欧盟 12 国共同使用欧元，增强了与美元的竞争。美元价值继续下降，2002 年 7 月，与欧元的比值到了 1∶1，下降超过了 25%。

美元下跌也降低了以美元为基础的资产值，从而降低了外国投资者的财富，猛跌的美元对全球经济带来消极的影响，消费下降，国际投资者从美国抽走资金转投具有强势货币的国家。如果美元持续弱化，国内的利率就会提高以支撑美国的债务。经历了 21 世纪

---

① 美国安然(Enron)公司是世界上最大的能源、商品和服务公司之一，名列《财富》杂志"美国 500 强"的第七名，自称全球领先企业。然而，2001 年 12 月 2 日，安然公司向纽约破产法院申请破产保护，成为美国历史上最大的一宗破产案。受安然破产丑闻影响，负责安然审计工作的全球五大会计师事务所之一的安达信也陷入了前所未有的困境。WorldCom 连续五季做假账高达近 40 亿美元，成为美国历来最大假账事件。该假账丑闻引发欧美和日本股市的全面下挫，并在通信类股引发了多米诺骨牌效应。

头几年的低利率后,现在美国越来越高的利率又严重影响了房地产市场和其他能够驱动美国经济的投资;此外,不断弱化的美元可能鼓励出口和降低过分的贸易赤字,在过去的15年中,美国一直贸易赤字。在还没有形成世界范围的衰退前,这一变化应该加强美国的农业和出口制造业,使农村受益。

(二)贸易关系和国内财政政策

2002年以来的美元弱化没有使美国的贸易赤字得到改善,事实上,更加剧了贸易赤字。主要原因是中国使人民币人为地贬值(把它与美元联系在一起),从而保障对美国继续出口。反过来,这抑制了美国的通货膨胀,将便宜的消费品提供给美国的消费者;便宜是因为中国的低收入,中国人为地使人民币弱化。自2005年以来,石油价格急剧增长,导致了中度的通货膨胀。汽油价格提高,一是因为中东局势的不确定性,二是因为美国有限的提纯能力(一些证据说明多年来,某些主要的石油公司谨慎地限制他们的提纯能力以提高汽油的价格)。克林顿政府后期,联邦政府的预算从过剩变成赤字增长,这是由于伊拉克和阿富汗战争。布什政府的第6年期间,减税被共和党国会通过,当需要资助越来越庞大的国家债务时,一大批人抽走了私人投资。然而,来自中国和其他地方的便宜消费品,他们为了自身的利益,持续投资美国的公私证券,抑制了利率,因此,美国政府要求中国重新估价人民币,但不能过于强硬。

(三)新公司

这些变化的影响是什么?新的视野下,公司成为跨国公司。计算机化、资本自由流动以及世界范围内的减税让公司通过网络获得原材料和来自世界各地的东西。不再受国家限制,今天的很多公司在全球与各国的供货公司联络,并发展成为分支机构;在不同的地方建分厂,保证了公司可以得到地方市场和快速调动资源以应对资本变化和劳动力市场的灵活性。这些公司的组织结构反映了跨国经营的特征，股东分散在世界各地，代表公司作决策的理事会成员也一样，各国很少能控制这些新公司的活动。

（四）贸易协议和国际劳动力市场

20世纪80年代初的债务危机，一开始非常相似于美国曾经的土地危机，它出现在债务国身上（大部分是没有石油出口的发展中国家）。为了敦促债务国偿还巨额债务，国际货币基金会和世界银行实施新自由政策以帮助他们提高国家机构的效率，放开经济，参与国际竞争，以期使那些国家的企业成为"支柱"，如果它们不能在竞争中生存，外国公司就要取代它们。要偿还这些债务，各国必须更多地创造外汇，但必须是定向出口。通过降低税率，一般贸易及税率协议及后来的协议，即世界贸易组织，成为这种新自由国际经济模式的一个重要部分。每个国家必须有专门化的生产企业，它才有比较优势，作为整体的世界经济系统才会更有生产效率。

世界贸易组织（WTO）是唯一全球性的组织，它处理国家间的贸易规则，它的目标是帮助产品与服务的生产者、出口者和进口者以最小的摩擦或非市场障碍从事经营活动，这个组织1995年1月1日基于瑞士日内瓦协议被建。WTO管理贸易协议，提供贸易协议论坛，处理贸易争端，监督国家贸易政策，为发展中国家提供技术支持和培训。很多组织被授权建设和加强世界范围的贸易规则，有些特别的规则支持发展中国家的出口。这些规则建立在资本目标的基础上，所以很多人批评这个贸易规则，因为它没有包括相关的人力资本标准（对奴隶和童工的限制、工人的权利等）、不允许各个国家建立关于自然资本的标准（如成员国要建立环保标准将被看成是"限制贸易"而被禁止）。世贸组织说它的目标是要促进世界贸易，那是最受批评的东西，因为世界贸易通过提高竞争和降低生产产品的价格,进一步使弱势群体处于劣势。

世界贸易的支持者把区域贸易协议看成是对这个组织的补充,这更清楚地显示了 WTO 与这些协议之间的相关性。北美自由贸易协议(NAFTA)就是一个区域协议,1994 年 1 月 1 日实施,提供三个参与国——加拿大、墨西哥和美国降低贸易税率。NAFTA 说明了自由贸易的最大缺陷,即在实践中没有什么自由贸易:政治优势胜过比较优势。NAFTA 包括减少和逐渐取消农业税,但它不能解决更大的农业难题,WTO 也正在全力对付这个难题,即从经济强国如美国、日本和欧洲的一些国家中解决怎样保护农民的问题。在 NAFTA 之前,墨西哥已取消对玉米的补贴作为结构调整的一个部分。但在 NAFTA 下,仅 30 个月,由于取消了美国补贴玉米的税收,墨西哥受到了另一种打击。因美元贬值,美国玉米在墨西哥更加便宜,这给墨西哥农村带来毁灭性的影响,因他们是传统的玉米种植地区,又由于就业机会都跑到了低薪亚洲国家,即使移民至墨西哥城市也不能解决受到打击的农村的问题。1997 年,全世界都分享到商品贸易带来的好处,墨西哥农村到美国的移民增加,形成新世纪开始的第一个潮流。不夸张地说,在 NAFTA 下,美国为移民而交易玉米。当美国中西部的农村和南部的农村采取圈养牲畜和家禽时,更吸引移民去那些地方,因这些经营位于人口稀少的地方,特别需要劳动力。新自由模式的发展还需要快速的资本流动,更快地创建建设资本和更高地调动人力资本,这一模式也将定位在便宜的劳动力上,但这一系统不能顺畅工作,主要瓶颈是人力资本在跨国边境的流动上受到严重的限制。

三、对农村的影响

对资本流、波动的商品价格、浮动货币交换率以及国外投资的讨论似乎有些抽象，但当它们对农村的影响被观察到，这些讨论就很具体了。用两个例子说明，一个来自于农业，一个来自于农村的加工业，两个例子都说明了农村怎样受到全球经济变化的影响，这里也要讨论农村劳动力的变化特征。

（一）20世纪80年代的土地危机

在全球经济的转变过程中，20世纪70年代带来了另一个转折点。前面提到，OPEC限制石油生产，在让石油稀缺的过程中，他们提高了价格。美国的农村人还记得在加油站排起长长的队伍，摩托车驾驶员为了上班以不可思议的高价买汽油，偶尔还会动拳头。农村人也还记得每蒲式耳①小麦是5美元、大豆是12美元，比平常的价格高出了2～3倍。

油价的提高意味着石油生产国形成贸易顺差，从石油出口中赚到的钱超过了花在进口方面的钱，石油生产国有"石油美元"，可以迅速进口更多的货物，如苏联是主要的石油出口国，它也需要食物和农作物，通过高油价产生的贸易顺差使苏联购买大量的基本商品如小麦和大豆。石油生产国，特别是那些人口少而石油生产量大的国家，更急于借钱给贫穷而且没有石油出口的国家购买石油、小麦和其他商品。

越来越高的商品价格引发了某个时期的全球通货膨胀。当流通的货币或贷款额度比生产提高更快，引起价格急剧上涨，通货膨胀就出现了。美元贬值使美国的出口在世界市场上极其有竞争力，农作物出口的比例和数量比之前的50年还高。

70年代的经济环境鼓励农民借钱，土地的价格快速提高，让

---

① 1蒲式耳=56磅=25.401公斤。

农民更公平地拥有他们的土地。浮动交换率的转变和美元贬值也使美国的产品在世界市场上很有竞争力,商业繁荣起来,资本稳定,通货膨胀超过利率,如果膨胀 10% 而利率只是 8%,很明显就应购买土地或设备而不应存钱,只要真正的利率还处于消极状态,农民和其他借钱者借钱还会得到补偿,土地本身变成一种极好的投资,面对通货膨胀而免受损失。为了控制通胀,土地的真实价格几乎翻倍,如果把通胀包括在内,每一英亩的价格几乎是同期的三倍(美国商务部,1986)。

70 年代末期,美国经济的增长更大地依赖其他国家,特别在农产品市场上,由于全球范围进口农业及加工产品的需求饱和,美国进入"滞胀"时期,即:非真正经济增长的高通胀时期。

努力抑制美国的通货膨胀,开始关注国内财政货币政策。1979 年,联邦政府储备理事会为美国中央银行制定了货币政策,通过提高支付客户及其他银行的利率,有效地抽走了流通中的美元,这一战略降低了通货膨胀。由于钱更值钱,投资放缓或下降,工人下岗、人们没有更多的钱买东西,所有这一切都降低了需求和稳定了价格。

为了回击联邦储备理事会行动带来的衰退影响,里根政府降低联邦收入税,在很多方面削减开支,但是提高了防御、农地计划和支付利息给债务国的开支。过度减税是在 1981 年,高收入者和经济部门是主要的受益者。合理性在于减税鼓励了对国内经济的投资,刺激经济发展,然而在规划的速率中,促进经济增长并没有产生,结果联邦赤字快速增长,美国变成世界上最大的债务国,在新的高利息上向国外借钱而不是提高税收或削减开支。

美国努力采取这些行动来解决国内经济问题,然而结果却对世界经济产生了极大的消极影响。经济理论指出,如果降低货币提供,经济将放缓,协调平衡就是降低通货膨胀,而货币提供的逐渐紧缩可能会引起经济增长的下降。这还不是80年代早期的情况,联邦储备理事会出其不意采取的这个行动在卡特总统和里根总统执政时期减缓了通货膨胀,但也引发了世界范围的衰退。

为什么要在美国采取行动治疗其影响的世界经济的病症呢?部分答案在于:从一个国家到另一个国家的资本流越容易,从国家经济中抽走的美元也是从世界经济中抽走的美元,事实上,是反对联邦储备系统想再控制美国货币。联邦赤字增长意味着联邦政府自身要为稀缺的美元竞争,提高真实的利率。

高利率使美国政府投资安全,国外资本流进美国是由于美国政府需要大量的钱来支撑债务,美国的赤字像是一个国际黑洞,吞进任何可流动的资本,这就使其他国家的资本稀缺,加剧了世界范围的衰退。当螺旋上升的需求增长以及更高的商品价格突然间结束了,世界市场上的商品价格急剧下跌。

当利率提升和美元增值时,那些借钱的人,不论是美国的农民还是第三世界国家发现自己在为越来越少的美元付利息,当商品价格急剧下跌,农作物和土地的价值也会损失很多。美国农业土地的价格跌了50%还多,甚至到了农民不再能支付借贷的程度,简单地说,大量农民面临财金毁灭。到1985年,土地抵押、没收、贷款违约的数量达到了自大萧条以来从来没有过的水平。

不是农民管理不善,也不是银行过于贪婪,面对浮动交换率和油价上涨产生的经济环境,他们都运用了最好的投资原理。由联邦政府和联邦储备局制定的货币和财政政策(降税、削减货币提供)随意改变了曾经的环境、改变了游戏规则。

80年代中期,美国农村从衰退中开始复苏,但自然资源依赖型的农村社区到1991年又一次经历衰退过后才感受到了真正的经济发展。90年代,农村也在一定程度上分享到了国家整体的繁荣,很多社区摆脱过分依赖自然资源为基础的活动，转向服务和加工业，受益于世界专卖市场，一些人还愿意做低薪工作（相对于美国大城市的收入较低，但较之发展中国家的收入规模还是很高的），他们有的受过好的教育，有工作经验（人力资本）、适当的建设资本和很强的社会基础。但在南部、西南部、大平原贫困地区还是不太好，农村加工部门，如在岩石鞋业案例中看到的一样，把工作岗位先是转向拉丁美洲，后来又转到中国和到其他的亚洲国家，这种加工部门是非常脆弱的。

2007中期，美国的情况已完全不同于20世纪70、80、90年代。电子和电信部门在90年代使生产率提高，通货膨胀得到很好的控制。2002年，经济从短暂的衰退中脱身。因为通货膨胀不再是问题，利率掉到了30年来的最低点，然而人们还是小心花钱，因为伊拉克军队的冲突、不守信用的大公司、经济不稳定以及经济增长的不公平性（自1970年以来，薪水实际没有增加）。美国人和外国人也不轻易投资在股票市场，2002年的下半年，股票市场是自1991年后业绩最糟糕的。无法控制的次贷市场使自有住房增长，超出了投资者真实的购买能力，同时还伴随房地产市场上的高投机。当那些令人着迷的贷款介绍词讲完后，借钱者却不能付每个月的还款，驱使房价下跌，随之又成为整个经济的反应。

当衰退隐隐呈现时（害怕再进入衰退），考虑到可能会失业的一批消费者将更少花钱在可要可不要的货物上，最终受伤害的是零售商。地方零售店常常最先感到经济下滑的影响，因为他们没有大公司的灵活性来分散不盈利的销售，只能砍掉工作岗位甚至卖掉建设资本。经济恢复和工资涨幅很慢，让很多人感到失望，房地产的低利率给很多人机会买房子，或者再买，在房产上的投资被认为比其他投资都稳定。另外，贷款在借贷的头几年，提供极其低的调节利率（或可调利率的抵押贷款），贷款者可以买更贵的房子，很多家庭实际上没有对等的偿还能力。因为房地产价值增长，如果抵押贷款率向上调，借方也能容易再购房，当中上层阶级人数上升，中底层阶级中的自有房者增加，房价就会在全国范围内飙升。2006年，利率和抵押贷款提高，城市的房价变得相当高，除富人能够支付抵押贷款外，几乎超出了所有人的支付能力，需求开始下降，就像在土地危机中出现的一样，当房价下跌，曾经想再买房的人也不能支付新的高额的房价了。

像里根政府一样，小布什政府试图通过减税（不管是不是为了那个目的）和提高军队开支来刺激经济。农业计划的开支也已到了前所未有的高度，低利率降低了国家债务，但赤字却在提高，2005年一开始，利率上调（尽管还是温和的）进一步提高了国家债务的利息支付。

在经济变化中，美国农民现在也有很多变化。70年代因高的商品价格，刺激全球提高农业生产，农民对生产过剩的积极回应也反映在市场上，随着所谓的"自由土地法案（Freedom of Farm Act）"，1997年后，美国开始补贴主要的商品而不是提供限制机制，直到现在，欧洲和日本都在继续使用高进口税和出口补贴以保护国内生产。世界不平等的增长，部分是因为世行和国际货币基金组织（IMF）制定的结构调整政策，它意味着尽管商品的价格持续下跌，发展中国家穷人的数量实际上提高了食品贸易量。最终，农民的产值变得更像一种货币，未来的市场成为其农业经营的内在生产力。

2006年10月仍然是这种情况。在美国，酒精生产对玉米的需求急剧增长，使希望发展农业的说客们获得联邦及州的酒精内燃机补贴。那些补贴提高了农作物的价格，与中西部和南部的玉米地竞争形成，对农产品的强烈需求通过国际体系又发挥了作用，可以刺激发展中国家基本商品的生产,但在同时,墨西哥城的城市消费者抗议这种飙升的价格。

在以农业为主的美国各郡,农业商品价格激增对农民及对农村社区是好的,但也有一些问题,不是所有的农民都能从高商品价格中获益,因为地主倾向于使增长资本化并融进地价中,使土地的拥有者受益。80年代土地危机期间低廉的土地价格和抵押取消,一代农民急速转型,现在,管理公司代表已定居城市的土地继承人经营中西部大片的土地,业主——经营者式的土地管理使土地的份额下降,城市继承人不出租土地,也能从更高的地价中受益,由于土地支付一般与郡无关,常常也与州无关,这样,那些土地所在的社区较之过去,很少从土地补贴中受益。大的管理公司越过地方社区购买土地,这样在中西部和南部依赖农业的郡就有可能成为人口极少、经济发展落后的农村。

(二)农村加工业

鼓励美国农民扩大经营的经济环境也刺激了农村加工业的发展,大约在20世纪60年代,相对成熟的工业开始找农村便宜的土地、低薪的劳动力。这种倾向得到美元贬值和浮动货币转变的支撑,便宜的美元使美国的出口在国际市场上更有竞争力,国内的产品在国内市场中也更有竞争力,在国内加工一些产品比从德国或日本进口成本更低。OPEC限制石油生产,把钱投进发展中国家的政策,使发展中国家的购买力进一步提高,增加了对美国产品的需求,美国商品价格快速提高。

70年代,美国农村加工业就业增长也在继续,到1976年,年增长率大约是1.4%;相反,城市加工业的就业每年都以1.1%的比例在下降。农村劳动力的低薪、勤奋和没有工会组织吸引了很多轻型加工厂,农村社区也投资建设工业园区和设计开发基本设施以吸引工业、减免税收、新工作税贷、培训、低利息贷款以及大量的地方、州、联邦政府的补贴更刺激了工业搬到农村。高需求、低薪水、便宜的资本更有益于在农村安排工厂的日常生产，到1979年，加工业已成为农村工厂最大的业主。

控制通货膨胀采取的行动和刺激国内经济使这一扩大暂时停了下来，1979年和1982年之间，农村加工业就业下降5.6%，几乎每一个州都有加工业的失业。衰退打击了美国经济。80年代的发展，使美元价值提高，美国产品和服务在世界市场上变得更昂贵，到80年代中期，农村发现自己处在一个完全不同的经济环境中。强势美元使美国在世界市场上竞争更困难，为维护它的利益，一些公司感到必须把工厂搬到墨西哥、泰国、孟加拉国等发展中国家，在那里能得到便宜得多的劳动力。90年代持续的经济增长导致小城市加工业恢复发展，但农村社区能够超过大城市的比较优势仍然是便宜的劳力，因为地方不能加工原材料，使用低薪的劳动力，地方附加值也不很高。与农业有关的如肉联厂，对农村社区影响最大，也不太可能搬到其他的国家。

2002年的经济衰退进一步减少了农村加工业的就业人数，如在俄亥俄州纳尔逊维尔的岩石牌鞋业只好关厂并搬到海外。过去，农村能使国家摆脱衰退，但现在农村也紧随着大城市（Henderson，2002），因此农村社区需要找到创新方式提高地方加工公司的生产力，发展高质量的加工公司及服务业，电子商业对这些努力是有益的。

（三）国际劳动力市场

农村在历史上就大量依赖移民工，二战后的20年，只有60%多的合法移民进入美国，然而经济发展需要劳动力。

允许暂时居住解决了这一问题，由"打短工计划"（Bracero

Program)(1942—1964)提出，一系列的双边协议允许墨西哥、巴巴多斯、牙买加和洪都拉斯的农业工人进入美国暂时居住，移民主要收水果和蔬菜，在生产周期提供低薪劳力。没有任何正式文件的非法移民也开始进入城市和农村。

由于国际资本流增长，到美国的国际移民也在增加。1970年，外国出生的居民占美国人口4.7%，是20世纪最低的比例，到2000年，平均超过了1倍还多，达到10.4%。2005年，达到12.4%（移民政策研究所，2007）。尽管1986年颁布赦免法后，非法移民暂时下降，但这个国家的无证移民还在增加，据拉丁美洲中心统计，2006年在美国的无证移民人数是1200万，到2006年，有证和无证的移民超过美国劳动力的15%，几乎是20世纪60年代的3倍，有1/4还多的工人是新移民。2000年一开始，拉丁美洲移民有一半住在西南地区小城市，同时，几乎所有的小城市及郡都有拉丁美洲人口的增长，在150个郡有1/3的增长，那些郡多是技术要求低的工业。1990年和2000年之间，在20个州（大多数在南部和中西部），拉丁美洲的人口翻了一倍还多，其人口构成至少增长了10%，从211人到287人。任何东西都是对等的，100多个小城市的郡大部分位于中西部和大平原的州，1990年和2000年间，如果不是拉丁美洲人口的增长，这些郡的人口实际是减少的。

即使是2001年"9·11"后的严格限制，海关强制性逮捕无证工人，2006年初，移民工人仍然继续进入美国，特别是来自墨西哥和中美洲的人，从事一些不要求特定技术的工作，美国人看不起的工作，如肉制品加工、酒店服务、快餐服务、水果蔬菜包装、看护和景区工人。美国的很多农村如果没有移民工人，将不再存在。

很多地方的农业在种植、收获以及除草季节都要靠移民工，有服务和制造业的社区现在也越来越多地使用移民，中西部的包装厂，如在堪萨斯州花园城的两个厂，多雇佣拉丁美洲人和东南亚人，很多是妇女；在伊利诺依州德波（Depue）小城，收割的农活多是拉丁美洲人和老挝移民做。蘑菇田里也是移民工，他们要从粪堆里摘成熟的蘑菇。这些移民表现出了极大的工作品德，他们做美国本地人不愿意做的工作，很多是机械劳动（Lydersen，2002）。很多雇主希望有更自由的移民法，然而，"9·11"后更严格的移民政策和强制性的行动，使许多移民工没有机会使身份合法化，即使是到2008年大选后。

输入劳动力是农村社区生活的特征，农村还受益于移民医生、护士，因为在农村一直缺少专门技术人员，然而，大多数到小城市的新移民教育水平低，如在德波，他们被看成是勤奋的劳动者，因此受欢迎的程度超过了美国本地的有同样教育水平的人，尽管有较少的证据说明移民对低薪职业做贡献理所当然，但在非技术工作中，受教育程度低也是薪水低的一个原因（国会预算办公室，2005）。经济好时，移民工帮助农村应付劳动力短缺的问题；而在经济不好时，移民工成了与本地工人的岗位竞争者，也反映出社区一系列复杂的社会问题。

四、机会与风险：全球经济中的农村

大多数专家认为世界经济已经发生变化，美国经济应该重组以应对这些变化，农村社区是其中的一个部分。尽管农村社区对国家的财政政策影响有限，也很少能影响世界范围内的资本市场，但农村社区能做明智的选择，这些选择需要对多样的全球经济有明确认识。这部分分析新的全球经济特征及其对农村社区的意义。

（一）全球经济的变化特征

货币浮动交换律的转变，以及20世纪70年代早期经济对

OPEC活动的回应，产生了一系列的特征，也就是现在的全球经济。据彼得·德鲁克(Peter Drucker,1986)的研究，这些特征包括：1.工业经济已逐渐从货物经济中分离出来；2.制造业已从就业中分离出来；3.资本流动已取代贸易成为经济驱动力。但彼得还没有意识到另外的特征是网上购买和电子商务改变了加工业。

　　第一个特征说明，加工业和其他经济部门似乎不能变化以回应自然资源的价格。过去，工业部门经济与原材料或自然资源经济联系在一起，现在，美国工业公司很少从美国的资源中获取原材料，也很少卖他们的产品给当地的生产商；另外，产品的材料成分作为产品价值的比例已减少，在小型计算机的案例中这是很明显的，它产生在20多年前，而且也实现了自动化。机械及其他产品一般不被看成是高技术，工业经济表明原材料经济正在发挥独立的作用。

　　世界经济变化的第二个特征是制造业已从就业中独立出来。传统的经济模式说明，当制造业生产提高，制造业的就业和薪水也会提高，如，当亨利·福特提高福特厂的薪水，工人们能买更多的车子，因而又促进了生产。扩大工业经济基础产生更多的制造业就业。

　　制造业就业与制造业的联系已经改变，从1973年到1985年，美国制造业生产提高了将近40%，但制造业就业在同期却下降了，从1970年到2000年，制造业就业掉到5%，恐怖分子袭击以后，更多的人下岗。2001年，农村制造业就业是5.5%，低于2002年。与原材料从工业中分离的经济并行的是生产和就业之间的分离，导致了劳动力依赖程度的下降和制造业生产者类型的转变。把经营搬到海外任何一个劳动力成本低的地方是最佳选择，同时要寻找各种运作方法以降低劳动力需求，另外，新的业务更依靠知识、信息，因而更少需要劳动力。给农村社区带来的挑战是：要变成知识中心；要提供吸引知识工人的环境。

生产本身更为国际化，资本密集的地方是资本便宜和丰富的地方，这些地方可能集中在劳动力成本低的国家，工人也要寻找有潜在劳动力需求的地方，不论工作是在沿得克萨斯"一步"（El Paso）边界的组装厂，还是在堪萨斯农村的肉类加工厂。尽管移民工人的流动受国家政府的严格限制，但他们还是经常迁移。自由的金融资本流动和国家对人力资本流动的限制成为当前全球经济的主要矛盾。

第三个特征说明，资本流动而不是产品和服务的流动驱动着全球经济。传统经济认为产品和服务的相对价值决定着交换率，金融交易曾经是作为贸易功能出现。现在资本市场的发展意味着大多数金融交易独立产生，这些交易决定交换率，也决定在何种情况下一个国家的产品在国际市场上有竞争力。

电子商业交易在因特网上执行，也影响贸易和加工业，越来越多的经营说明电子商务对买卖产品是一种好办法，事实上，因特网已成为大多数公司基本的经营成分，主要是买卖产品和服务。网上销售的就业只是加工业就业的17%，但税收增长明显比就业更快；网上经营也直接卖产品给消费者，或者给其他的经营公司，这两种交易类型都更有效。但检测电子商业很困难，因为销售和业务扩大都在网上进行，如，亚马逊网通常只卖书，但现在也有一个广泛的产品范围，包括DVD、CD、玩具和其他的产品。如沃尔玛或目标购物场（Target），经营活动既可以在网上进行也可以在商店，有时候，这些商店在销售方面及获得产品方面，实际上是自己在竞争，因为电子商务与更多消费者进行交易。

一个有形的公司进行经营，有多少就业层次，同样在电子商务中就有多少与网络相关的工作，对大公司而言，网络经营还需要网络顾问和设计人员以及为网上客户服务的市场经理。不用依赖交通和原材料，电子商务依赖高速的网络和有效的软件，这些软件让客户容易操作。电子商务对经济有太大的影响,因为消除了中间商,为客户降低了成本。世界经济越来越依赖电子商务,在长时间内将对商务活动有很大的影响,在全球经济中,电子商务将有更大的表现。

(二)全球经济中的农村社区

全球经济的变化对农村社区意义重大,一些农村社区已经有了明显的变化。减税和制定贸易协议使全球化对农村社区的影响更为直接,对农业产品价格带来更大的不稳定性,在农村经营时间的长短也很不确定。20世纪80年代,商品市场的瓦解和制造业的抗争说明:单一的经济活动不能提供给农村社区稳定的繁荣,城市同样也受这些变化的影响,如匹茨堡、宾西法尼亚钢铁业不景气,底特律、密西根砍掉了很多汽车制造岗位,但由于多样的经济,城市和城郊能更好地适应这些变化。很明显,农村社区需要拓宽他们的经济基础,以应对由全球经济变化产生的越来越大的不确定性。

低薪劳动力和自然资源是农村经济的传统力量,今天也没有了太大的优势,除非还有良好的自然资源和宜人的居住环境。大多数以自然资源为基础的工业,特别是农业生产将面临越来越大的国际竞争。当市场被冲击,制造业就业搬到发展中国家,获得低薪工人就成为事实,这说明了农村劳动力也被卷入了与其他国家劳动力的竞争。在波多黎各,"2001年经济恢复法案"包含了两党代表的支持,这个法案要消除大公司潜在的开采活动和砍掉就业岗位以便到其他国家,21世纪的头5年,27 000个岗位已提供给了其他国家,如中国、新加坡和马来西亚,整个蓝领岗位的下降说明了制造业已无法雇用低技术劳动力。尽管自然资源和轻工制造业可能继续对农村经济有所贡献,但这些企业的特征也必须改变才能回应全球经济的变化。

很多自然资源正在消失，已成为警钟，依赖自然资源发展经济的社区也开始强调建立监测系统以补充自然资源。例如，1991年，在马里兰州和弗吉尼亚州切萨比克（Chesapeake）海湾的牡蛎业提出了3年的禁捕。几个世纪以来牡蛎业都是马里兰海湾周边社区的食物和收入来源。牡蛎的生长地区，已减少到最初储备评估的1%还低。如果没有一个完善的禁捕令让牡蛎再繁殖，整个海湾的经济将永远转向。当水中的礁石恢复和生长，牡蛎保护仍将继续，这是一个长期的项目，计划者希望到2010年，牡蛎的数量能提高10倍。人们也开始认识到，经济活动需要维护而不是剥夺有限的资源，不论私人还是政府，都要按此规律进行选择。

自然资源的经营活动，包括食物生产，都想扩大增值或寻找有利可图的市场，例如，矿业加工的社区要增加小型的木加工厂满足现在的矿业，能使社区获得增值活动的经济利益，而且也要认识到自然资源的开采，是使地方经济多样化的一种方式。

其他社区也开始了富于想象力的地方资源利用活动，尼布内斯卡州的奥加拉拉（Ogallala），农民努力10年消除的马力筋①，现在反过来利用它，把豆荚与主茎分开，抽取里面的纤维，用来填充枕头、被子和其他的家用产品。这些产品进入市场，在网上销售，被洗浴业和亚麻布业看成是高级的东西，因为它不容易过敏。标准奥加拉拉枕头在网上卖140美元一个，被子至少500美元一个，这些东西有很大的目标客户，因为很多消费者是易过敏的人。

地方经济计划产生在新的背景下：全球经济持续变化，世界变

---

① 马力筋，别称金凤花、尖尾凤、莲生桂子花，生长快速，一年或多年生草本，高约1公尺，茎节明显，全株含乳汁，有毒，骨突果，种子成熟就随风飘起，是典型的蜜源植物。

得更小，人们是全球的公民，国家与全球经济的循环走势也对那些最小、最遥远的农村社区的稳定与发展产生影响；同时，改善的交通和通信也提高了城乡的联系，促进了区域和国家的经济统一，如果地方要获得成功，必须加强地方商业的国际竞争地位，利用就业、市场、旅游和地方合作的各种新机会。

五、打击还是参与

美国农村的未来可能要依赖三个"A"，农业与能源（Agriculture and energy）、宜人的社区（Amenities）和友好的社区（Amistades）。前两者基于自然和社会资本，第三个则与人力和文化资本有关，以及怎么处理对政治资本的大量依赖、社会组织怎样最能成功地调动它。

（一）农业与能源政策

农村怎样回应全球气候变暖的威胁，对再生燃料的需求以及怎样加强食物系统都是农村未来发展的中心。尽管农业生产和自然资源利用只使用了全美劳动力的1%多一点，非大城市劳动力的5%，但他们的劳动涉及大量的土地利用，在这个广大的区域内，即是人们叫的"美国农村"，或受限制，或得到机会。不幸的是，在短暂的时间里，所做的很多选择都受到打击。近年来，商品价格中的突然增长作为酒精生产繁荣的结果把很多工厂与20世纪70年代后期的情况联系在一起，在当时，它引发了80年代的土地危机：高商品价格摧毁了能源经济的转变，土地价格由于高的商品价格而被竞价，联邦政府因过分减税、长时间驻军国外、提高能源成本及提高农业商品价格而导致了债务增加（USDA/NASS，2007）。

还有大量不同的因素：在美国和海外适度的通货膨胀压力，非常低的美国农民债务，广泛分散的国际经济力量，欧洲联盟作为扩大的经济实体和政治集团对美国的制衡，都是值得注意的，还有那些崛起的国家如巴西、印度和中国。美国未来国家政策有两个带有全球性的回应：农业政策和能源政策。政策的多样性在两个领域都是重要的。农业政策应该及早起草，以便使5种基本商品（稻谷、棉花、玉米、小麦和大豆）的生产者有安全保障；要鼓励水果、蔬菜及地方有机农业的持续发展；多样性生产和更多的食品消费要在地方上得以提高；生态食物生产在农业和社区的水平上要更有弹性，产生更小的温室效应（GHG）、更少的湖水和溪流污染、改善土质。同样地，能源政策首先要强调保护，然后是替代能源（风能和太阳能），而不是种植更多的玉米制造能源。据最乐观的计算，要把所有的玉米都用来转化成酒精，玉米酒精在生产中还要用75%还多的矿油来转化成可用汽油，而这些汽油只是美国现在使用汽油的6%。在墨西哥湾低氧地带项目推广中（Brasher，2007），我们已经看到扩大大豆及其他农作物的同时，再扩大玉米生产对环境的影响（种玉米比种大豆需要更多的氮肥，要固氮，中西部和南部的很多农民就要转向玉米轮种而不是交织种玉米和大豆）。要强调关注野生动物聚居区的下降、湖水和溪水污染，能够从保护研究计划中拿出的土地量是否能为酒精生产持续地种玉米。因此，沿密西西比河下游，为了玉米出口，美国要进口氮肥以及来自中东的石油。在密西西比河上游也有很多玉米种植。因此，大量的氮回流到河中，最后进入墨西哥海湾。

（二）宜人的社区与服务

工业农业与农村宜人的环境可能共存，但不容易解决。限制畜牧业生产与宜人环境的农村发展之间的不协调最突出，关于农民和城里人（住在小城镇）之间的冲突，爱荷华农业推广专家报道过：他们的日常事务和工作中最大的问题是城乡问题，很多冲突围绕牲畜养殖限制。莫切克与同事对爱荷华州的几个郡和周边几个州的研究说明，尽管牲畜销售增长对郡提高收入有积极的影响，但对户外娱乐活动和宜人的环境则有超过5倍还多的影响。因为猪粪的气味使宜人的居住环境和集中动物饲养（CAFOs）之间，不可能像面额与下巴一样共存。现在CAFOs还忽略了地表水的质量问题(Flora et al, 2007)。

农村社区如果要与全球经济互动，就必定进入数字经济：电子商务、电信交流、电子诊病、远程教育、移动电话及其他还在被创新的数字技术。或者说如果农村要把握它们自己在全球经济中的命运，商业化是一个必需的过程，对很多遥远的地区而言，电话线和电信服务的实际阻碍很明显，然而农民和商业农业已在因特网上使农产品进入市场，肥料、化学制剂、种子、生产、设备和牲畜信息都在网上做广告和销售（Stair, 2000），中端交易安排货运、付账而不需要人工联系，这是一种正在发展的跨国商业活动，不参与电子商务的农村经营就会有被淘汰的危险。专家们看到了农村经营跟上全球经济的需要，然而人际交流和建立社会资本还是农村商业活动的主要成分，电子商务与人际联系要同时发挥作用。

在现行的政策体制下，在农村社区，电子商务是一把双刃剑。自1998年以来，在《因特网免税法案》下，农村社区获得税收方面的保护，2001年《因特网非歧视性税收法案》扩展了税收的延期偿付。通过网络销售的货物更多，地方社区受到的影响更多，小商店业主不希望电子零售商人在社区投资，尽管他们使用社区的基础设施"在地方社区经商获得了利益"（Glick & Grossfield, 2001）。但大多数专家认为因特网将成为所有商业的基本要素，如果农村经营活动要在全球经济中竞争，必须紧密联系网络。

很多社会学家更关心的是发展与公平之间的联系。全球经济转变能让人们更加公平吗？社会学家看到投资和贸易对生活质量指数的影响：营养、健康服务、心理和教育。借用网络弥补教育和健康关爱方面的差距，是消除边远地区一些消极影响的方法，弥补成人学习差距的远程教育可以在农村社区应用，先进的电子诊病技术让农村医生与专家进行电子会诊。一系列先进的技术说明，发展是为了提高世界的联系，而不是提高不平等，使不平等性增大，特别要把发展植根于政策框架中，而这个框架关注公平获得。

（三）友好型社区

增加农村社区的文化多样性应该被看成是一种资产或是一种义务。

表9.1对照美国非城市地区的本国居民和移民，两类居民的特征非常显著。

表9.1 选择的非城市居民指数，2002年至2003年

特 征	拉丁美洲居民	非拉丁美洲的白人人口
国外出生的百分比（2003）	34	2
平均年龄	27.7	37.8
18岁以下的人口百分比（2000）	37	23
65岁及以上的人口百分（2000）	6	18
男性/女性比例（2000）	1.09	0.96
家庭平均人数（2003）	4.1	3.1
家庭孩子平均数（2003）	1.8	1.0
社会经济的包容与同化		
英语"很好"的百分比（2003）	73	99
成为公民的百分比（2003）	75	99
教育程度（年龄25岁以上）		
有高中文凭的百分比（2003）	53	86
有大学文凭的百分比（2003）	6	17

资料来源：Compiled by Economic Research Service using the 2002,2003, and 2004 Current Population Survey, March Supplement. U.S. Departmrnt of Agriculture, Economic Research Service, 2005. "Rural Hispanics at a Glance." Economic Information Bulletin 8(December): 4. Online; available: www.ers.usda.gov/publications/EIB8/eib8.pdf; accessed August 2, 2007.

首先，移民更年轻，工作适龄的比例更高，家庭中平均有1个以上的孩子。其他明显的区别是教育水平，农村社区和州一定要投入适当的教育资源给移民的孩子及成人，确保他们与美国本国人一样富有成效。

来自墨西哥和中美洲的移民给整个国家提出了一个两难选择。一方面，他们在农村的贡献很大，移民在农村社区生儿育女，参加美国本地人不愿意干的工作，也给一些入学率低的学校带来了新活力，修缮旧房子，成为新业主，开始新的事业，充盈地方的税收；但同时，他们也给学校提出了挑战，因为英语能力有限的学生在扩大，对医院来说，由于缺乏医疗保险，他们使用急症室的比例很高；对厨房和餐具洗液来说，因为收入低和从事季节性的工作，对此的卫生不能保障。如果移民成为合法的居民，他们可能会对社会福利提出具体的要求（没有合法文件的移民在美国居住不到5年，因而没有资格获得更多的公共社会服务）。另外，无正式文件的工人要付社会保险费但却不能申请扣税；从事低薪工作，也不能申请收入税减免，一方面他们不知道这是什么，另一方面他们没有返税纪录，因而他们一直在为联邦政府和州财库赋税。

由于自己国家的大小、财富、大众传媒制度、领导者的沙文主义等，某个社会较少关注其他人的文化，要得到机会认识另一种文化是不可思议的事情。

农村社区如何评价新移民决定了那些社区是否利用活跃的劳动力,新的经济冒险使社区得以繁荣,还是花大量的社会和政治资本驱逐几百万人返回他们的国家,引发冲突。

本章摘要

农村社区受到全球经济重组的影响,历史来看,农村靠自然资源一直与国际市场联系着,出口自然资源或进口劳动力。联系的特征在最近几十年来已发生急剧的变化,电子商务对全球联系带来巨大的影响。

从二战以来,国家经济已逐渐统一进全球经济中,从固定交换率转成浮动交换率降低了国际货币的控制,资本很容易从一个国家到另一个国家。20世纪70年代早期,OPEC限制汽油生产导致了商品生产的增长,让更多的竞争卷入国际市场,控制通货膨胀和刺激美国经济所采取的步骤最终导致了全球的经济衰退。现在各国经济以数字式和具体形式彼此联系。2001年"9·11"后,由于限制国际旅游,在国家之间限制了一些现金和文化的流动。

向全球经济转变的标志性事件影响着农村,80年代的土地危机引发了一系列相同的事件,OPEC限制石油生产造成的商品生产扩大,鼓励土地出租,后来控制通货膨胀和刺激地方经济让那些租地者不能扩大农业生产,赔偿债务。相似的情况鼓励制造业把工厂搬到农村、搬到国外,进口劳动力成为美国农村社区生活的特征。

大多数专家认为,世界经济已经改变,美国的经济要重组以回应这些变化,全球经济新的特征是:1. 工业经济更少依赖以自然资源为基础的经济;2. 制造业的生产更少地依赖劳动力;3. 资本流动在世界经济中成为驱动力量;4. 世界知识交流的快速发展和电子商务的发展实际上已把生产和市场要素分隔开,而在20世纪

90年代之前，这种分割是不可能的。在经济环境的变化中，农村社区需要经济多样化，必须创造有利可图的地方市场，或找到新方法利用现有资源，需要开发区域的、国家的、国际的联系以帮助地方商业竞争。在这个过程中，电子商务和寻找目标客户是一个重要的步骤。

关键词

商品。是在市场上买卖的自然资源或加工产品。

贬值。相对其他国家的货币来说，某种货币的价值下降。当交换率改变，即购买同样单位的货币需要更多的黄金，就出现了货币贬值；如需要用比以前更多的货币去买其他货币，贬值也会出现。

电子商务。通过因特网进行商业买卖。

交换率。用某种货币购买另一种货币。交换率由于商业的原因有所变化。银行、信用卡公司及其他交换率信息提供者会因联邦储备银行提供的利率而不同。当交换率高，进口就便宜，国家的出口在世界市场上不具竞争力；交换率低，进口变贵，在世界市场上销售产品则更容易。当货币在价值方面发生变化时，尽管政府经常会通过买卖自己的货币加以干预，但交换率越来越受市场供需机制决定。

固定交换率。用某种货币确定一个固定的标准，与其他货币进行交换。1944年的布雷顿协议确定了美元对黄金的价值。

浮动交换率。使某种货币值相对另一种货币值而有所变化，从而应对各种货币利用的需求。

新自由主义政策。从政府规则中释放私有企业，通过资本、产品和服务的自由流动，使国际贸易和投资受益；弱化劳动力组织；削减公共社会服务花费，如教育、健康关爱、穷人福利等；放松对银行和公司的管制；使以前由政府提供的服务私有化，如监狱、社会保险和福利体系；关注个人的责任而不是公共产品。强势金融机构，如国际货币基金会、世界银行、美国网络发展银行以及美国政府，还要补充政策作为获得国际金融支持的条件。

衰退。总体的经济活动放缓，因为有很多对经济活动以及形成放缓的检测，所以也有很多说明形成衰退的东西。国家经济研究处，一个非营利组织，使用开始时间和下滑结束的时间，把衰退定义为"一个时期内的产出和就业下降"。

次贷。贷款给一些信誉记录不好的借方。但因为贷款是贷方承担风险，利率会更高，借方更难还清。

参考文献

Adame, Vicki. 2002. "Immigration Anxieties: Changes in Immigration Law Meet with Concern as Well as Understanding" (September 11) Tri-City Herald: Columbia, Washington.

Associated Press. 2002. "Cheaper Labor Moves Rocky Shoes Production to Puerto Rico." Cincinnati Enquirer,April29. Also online; available: http://enquirer.com/editions/2002/04/29/fin_cheaper_labor_moves.html; accessed September 1, 2007.

Brasher, Philip. 2007. "Report Says Ethanol May Fuel Dead Zone." Des Moines Register, July 1.

Congressional Budget Ofice. 2005. The Role of Immigrations in the U.S. labor Market. Online; available: www.cbo.gov/ftpdocs/68xx/doc6853/11-10-Immigration.pdf; accessed September 1, 2007.

Drucker, Peter. 1986. "The Changed World Economy." Foreign Affairs 64: 768-791.

Flora, J., Q. Chen, S. Bastian, and R. Hartmann. 2007. Hog CAFOs and Sustainability: Local Development and Water Quality in Iowa. Iowa Policy

Project: Mount Vernon, Iowa.

Glick, Gary, and Scoot Grossfield. 2001. "Who's Pluging the E-Sales Tax Leak?" Online; available: www.ccnlaw.com/Articles/sales_tax.html; accessed December 5, 2002.

Henderson, Jason R. 2002. "Will the Rural Economy Rebound with the Rest of the nation?" The Main Street Economist. Kansas City, Mo.: Center for the Study of Rural America.

Jones, Carol A., William Kandel, and Timothy Parker. 2007. "Pouplation Dynamics Are Changing the Profile of the Rural Areas." Amber Waves 5:30–35.

Kowalczyk, Nick. 2001. Part 1: "Rocky Shoes and Boots: A historical Profile"; Part 2: "Shoemaker Fulfills Dream, Revitalizes Company"; Part 3: "Rocky Boots Historical Profile."; and Part 4: "Rocky boots Historical Profile." Post, Ohio University, Athens, Ohio, January 30, 31, and February 1, 2. Also online; available: http://thepost.baker.ohiou.edu/archives3/jan01/013101/today.html; accessed September 1, 2007.

Luft, Gal, and Edward Morse. 2006. "Is Oil Indpendence Attainable and Desirable?" Policy Watch no. 1085: Special Forum Report, March 16. Also online; available: www.washingtoninstitute.org/templateC05.php?CID=2450; accessed August 4, 2007.

Lydersen, Kari. 2002. "On the Farm, an Immigrant's Work is Never Done." Alternet.org, October 7. Online; available: www.alternet.org/story.html?StoryID=14240; accessed September 1, 2007.

Migration Policy Institute. 2007. "Percent Foreign Born by State, 1900, 2000,and 2005." Online; available: www.migrationinformation.org/DataTools/MigrationinformationSource-ACS-2005-PercentForeignBorn.xls; accessed September 1, 2007.

Monchuk, Daniel C., John A. Miranowski, Dermot J. Hayes, and Bruce Babcock. 2005. "An Analysis of Regional Economic Growth in the

U.S.Midwest." Working Paper 05-WP392, April.

Online; available: www.card.iastate.edu/publications/synopsis.aspx?id=586; accessed August 4, 2007.

Ohio University Telecommunications Center. 2002. Rural Communities Legacy and Change: Think Globally. Part six of a twelve-part video series, directed by Keith Newman and Gary Mills. Annenberg/CPBCollection, fifty-eight minutes(includes an approximately twenty-minute segment on the William Brooks Shoe Company).

Passel, Jeffrey S. 2006. "Size and Characteristics of the Unauthorized Migrant Population in the U.S.: Estimates Based on the March 2005 Current Population Survey." Research Report, Washingtonm, D.C.: Pew Hispanic Center, March. Online; available: http://pewhispanic.org/files/reports/61.pdf; accessed August 3, 2007.

Staihr, Brian. 2002. "Rural America's Stake in the Digital Economy." The Main Street Economist. Kansas City, Mo,:Center for the Study of Rural America.

U.S. Department of Commerce. 1986. Statistical Abstract of the United States. Washington, D.C.: Bureau of the Census.

U.S. Department of Labor. 2006. "Textile, Apparel, and Furnishings Occupations." Occupational Outlookj Handbook. Washington, D.C.: Bureau of Labor Statistics. Also online; available: www.bls.gov/oco/ocos233.htm#emply; accessed August 4, 2007.

World Trade Organization(WTO), Offical Ministerial

Website, www.wto.org/english/thewto_e/thewto_e.htm; accessed September.

第十章　美国农村消费

　　下午大约6点是苏珊一家的晚餐时间。他们住在农村社区，距大城市60英里。苏珊在当地加工厂制作汽车空调的小金属部件，早上7点上班，下午4点半下班。她的丈夫丹也刚好回家，他在当地的汽车经销处做技工。他们有3个孩子，最小的孩子吉尔，6岁，会说希腊语。此时他们围坐在塑料贴面的餐桌周围。桌上，有一大盘色拉，蔬菜用装饰着花边的包装袋盖着，里面还有油煎小面包。晚餐的谈话热烈开始了。

　　13岁的埃里克想要一双新的运动鞋，他说要出去参加中学篮球赛，需要一双名牌的球鞋，这种鞋是以一名职业篮球明星命名的。丹说要花一大笔钱，不一定比只花一半钱的鞋好，另外，孩子还在长，到春天就不能再穿了。埃里克明显受到打击，开始历数这种鞋的特点，并说其他人都已经买了这种鞋。

　　苏珊介入了谈话，她说埃里克想要的这种鞋要花她工作20个钟头的薪水。她建议，如果埃里克用他为邻居干临时工作所得的报酬付一部分（他为邻居做伴郎），那么家里为他付另一部分。埃里克很快算出差额，并估计这双鞋要花他8个星期的工作酬劳。成交了。

　　丹很奇怪儿子去哪里买这种帆布运动鞋，因为当地的商人没有人会卖这种昂贵的鞋子。埃里克笑说他能从因特网上得到，如果父母让他用他们的信用卡，可以在公共图书馆检索因特网。他知道父母的信用卡只是为了紧急事项，但他希望给他用一次。父母不同意，

第十章 美国农村消费

说他们不能用信用卡为那双正在长大的脚买鞋。埃里克提到,城市的商业中心也有卖,但要走1个钟头的车程。苏珊问他怎么到那里,谁带他去,短暂沉默后,埃里克说全家下次到那里旅行时再买,他能等。他们全家大约每4个星期去城里一次,苏珊看着丹点了头。

从微波炉传来响声,主食好了。苏珊站起来拿出一个大的装着火鸡和卤汁的食品袋,冰冻豆子也放到了桌上。然后她从锅里把煮好的饭舀进碗里,全家人开始吃饭。饭后,她把碗放进水槽中洗,水来自他们自己打的井。

埃里克想要新鞋子似乎已得到妥善解决,10岁的杰克又提出想要新的Video游戏盘。上次他们到城里的商业中心时看到的,Jake说这是一种最新的互动游戏。丹猛地回头瞪着他,"我们刚在圣诞节给你买了一个游戏盘",杰克叹着气,眨着眼睛。他的父母并不明白新游戏更替有多快。"我会一直用它,它确实有趣,我在朋友的家里玩过。"丹问要多少钱,杰克告诉他200多美元,苏珊插话道:"我们不要再谈论它了"。丹摇着头,不相信这个价。苏珊关心的是杰克这样年龄的孩子已有过重的学习负担,花在游戏上的时间更多,参加户外活动更少。

洗完盘子后,杰克把一天的垃圾扔到垃圾桶里,然后把垃圾桶拿到路边,星期三早上将被收走。两包要丢的袋子装满铝片、报纸、罐头瓶和塑料瓶。没有为循环垃圾处理进行分类,因为2000人的城市没有循环处理计划,垃圾被扔在约5英里外的垃圾填埋场。

以上情景距100年前有太大的区别。1900年早期,大多数北美和西欧的消费者既要自己种吃的东西,又要购买原材料。家庭主妇在烧木头的炉子上煮饭,没有室内管道、没有冰箱、没有电,几个世纪以来保存食物的传统办法是晒干、盐腌、熏烤或储存在地窖中,家庭收入的50%要用于吃饭,同样比例的家庭劳动力也只需要简单的饮食。另外，饮食普遍不健康，因有过多的盐和脂肪，缺乏新鲜水果和蔬菜（Cotterill，2001）。

随着产品和服务被提供，购买和消费也发生了急剧的变化。大多数人不一定与他们消费的产品有联系，甚至大多数农民都不直接消费他们生产的东西。美国人能够维持更健康的饮食是因为只用了可支配收入的很小比例。曾经在家里制作的东西现在到处可以买到，如：面包、衣服、皮肤保健、修理指甲等。我们在有窗子的大楼里工作，却不打开窗子，在个人电脑上处理大量信息，察看天气卫星图片信息只需几分钟。大多数人开车，车内有高质量的视听设备、录像带、电视和小巧的硬盘播录放设备、网络音乐。中西部农村的祖辈们从田纳西的孙辈那收到照片和录像带，我们现在的消费习惯在几年前都是不敢想象的。

消费有很多方面：生产投入、生活需要、休闲爱好、确认个人身份等。像苏珊一家，消费从投入开始，在垃圾填埋场结束，两者对农村社区都有重要的影响。本章探讨农村居民消费模式的各个层面，在农村，那些模式为什么已发生变化。

一、消费为什么重要

1899年，社会学家素斯坦·凡勃伦（Thorstein Veblen）创造了"挥霍消费"一词。凡勃伦用这个词来形容中上层阶级，他们要通过消费，而不是通过生产或产品本身的特征来获得身份和地位。在他用这个词的年代，这类消费还相当少，富人总是比穷人消费多，但在圈子里，他们仍然不想使自己的财富让别人看到，害怕民众面对巨大的不公平而引发暴乱。21世纪的一些农村，特别在东北和中西部农村，富人还是掩藏他们的财富，开普通轿车、穿一般衣服、戴一般珠宝。

第十章 美国农村消费

过去，很容易区别农村居民和城市居民。特别住在农庄的那些人，他们穿着工作服，吃自己生产和加工的食物，城里人则在商店里买食物和衣服，城里人是消费者，农村人是生产者。但进入 21 世纪，城乡居民的消费模式不再容易区分，尽管农村居民穿戴还保守，但对尝试新东西有了很强的好奇心。

把国民带进消费的种子早在 1800 年后期已经种下。随着邮购公司如西尔斯公司、雄獐公司、蒙哥马利公司的发展，1896 年，国会授权农村免费投递（RFD），更大地支持了邮购公司的发展。那之前，人们需要走到邮局分拣自己的邮件，而不是把它投递到居民的邮箱中。在美国农业保护者协会和其他农业组织的说服下，国会通过了 RFD，目标是小城镇中有固定商店经营的地方。1902 年，它成为官方的服务，1913 年，随着农村包裹服务的引入，这一服务被扩大了。一个世纪以后，同样的变化产生了，沃尔玛使用自动控制和中央货物清单、衔接式的投递和对供货商的支配，这一切正严重威胁着小城镇的商人。

在哪里消费、消费什么？为什么消费一定类型的产品和服务构成了我们的生活质量，消费也影响着自然环境及与其他人的关系？

像其他发达国家一样，美国和加拿大的多数人消费比从前要多的东西。二战后的经济扩张和收入提高，意味着越来越多的美国人有钱买各种各样的东西。增长的要求意味着扩大生产，更多的公司进入市场，用比价格更多的东西从其他制造商那里找到自己的差距。关于模式 A，即亨利·福特的名言：如果车子是黑的，消费者就想要其他颜色。但这已经是过去的事了。到 2001 年，汽车消费者的选择可以从内燃机引擎到与那些引擎有关的混合车，从充电电池到大功率的电马达。颜色、款式及动力成为产品区别的方法。1950 年，商业电视的发展，使制造商形成，但还是不能满足消费者的口味，通过瞄准特定的人群和提高产品差异,有线电视提高了人们的口味。在所消费的东西上,形成个人或集体基本的认同倾向。网络不仅扩大了瞄准的范围,还更进一步区分了消费群体。

消费模式也随着劳动力的转变而改变。二战后,妇女大量进入劳动力市场,现成的冰冻食物更容易、更方便。到20世纪末期,袋装沙拉、择好的蔬菜及做好的炒肉、烤肉等也出现在农村市场的货架上;三明治、比萨、热狗在每一个方便店都能买到,农村也一样,曾经用于做食物的时间已用来做其他的工作或消遣。熟食店和快餐店越来越普遍,上班的人带一个大号的汉堡而不再是一个午餐盒。但是越来越不平等的收入意味着很多农村人要仔细选择他们的消费,要在养护汽车以便外出工作和支付电费之间作艰难的选择。比起做食物来说,买快餐食品更容易,但它并不经济合算,每个月花在汉堡上的钱加起来,显然减少了支付家庭账单所需要的钱。

贾尼斯,45岁,和丈夫及16岁的女儿住在肯塔基州一个偏远的小村中,贾尼斯照看邻居的孩子,每个孩子1个钟头1美元,这是邻居所能支付的。她的丈夫在环卫部门工作,1个小时赚6.10美元,还可以得到一些额外收入,但他们还不够资格获得福利,他们要为生存而奋斗。每个月的账单都让贾尼斯发愁,经常要在支付电费还是买百货之间选择。他们的家庭消费也很少,基本的需求还不能完全被满足。

上个世纪头25年,生产和分配的新方法提高了能够消费的产品量,使用计算机操作机器、管理账目、安排交通,生产被批量生产替代,全球经济使得在马来西亚生产的衣服,在同一时间里,全美都可以买到,而且是美国制造,价格也更便宜。

这些变化对农村和城市的消费模式有直接的影响。能用更少的钱买更多的消费品,同时提高了家庭财产的积累,如私房和高等教育，基于整个家庭收入情况的消费也在急剧提高。尽管大量的经济和社会力量对这些变化有所贡献，但有四种现象对农村消费模式有明显的影响，这些是全国性的倾向，但对农村社区和城市社区的影响不同。

1. 零售及服务业联盟；
2. 劳动力结构改变；
3. 目标市场与分割市场；
4. 越来越大的收入不平等。

二、联盟

商业为什么要联盟？服务为什么要变成区域性的而不再是地方性的？解释是"中心地方理论"，它提出人口中心，不管是小的交叉社区还是大城市，在地理上都被组成有等级的零售和服务市场；另外根据这一理论，一定的地方影响着劳动的划分，如：大城市拥有更大消费和服务的经济多样性，小地方则提供更少的产品和服务，因此，有一个构建市场的体制。由于大公司只在中心城镇和城市提供服务，中心地方理论没有想到为那些小的、偏远社区提供服务。

当提高服务成为昂贵的技术时，联盟及中心就会产生，如在健康关爱方面的案例。部分是由于经济规模，少数公司以低价控制着大量的产品，或者提供全国统一产品的竞争优势，又能与国家的广告宣传一致，如快餐连锁店。而技术的变化，如账单自动控制系统，也使大公司受益，最终，通过那些腰包鼓鼓的大公司，从规模效益中得到的权力给了州和联邦行政管理以及立法分支机构，让他们制定的政策总是使大公司受惠。

过去40年，较之城镇商业，损失更多的是农村经济的特征，苏珊全家到中心城市的商城购物就是农村家庭消费模式变化的典型案例。这里探讨农村商业联盟,解释产生联盟的因素及联盟对农村社会的影响。

铁路推动了全国的发展,也推动了邮购的发展,让消费者可以绕过当地的商人,因为那些商人既不能提供大量的产品,也不像邮购公司能得到批发折扣,直到今天也是这样。农村商业,大多数是零售贸易,难于提供大的中心市场如城市商业中心、网络购物那样的产品种类,这就意味着地方商人经营的损失以及地方政府收入的降低。

通过社区,商业和社会服务产生了联盟。大多数地方拥有的商店消失,或被大的零售连锁店收购,或关闭经销店,或搬到郊区的商业中心,使城镇的商业大楼空闲;地方银行也成为区域联合银行的成员,被大的区域银行接手管理。因而在不同的时间,以不同方式,地方商业及服务必须联盟。

一些小的商店也被国家范围的连锁店所取代,如夫妻店被转让,变成了全国连锁店,特别是那些五金店和汽车配件店;家庭公司也被取代,如西方汽车公司等。一些受损失的店正在与沃尔玛及目标购物场之类的大公司战斗,这些全国性的公司已合并了五金器具店和汽车配件店,把它们变成了商品推销点。在百货业上,地方百货店及市场先被区域连锁店替代,接着又被国家或国际范围的连锁店买下,如位于堪萨斯州威奇托(Wichita)的迪朗斯(Dillons)店,购买了当地的小超市。后来,克罗格(Kroger,一家全国连锁店)又购买了迪朗斯店,现在,克罗格和其他的连锁超市正在抗击沃尔玛,沃尔玛曾经进入百货业,使用账单控制系统,在纺织品上使用委托销售战略,使它在全国百货销售方面的份额快速提高。

转让的便宜店和加油站也占据了重要的销售市场,它们的比较优势是方便而不是价格,因此选择地点更重要。因为规模经济不是它们的推进剂，在直接管理个别市场方面，母公司不占优势。

在农村，由于全国范围的公司进入，经常以区域贸易中心为特征，零售业的转变以下降的销售量和服务业为特征。比较爱荷华州受沃尔玛影响的社区及不受沃尔玛影响的同等规模的社区，就可以说明这种情况。肯尼思石（Kenneth Stone, 1995）发现，从整个州来看，在人口至少3000，有10种小型贸易中心的地方，沃尔玛的进入能导致零售业的大幅提高；然而，在1992年，较之没有沃尔玛的社区，有沃尔玛贸易中心半径20英里内的农村城镇，零售业大幅下降。沃尔玛进入区域中心，降低了周边小城镇的零售业。

10.1 美国农村的沃尔玛——谁赢，谁输？

1962年，沃尔玛的第一家店开张，从此对小城镇发生了巨大的影响。每开一间新的沃尔玛店，就会引起各种反应：因商业损失而反对的，因就业机会而激动的。很多组织通过请愿和利用城市规则抗击沃尔玛在他们的城镇附近开张，这使沃尔玛不能进入周边地区。然而，对沃尔玛的问题有相当多的认识。因为它提供更多低价产品，小城镇的很多商店不得不关门，但沃尔玛也提供就业机会，人们需要它。在路易斯安纳州的唐纳森维尔（Donaldsonville），密西西比河边的一个小城镇，当沃尔玛要进入这个城镇时，引起了很大的争议。城中拥有小买卖的人感到沃尔玛会剥夺他们的买卖，听说一家分店将在城外开张，他们很恐慌。一些商店还没看到他们的买卖是否被影响就关了门，他们的理论是"离开就会得到好处"（Ortega, 1998）。其他的小买卖最后也以关门而告终。然而，争论的另一方是贫穷的黑人领袖，他们把沃尔玛看成是一种就业机会，还可以得到便宜的产品，他们的理由是：富裕的白人害怕诚实竞争。几场争辩后，最终因州理事会同意，沃尔玛开了一家占地45 000平方英尺的商店。

沃尔玛为所有人带来了什么，沃尔玛是世界上最大的商业零售公司。2005年，它的总收入是2 850亿美元，为美国GDP贡献了2%还多。

雇佣全美 120 万工人，有 3600 个分店，并不断向海外扩张。沃尔玛搅起波浪，因为它支付的薪水过低、鼓励它的雇员去争福利、促进了美国制造业下降、挤兑供货商直到他们哭着喊"舅舅"等，沃尔玛受到明显指责。《商业周刊》报道：2001 年，雇员平均薪水是每小时 8.23 美元，全职人员一年获得的薪水是 13 861 美元，比当时 3 口之家的贫困线还低（Goez & Swaminathan, 2004）。对这个巨型公司，我们真正知道些什么，在阿肯萨斯州的本顿（Benton）郡农村，沃尔玛使用了一个决定性的农村战略，使它成为遍布农村和城市的巨头。

沃尔玛进入一个郡怎样影响当地的就业和收入？对这些直接提问的答案比较复杂。部分原因是必须区分出没有沃尔玛时的就业和收入情况，以及沃尔玛所带来的影响。1962 年，沃尔玛在本顿郡开张。诺伊马克及同事通过计算该郡沃尔玛没开张时的零售就业率（2007）发现，沃尔玛就业预期增长率从根本上受到影响。就业预期增长率主要根据沃尔玛到来前 4 年间零售就业的增长，减去沃尔玛来后零售就业的增长。如果不考虑沃尔玛设店的内在影响，沃尔玛的到来与就业增长之间就有积极的影响，一家沃尔玛大约提供 45 个岗位。然而，因沃尔玛分店的到来，总的零售就业的变化，大约有 147 个岗位要被减去。这并不让人吃惊，因为部分原因是沃尔玛能打败夫妻店的竞争，吞并一些大商店。2007 年，诺伊马克等评估，由于自动控制、中央货物清单、适时投递、分店位置的选择缩小了商店与配送中心的距离，加上每平方英尺空间有大的销售量和在农村便宜的土地，实际上，每一个沃尔玛店的雇员取代了零售业内的 1.4 名雇员。

与工资额度有关，尽管这个郡的零售工资额增加到 28 200 万美元，每年的零售是 122 万美元，比它没进入之前少。换句话说，在那些没有沃尔玛的郡，零售工资额能提高 150 万美元以上。这种情况部分是由于就业的低增长，也可能受沃尔玛工资减少的影响。其他的影响正如戈茨和斯瓦米纳坦（Goez & Swaminathan, 2004）指出：财富转给了沃尔玛的股东，特别是给了沃尔顿家，他家极少住在有沃尔玛的社区，但他们取代了社区中家庭经营的商店。

诺伊马克等（2007）关于沃尔玛在收入方面的影响什么也没说，因为他们使用的资料来源——郡商业模式，没有区分临时和全职工作，也没有说明每个工人年平均工资是13 700美元，而一般商品零售店，包括沃尔玛、大的商店及经销店，平均每年的工资额比整个零售部门还低600美元，这说明沃尔玛及其他大商店有使用临时工的高超艺术——付更低的薪水，不付其他方面的福利。

戈茨和斯瓦米纳坦（2004）用不同的方法确定在90年代的整个10年间，已有的沃尔玛和新的沃尔玛是否对贫困增加或贫困减少有影响。在贫困率上，两者都有相应的增长，估计每一个新的沃尔玛店会缓慢地降低贫困率到0.2%，刚开始，沃尔玛缓慢地降低贫困率到0.1%（90年代后期，上扬的经济对实际降低贫困率有贡献），控制了地方因素后，又拉出了一些其他的因素：教育水平、自主就业水平、社会资本和其他变量，他们得出结论：沃尔玛与贫困率扩大之间的联系源于那些在独立零售公司工作过的前雇员，相对于过去，他们现在没有工作机会，甚至在一些增长的地方经济中，他们也没有工作机会。从地方来看，沃尔玛没有在地方买什么，比起过去的零售公司，经济的多样性更少，由于沃尔玛付给雇员的薪水少，雇员就极少在本地消费。这也说明，地方商业正在弱化的社区，也会降低社会资本和弱化私有企业主，然后会缓慢地引起就业上升，但比沃尔玛没进入前还缓慢。

分析沃尔玛在农村扩张的影响，第三种方法是评估贸易中心的增长和内陆郡之间分配的影响。很多研究不在国家层面上，而是关注一个州买卖的关闭和零售业，没有看到就业和收入。沃尔玛位于郡与郡连接的地方，比起在遥远地方的沃尔玛来看，地方更容易快速丧失零售业，在自主的郡或贸易中心，总体零售业是增长的，生活及家用物品的销售会提高，他们不与沃尔玛竞争，从邻近的城镇和郡吸引消费者；另一方面，百货和建筑材料、服装和药品的销售下降，是因为他们要直接与沃尔玛竞争。

最后的问题是消费者的利益是否来自沃尔玛更低的商品价格中？怎样来的？如果它补偿了消极的影响，沃尔玛店就没有就业和工资额。

整个20年期间，沃尔玛前后进入165个城市，巴斯克(Basker, 2005)比较了10种商品的价格得出结论：通常在药店中卖的东西，如牙膏、清洁液、香波、阿司匹林等，沃尔玛进入带来的就是降价，周转快的降价1.5%～3%，周转慢的降价6%～12%，这样，烟、软饮料及需求量小的东西就减少了。使沃尔玛降价的因素还包括90年代早期积极转向从发展中国家购买产品，特别从中国，比起美国，中国的薪水相当低。共同的看法是把企业搬到低薪国家可以抑制美国的通货膨胀，但同时也会持续削弱美国的企业就业，特别是比零售就业薪水更高的其他工作。

怎样评估沃尔玛的整体影响和成本呢？生活在贫困边缘的家庭，如果有一个人在沃尔玛工作，而不是在地方商店工作，如果他们也能买沃尔玛便宜的产品，这个家庭会富裕起来吗？当沃尔玛进入，什么影响了地方领导者和公众参与？

资料来源：

Artz, Georgeanne M., and James C. McConnon Jr. 2001. "The Impact of Walmart on Host Towns and Surrounding Communities in Maine." Working paper, Office of Social and Economic Trend Analysis, Iowa State University. Online; available: www.seta.iastate.edu/retail/publications/artz_narea_paper.pdf; accessed September 7, 2005.

Basker, Emek. 2005. "Selling a Cheaper Mousetrap: Wal-Mart's Effect on Retail Prices." Journal of Urban Economics 58, no. 2 : 203–229.Online; available:http://ssrn.com/abstract=484903; accessed July 19, 2007.

Goetz, Stephan J., and Hema Swaminathan. 2004. "Wal-Mart and CountyWide Povety." AERS Staff Paper No. 371, Department of Agricultural Economics and Rural Sociology, Pennsylvania State University. Online; available: http://cecd.aers.psu.edu/pubs/PovertyResearchWM.pdf; accessed September 7, 2005.

Neumark, David, Junfu Zhang, and Stephen M. Ciccarella, Jr., "The

Effects of Wal-Mart on Local Labor Markets." Working Paper No. 2545, IZA, Bonn, Germany, January 2007. Available: http://ftp.iza.org/dp2545.pdf; accessed October 28, 2007.

Ortega, Bob. 1998. In Sam We Trust: The Untold Story of Sam Walton and How Wal-Mart Is Devouring America. New York: Times Business/Random House.

Stone, Kenneth E. 1995. "Impact of Wal-Mart Stone on Iowa Communities: 1983-93." Economic Development Review 13,no. 2:60-69.

————.1997. "Impact of the Wal-Mart Phenomenon on Rural Communities." In IncreasingUnderstanding of Public Problems and Policies,ed. David P. Ernstes and Dawne M. Hicks, 189-200. Chicago: Farm Foundation.

————.1998. "The Effect of Wal-Mart Stores on Businesses in Host Towns and Surrounding Towns in Iowa." Working Paper, Department of Economics, Iowa State University.Online;available: www.econ.iastate.edu/faculty/stone/Effect%20of%20Walmart%201988%20paper%20scanned.pdf; accessed July 23, 2007.

Stone, Kenneth E., Georgeanne Artz, and Albert Myles. 2002. "The Economic Impact of Wal-Mart Supercenter on Existing Businesses in Mississippi." Mississippi State University Extension Service, fall.

Online;available: http://msucares.com/pubs/misc/m1283.pdf; accessed September 7, 2005.

政府部门也要回应扩大税收来源的需要，渐渐地，私人公司买了以前的政府服务，如农村医院、消防、警察、公共教育和其他社区服务继续联盟，因为农村要解决不断提高服务质量的要求以及随之而来的花费。如在零售部门，贸易中心要吸引商业，一些商业曾经支持过地方医院和诊所，城市诊所现在也扩张到农村，经常买断地方诊所并吸收他们的医生,农村医院和诊所可以提供城市专家一定的空间,让他们每周或每月来做检查,处理疑难病人。城市医院从事赚钱更多的治疗,农村诊所和医院提供常规但报酬较少的愈后护理。农村医院因很多原因而关闭,其中医疗补偿政策付给农村医院比城市医院少,但却要处理同样的病症,结果医院的财政收入更低;另外,农村医院不能买昂贵的医疗器械,也不能吸引经验丰富的专家。为此,促使一些农村社区联合起来合作开发健康关爱系统,在地方上合作推动这一系统。

信息时代,通过远距离教育传递先进知识,大的联盟学校能提供先进教学水平的思想,但研究发现,尽管它因地区而有所变化,但小学校有更高的水平,更多的学生能完成学业,更好的态度对待自己和其他人。参与课外活动继续使农村学校区别于城市学校,但保留小学校对农村社区有积极的影响(Lawrence te al,2002)。

食品业也越来越受到关注。不仅一些跨国公司控制了零售百货店,而且在快餐业的集权也以同样的速率在发展。1992年,四个最大的快餐公司(麦当劳、百盛餐饮集团股份有限公司、汉堡王和温迪屋)只控制了整个快餐业的约11.9%,但到2000年,他们控制了快餐销售的39.5%。

促使联盟的另一个因素是规模经济。当更大的贸易量能够在一个地方产生,联盟经济就产生了。因为量能把固定资产如交通、土地、建筑物、设备和劳动力摊给大量的部门,如制造业、分配业或销售业。但距离市场远和人口少使农村商业难于利用规模经济。中心地带理论说明在更大的地方集中经济活动也有一定的压力。

这一理论没有解释在什么时候和为什么联盟会在一定的部门产生,其他因素如:良好的宏观经济走势、税收政策、资本利用以及创新组织在这个基础上盈利等,有助于解释集权为什么会产生在特定的时间和特定的部门。零售业贸易中,当一些因素适宜,公司就会进入农村。已在城市得到调整的新的、更有效的组织形式也会进入农村,当然要有利可图。如果资本富裕,增加城市投资提供的边际优势不比投资农村提供的边际优势大;或者是劳动力成本,农村便宜的劳动力成为赢利和累积财富的中心,联盟也会产生。

20世纪60年代,零售连锁店已在城市形成联盟后,推进到农村,连锁店开发了一种有效的交通系统组织起来,在全年的农作物生长季节里,可以从热带运输易腐烂的东西到其他地方。当农村消费者有更多收入并需要全年的蔬菜和水果时,联盟组织与新的市场相匹配,连锁店就出现在农村社区。然而,到2000年,一些百货店要离开小城镇,因为配送提供越来越贵,驱车60英里到一个小市场不符合他们的盈利计划,他们更喜欢人口稠密的配送线路,这就导致了众所周知的"食物荒漠"(the food deserts)的发展,在内地城市的周边出现了很多。

10.2 食物荒漠

新罕布什尔州匹茨伯格的威廉姆把驱车400英里去买百货看得很平常,就像用田里采集的蕨类植物或草类装饰他的家一样。

这个与加拿大边界紧邻的山区,有870人居住,想得到价格便宜的好食物是困难的。没有超市,社区的两个便宜店很少卖新鲜产品,很多东西价钱还高。

"来到这里,到你离开为止,你要随时记住带一只食物箱",69岁的退休水暖工说:"我们买不起商店的东西"。

这就是在"食物荒漠"中的生活。在农村和内陆城市,超市在遥远的地方。像威廉姆这样的人,他们有车、时间和耐心去远处购物,尽管不方便;但对穷人和老年人来说,意味着要把加油站便宜店里卖的那些价格高的、油腻的东西塞进冰箱。

10年前,"食物荒漠"这个词就在英国被提出来,那时它用于描述超市不愿在远离城市中心的地方建分店的现象。

农村社会学家罗伊斯·赖特(Lois Wright)和布兰查德特洛伊(Troy C. Blanohard)确认一些郡至少有一半的人口住在距大型食品店10英里以外的地方,他们定义为"低利用"的地方。"低利用"最集中的地方是大平原(Great Plains)和落基山脉(Rocky Mountains)地区,"低利用"也遍及南方腹地(the Deep South)各州和肯塔基的阿巴契亚山区和西弗吉尼亚地区。研究者发现全美有803个郡是"低利用"地区。

住在这些地区的人得不到适量的新鲜水果、蔬菜及奶制品,也得不到适量的蛋白质,严重损害了健康。

资料来源:
Associated Press. 2004. "Reseidents Do Without in America's Food Deserts." MSNBC.com. Online; available: www.msnbc.msn.com/id/5353901/; accessed August 5, 2007.

Moton, Louis Wright, and Troy Blanchard. 2007. "Starved for Access: Life in Rural America's Food Deserts." Rural Realities. Rural Sociological Society.

对零售商而言,配送的处理成本很关键,统一的连锁店就是要把降低成本与获得更大的利润平衡。

沃尔玛是带来零售折扣的先锋,它自己从经济上组织起来,在广泛的区域内利用良好的信誉和存货管理,吸引农村消费者以支持量的销售。当公司的销售量上升时,它又与供货商签协议,在送货和付款之间提供更长的间隔时间,特别是一些信誉有限、不占优势的小供货商。沃尔玛能提供低价和多样的供货,而夫妻商店则要为供货付现金。家庭轿车和货车的增加及相对便宜的燃油费促使消费者到更远的地方买打折货和各种各样的货物。选择销售地点的战略因此要与供货清单一致，与控制劳动力成本创造利润一致。一般而言，沃尔玛只保存较少的存货，比传统的零售商雇佣更多的临时工人，不允许有工会，直到货物被卖出，才付款给供货商。

美国农村从夫妻店到联合店再到沃尔玛的发展，有多样的影响。小的、家庭拥有的店货物有限，常使用家庭劳动力，给雇员的薪酬也低，常是临时工，特别是妇女和年轻人，实际上他们是这些商店主要的劳动力。一般说来，小商店的货物及销售不像连锁店那样被有效组织，通常商品价格还更高，因为销售量低，需要提高销售标准，也没有量购的优势。地方拥用的商业为消费者提供更多自己的特色，特别是来自相同社会阶级的那些人作为业主或工人时；地方拥有的商店也提供更好的服务如产品特征信息、修理服务、问候进入商店的消费者、帮助顾客找他们要的东西。

零售联合店既有家庭店的特征也有全国连锁店的特征，提供多样的货物，尽管雇的员工对产品知之甚少，但也能帮助消费者，它使用全国性的广告促销，但它的价格不是折扣价。

全国性的销售公司提供"天天低价"，但较少为顾客提供服务，对把购物看成是娱乐的人以及对穷人和少数民族来说，常要冒被粗暴对待的风险。当然，这些变化已让人们习以为常。有些人还看到员工人数下降、缺乏人性化服务等都是连锁店的问题。

三、劳动力的变化

自二战结束后，农村劳动力伴随着全国的趋势有很大的变化，其中对农村消费模式有主要影响的是：妇女成为非农劳动力；服务部门的发展。

（一）妇女成为非农劳动力

较之20世纪60年代，现在一个家庭要花更多的钱，一个人赚钱已远远不够，家庭收入少使更多的妇女要工作。妇女在外工作意味着有较少的时间从事家庭生产，如管理花园、准备食物、贮存食物、做衣服和缝补衣服、清洁房子和照看孩子等。外出采购货物和提供服务以前靠不付酬的家庭劳动力，现在则要靠扩大了的消费和服务部门，这样增加了家庭需要花的钱。

苏珊一家是典型的美国家庭，夫妻双方工作。家庭负担放在两个人的身上，特别是妇女身上，因为妇女虽然进入职场，但很少有证据说明她们能把传统的家务工作转给其他家庭成员，妇女仍然是家庭护工，要继续做饭、洗衣、看孩子。对妇女来说，她们是家庭里独一无二的负责人，特别在贫困家庭中，既要挣钱，又要看家，继续挑起传统家务的重任，还要对付工厂增加的工时，压力极大。妇女因此要改变她们的消费模式，这也是便宜店发展和微波炉流行的原因。

在农村，缺乏儿童关爱中心也让妇女感到了压力，特别是生活贫困的家庭。

（二）服务部门的发展

服务部门的发展是因为以前由公司、农场和家庭做的事现在可在市场获得。联盟支持了服务部门的发展，因为，当农场和农村商业联合起来形成大公司时，工作不再是家庭内部的管理。公司需要购买产品和服务，因为专门化程度越来越高。通过公司采购能降低基础设施、劳动力和利益等方面的成本，还能把风险转给产品及服务供应商身上。

早些时候，农场妇女要准备中餐，并把它们带到田里。现在一个家庭会有一个人在外工作，在田里工作的人可以吃现成的午饭；另外，如果家里有小孩，儿童关爱也成为商品需要购买，按时间计价。农民使用致命的化学物质如杀虫剂等，得不到必要的培训，使用的杀虫剂也可能没经过合同就到了公司,公司有权使用它们,但不会让居民知道杀虫剂漂浮物的情况。

有时候,家庭主妇要买一些家庭农场经营的书,账单或收据会被送到记账公司,由计算机打印的收支平衡单每个月返回来,如果家庭经营发展壮大,就要雇一名专职图书保管员。另外,保管账目的成本也要计价,使这种活动也成为商品。

如果农村家庭有两个成人从事不同工作,就要修订家庭消费模式。具有讽刺性的是,放松娱乐的时间——努力维护和提高家庭收入的目的却更稀缺了。年轻人要工作更多的小时,教育消费和课外活动的消费越来越下降了。

总之,每个家庭工资性收入的增长,促使服务部门发展,消费产品取代了家庭生产和服务。每家都有现成的食物、快速烹饪的技术,特别是微波炉。预先处理的食物数量和种类大增,造成一种假象:按材料配方来做饭,做饭的时间能被节约。然而,研究发现,用其他方法做饭所花的时间是相等的,区别只是在于这餐饭的复杂程度。由于用了熟食,全家一起吃饭的机会很少,这意味着要为每个家庭成员准备不同的食物。在农村,较之以前的一代人,像苏珊一家用晚餐的形式已经很少了。

四、目标广告与部门市场

很久以前,收音机就设置了广告,农村广播站也用广告发布产品价格信息。

对市场产品来说,电视和网络是强大的宣传工具,早期的广告直接影响着广大听众。农村像城市一样,广告对消费模式有强烈的影响。有限电视的使用和专门频道的快速增加使广告商利用这一工具做特定受众的广告,如:MTV 和 VH1 电视网被看成是一种持续广告，因他的目标是给专门的人群。通过计算机进入网页也被"师傅"引导，这种引导让广告跳上屏幕，进入网络售书这一页，消费者会被立即告知购买，他们会说买过这本书的客户，兴趣爱好正好与您的相似。在这种情况下，市场变成了部门市场。消费模式既影响了大众广告也影响了部门市场，这两种趋势也影响了对消费增长毫无准备的一些人，特别是穷人。

（一）目标广告

苏珊全家关于鞋子和游戏盘的谈话是城市和农村家庭的常事，关于消费什么的决定已超出了功能性的需要。埃里克不比较可竞争的牌子和价钱，不愿花较少的钱买一双可能很快就小了的运动鞋，而要根据他可能得到的社会身份去买一双昂贵的鞋。价格悬殊很大，但商品的质量可能是同等的。从买一双特定牌子的鞋子中获得社会地位说明了文化资本超过金融资本，显得更加重要。在年轻男性身上定位的电影和电视广告、产品布局有助于提高某种消费的文化意义。

二战以来，利用媒体做广告和划分产品一直在扩大，一些观察人士指出：媒体广告的引入是对付滞后的消费，光靠价格竞争还不够，制造商要创造特定的产品或是精良的产品。这一努力获得了巨大成功，由此产生的消费模式使美国成为工业化国家中存款率最低的一个国家。

媒体广告经常利用通俗文化的价值观创造需求，如：用农村神话创造产品形象，饮料广告赞美诚实的劳动、家庭和大地，把这些价值观与产品消费联系起来；其他的广告则宣传身份、地位，如：运动鞋和牛仔裤的广告设计提示特定的衣服和鞋类将使消费者获得特定的地位。

（二）部门市场

网络、电视和娱乐杂志使广告尽可能瞄准广大的受众，有线电视和卫星电视增加频道，这些频道很多是针对目标受众的。MTV和其他一些目标频道在非商业广告播放时间里也安插了产品宣传，另外，特定的商业广告还瞄准少年和儿童消费者。

随着运动、娱乐等专题杂志种类的增加，同样的目标广告也产生在印刷物中。农村早就是部门市场出版物的目标，1895年创办的《华莱士的农民》（Walace's Farmer）杂志，是农业和记者的黄金时代、农业商品平价时代。在那个时代，美国人依靠报纸获得所有农产品的消息和信息；在那个时代，更多的人生活在农村，农业工人与牛、马、骡相处，共同劳动，农业家庭有很多孩子帮助干活，他们极少进城，与其他家庭的社交也受到限制。报纸和杂志是与其他农业家庭交流的主要手段（Doldman & Dickens, 1983）。

《华莱士的农民》写道：这本杂志的目标就是农业家庭。在那个时代，目标是农业家庭，而不光是农民，因为家庭成员需要各种东西:关于农业的信息和广告；妇女的"爱心与家庭"；"男孩"；"4H女孩俱乐部"；"小食品的小配方"等。

现在，电脑出版物的发展使缩微化成为可能，广告和新闻无缝结合，部门市场更被加强。一个例子就是有关牛生产的一本杂志，叫做"今日牛肉"，这本杂志是免费的，只提供给养牛者，甚至公共图书馆都得不到。

数字革命代表着信息量和信息利用的革命，比起我们的父辈，尽管我们可以选择消费信息，也可以选择不消费它，但事实是，我们一直在消费特定的信息。

信息技术的特征和价格的变化使农村的富人更容易参与消费，一些观察人士指出：信息交流技术代表着城市与农村最大的平衡，然而，在农村与城市之间、富人与穷人之间，还存在数字时代的区别，农村宽带检索的需求很少，部分是因为农村经营不明白怎样利用这一新技术。合作拓展系统，包括国家的、州的和地方的拓展职员，2002年被"农业法案"授权帮助农村公司把它们的经营计划与电子商务（e-business）选择联系起来，但这一拓展系统不再提供免费杂交种子和牛的人工授精及播种。在那些情况下，一旦利用了创新和使之合法化，私人部门就会接管分配。

（三）收入不平等

大众广告和大众传媒有力地影响着农村的消费模式，大众传媒能鼓动对某种消费品的广泛需求，但是，农村的经济差别使一些家庭难于购买。阶级代替农村居民成为区别人们消费模式的特征。

自70年代早期，收入不平等在美国越来越明显，工人阶级的收入停滞或下降。2007年，按小时计酬的平均购买力比1965年还低，2008年7月至2009年7月，国家新的最低收入法规将被实施。

尽管不同的群体被鼓动买不同的东西，但所有人都感到了自由支配收入的压力。自由支配的收入非常不平等，在青少年中，这种不公平更明显，很多人要做临时工才能买新款运动鞋。在农村，还要付购物的车费，他们一星期要工作好几个钟头，对学习带来了消极的影响。

较之推销策略，消费的东西最终受收入限制。例如，在零售业中，商场中的专卖店是一个快速增长的领域。一开始，这些店设在工厂附近，卖工厂生产的有瑕疵的产品，被叫做"二等货"，由于工厂经常在农村，那些专卖店提供了便宜的商品给农村消费者。到90年代，一些大的制造商发现，专卖店能使他们维持生产，面对经济下滑也能卖出产品，这种店得以继续扩大，部分原因还在于在农村可以得到便宜的土地，销售相同产品的高级专卖店不会与他们竞争。然而，经营这些店的店主并不是农村居民，他们普遍是收入高的郊区居民，他们喜欢廉价的名牌。

农村人经常在"1元店"或沃尔玛买东西,内地城市的居民和农村低收入居民经常在通过教堂和其他志愿者组织的旧货店里买东西。在这些店中,农民还能卖到质量高的衣服,然而,青少年尽管处于追求时尚的年龄,却买不起时髦的东西,因此,收入水平是影响消费模式的一个重要因素。

(四)消费者真穷吗

苏珊一家的情况说明不公平时遇到了两难的问题。与生活在同一时代的父母比较,苏珊和丹要消费更多的产品,这样,他们俩都必须工作,两人收入的情况用于文献中并频繁地作为经济不平等增长的证据。其实,社会学家想知道,在什么情况下社会模式真正影响了不平等。社会学研究表明,自70年代以来,在美国经济结构中,不平等急剧增长,然而,解释不平等怎样真正影响着个人,社会学家持有不同的观点。越来越多的证据说明,不平等与种族歧视交织在一起,对降低美国黑人男性的健康和寿命有显著的影响。尽管隐藏着阶级伤害、他们自己造成的压力及与之有关的疾病,但由此而产生的社会不平等还不是很清楚。最近的研究表明,在健康和社会成功方面,不平等对农村白人、土著美国人和美国拉丁美洲人都有同样的影响。

在农村,由单亲家庭培养的孩子是这个国家最穷的群体(Duncan & chase-lansdale, 2002)。贫穷的单身母亲需要双份收入才能摆脱贫困,这也意味着单身母亲无论物质上还是精神上,必须付出双倍的劳动。从阿巴契亚山到南部腹地再到加利福尼亚中部峡谷,农村贫困儿童广泛存在,这些孩子消费不起大量的物质产品,他们也得不到基本的需要,如适当的健康关爱和安全饮用水。

总之,变化着的消费模式对农村生活有着明显的影响,为了满足增长的服务需求,服务业及各种产品的销售不断扩大。消费增长也把更大的压力放到了环境上；年轻人根据消费的产品和服务来定位自己，最终影响了社区文化。现在，是财富而不是居住地决定着大多数家庭消费什么和怎样消费。当这个世界变得更有联系时，就清楚地看到了标志地位的消费，不再有农村居民声称：我们不知道我们穷。

五、消费增长的影响

（一）人力资本

健康 分析美国的健康和教育，近来在消费模式方面的变化对人力资本有明显的影响。从学校食堂到售卖店里，快餐及其永远不变的样子，含过多的卡路里，已带来了严重的健康问题，如肥胖、糖尿病和高血压。由于快餐容易加工和吃，即使是农村的居民，较之30年前，也能花更少的时间做它们和更多的时间吃它们。食物生产过剩已变成了消费过剩，农产品公司现在为每一个美国人一天生产3800卡路里的食物，比30年前多生产了500卡路里，而大多数人一天的需要至少多了1000卡路里，即便反对贪食的人也会被"超值"的"巨无霸"、"自助餐"等诱惑。据迈克尔·波伦(Micharl pollan, 2006)报道：一个叫大卫·沃勒斯坦的人在20世纪60年代用投资爆米花和软饮料获得贷款，在田纳西州建立了一家电影连锁店，并获得了巨大的利润。他后来为麦当劳工作，一段时间后，他说服麦当劳创始人雷·克罗克利用"超大战略"，即依靠便宜的原材料（炸薯条的土豆、软饮料中的玉米糖汁，甚至汉堡中的牛肉，都是通过低价玉米补贴而来。因政府的商品计划,使玉米生产过剩）。这样，快餐连锁店在让我们考虑是否点第二份食物时，已肯定让我们吃的比所需要的更多了。

国家健康与营养调查发现，2003—2004年，成人中32%肥胖，

1988—1994 年是 22%；1976—1980 年是 14%。肥胖对健康的影响相似于抽烟引发糖尿病、高血压和高危中风。在美国，肥胖成为主要的问题，因为肥胖在成人和儿童中都很普遍。2002 年 6 月，一项健康倡议被提出来，它关注锻炼、适度营养和疾病防预；2005 年，美国农业部修订食物金字塔，使之更加个性化。新的食物金字塔强调锻炼，降低总体的卡路里涉入，每天吃更多的水果和蔬菜、安全的全麦食品和复合碳水化合物，限制脂肪和糖分。

表 10.1 美国 18 岁以上的肥胖，1997—1998 年
（性别、地区和城市化水平）

地区和城市化水平	总计（%）	男性（%）	女性（%）
所有地区	19.6	19.3	19.7
城市郡			
大的中心区	19.1	17.9	20.2
大的边缘区	17.7	19.0	16.3
小城市	19.8	19.6	19.9
非城市郡	21.6	21.0	22.1
等于或超过10,000人口的城市	20.5	20.1	21.0
不到10,000人口的城市	22.7	22.0	23.3
东北部			
城市郡			
大的中心区	19.1	18.9	19.2
大的边缘区	17.7	19.0	16.3
小城市	19.5	19.4	19.3
非城市郡	21.3	19.9	22.6
中西部			
城市郡			
大中心区	21.9	18.7	24.8
大边缘区	18.5	18.3	18.5
小城市	19.8	19.0	20.4
非城市郡	22.8	23.1	22.4

续表

地区和城市化水平	总计(%)	男性(%)	女性(%)
南部			
城市郡			
大的中心城市	19.9	18.9	20.8
大的边缘区	18.5	20.5	16.5
小城市	20.4	20.3	20.4
非城市郡	21.9	20.4	23.2
西部			
城市郡			
大中心区	16.7	15.8	17.5
大边缘区	15.5	17.8	12.7
小城市	18.4	18.8	18.0
非城市郡	17.3	17.8	16.9

注：百分比按年龄调整

在美国，农村人比城市人更易肥胖，部分原因是农村生活一定时候需要男女付出巨大的体力劳动，需要常吃肉和土豆"大餐"，多数农村餐馆的质量通过分量来衡量，低收入人口中，这个问题更严重，因为健康饮食成本更高，更要求制作的技术和时间；再有，社会经济状态与健康行为密切联系，如：抽烟、使用安全带和锻炼身体。在所有的检测中，农村消费模式对健康有消极的影响（见表10.1）。农村人比城里人抽烟更多，尽管美国西部的人比其他地方的人抽烟少，农村的年轻人抽烟的比例也更高。

10.3 10~17岁农村儿童中的肥胖和缺乏锻炼

尽管一些研究说明城市和农村的肥胖没有明显的不同，但2003年，由南卡罗来纳州农村健康研究中心做的全国儿童健康调查分析了其他一些指数。该报告使用美国农业部影响城市的标准，该标准关注大城市与小城市之间的差异。因为身高和体重的报告来自10岁以下的儿童不可靠，作者确定了体重超标及身高——体重的肥胖比例。分析限定在10～17岁的孩子。在报告中，得出了更多具有挑战性的发现。

超重与肥胖

1.2003年，年龄10～17岁的孩子30.6%超重，其中14.8%肥胖。农村孩子比城市孩子肥胖的比例更高：农村16.5%，城市14.4%。在48个州，至少10%的孩子肥胖。

2.住在大城市边缘的农村孩子16.7%肥胖，小城市边缘的农村孩子17.1%肥胖，比住在边远农村地区的孩子更肥胖。边远农村的孩子14.3%肥胖。

3.其他民族的孩子无论住在城市还是农村都超重。

4.美国黑人的孩子比美国拉丁民族及非拉丁民族的孩子超重，包括肥胖。比例分别是41.2%、38.0%、26.7%。

5.4个美国黑人的孩子中至少有一个肥胖，比例是23.6%，拉丁民族的孩子是19.0%，非拉丁民族的孩子是12.0%。

6.农村的美国非洲人超重的比例更高，达44.1%，肥胖的比例也高于任何一个民族，是26.3%。

7.当家庭收入提高，儿童超重的比例明显下降，无论是农村居民还是城市居民。

8.住在南部的孩子超重和肥胖的更多，是33.1%；接下来是中西部，为30.2%；东北部29.5%和西部28.1%。住在南部农村的孩子更有可能超重。

缺乏锻炼

1.全国范围内，10～17岁的孩子，4个中有一个以上即28.6%难以完成要求的身体锻炼，不参加从适度到激烈的锻炼以及每星期三天以上至少20分钟的锻炼。注意：新的指南下，对减肥者的要求增加到1个钟头。

2.农村孩子比城市孩子更少完成规定的身体锻炼，比例分别是25.4%和29.3%。

3. 年龄15～17岁的孩子，来自低收入家庭的拉丁民族和美国黑人的孩子更少能完成规定的身体锻炼，为26.1%；生活在中西部的农村孩子更不爱动，比例是南部26.0%，东北部23.7%和西部23.5%。

4. 2003年统计，不管在城市还是在农村，超过2/5的孩子不参加任何课后的运动队或体育课。

5. 在农村，美国黑人的孩子50.1%和拉丁民族的孩子48.6%，比起农村白人的孩子38.9%和城市的白人孩子35.6%，更少参加课后的运动队或体育课。

6. 至少有半数的孩子每天花2个钟头玩电子游戏，包括看电视。

7. 农村孩子中，使用电子游戏的比例是黑人孩子63.7%，超重孩子54.0%，肥胖孩子54.8%。

8. 农村孩子20.1%可能生活在更安全的环境中，而城市则是25.7%。

9. 农村孩子中，黑人的孩子38.3%、拉丁民族的孩子32.6%、低收入家庭的孩子36.1%，更有可能处在不安全的环境中。

10. 超重的孩子更可能感觉不安全，不论在城市（28.9%）；还是在农村（23.2%）。

11. 生活在不安全环境中的孩子比例从佛蒙特州的11.6%到华盛顿城的50.0%。

资料来源：

Liu, Jihong, Kevin J. Bennett, Nusrat Harun, Xia Zheng, Janice C. Probst, and Russell R. Pate. 2007. "Overweight and Physical Inactivity among Rural Children Aged 10-17: A national and State Portrait----Executive Summary." Columblia, S. C.: South Carolina Rural Health Research Center. Also online; available: http://rhr.sph.sc.edu/report/SCRHRC_Obesity-Chartbook_Exec_Sum.pdf; accessed July 24, 2007.

教育 消费增长的第二个影响是男性的教育水平。20世纪早期，埃里克可能会把一部分兼职收入拿给母亲供家庭开销，现在，他则用这些钱满足自己的消费。年轻男性的大量消费包括轿车、高级游戏设备和其他昂贵的东西（尽管这些东西较之20世纪50年代要便宜），由于年轻人能在诸如建筑业方面获得丰厚的收入，他们倾向于花更多的时间工作，更少的时间学习，很少高中毕业和进入大学。尽管最终将影响他们的人生，但是渴望现实的消费——要为增长的需求付费，就使工作成为一个更有吸引力的选择。因而，农村中的年轻女性更有可能完成高中教育和进入大学，农村的年轻男性则很少能做到。

现在的大学，女生的数量超过了男生，2007年统计女生在校人数是57%，男生和女生在校的比例有几种解释，包括男女平等运动，但很多男性高中一毕业就直接进了工厂，他们能在建筑业和技术业中找到工作，不需要大学文凭还有稳定的收入。西班牙裔的美国人（拉丁美洲人）、美国土著、美国黑人，男性和女性之间的差异相当大，更多的女性进入大学（Mather & Adam, 2007）。因而得出一个结论，在少年期间或20岁之前，男性比女性更偏重于消费。通过比较20世纪80年代后的农村社区，假如有人高中毕业后想上大学，那这个人是男性，而到了2000年，想上大学的更多是女性了。

（二）社会资本

消费模式的变化也影响了人们的交往方式，人们工作更长的时间，与其他人的交往就有所下降，当更多的产品和服务进入商品化（从使用价值到交换价值），以前群体中开展的活动现在变成个人的了。就如保龄球联合会会员减少而球道数量增加，普特南（Putnam）把这个问题称为"一个人的保龄球"。20世纪50年代以前，需要约朋友参加社区活动或者去看地方画展。在那个时代，电视进入家庭，有接收天线和电视机的家庭会把所有的邻居召集在一起看节目；当更多的家庭买电视后，看电视变成家庭活动。到了90年代，很多家有几台电视，孩子和大人各看各的。在农村，录像厅代替了农村戏院，在公共场所很少见得到人们讨论电影或社区问题。不论在城市还是在农村，年轻人中的阅读也让路给了电视和录像，这是一种消极的社会资本和社区参与。

迅速壮大的服务业也在回应很多需要，过去这些需要只能在家或在公司内才能满足，曾经在家提供的产品和服务现在已成为商品和买卖的东西；曾经涉及的阅读和邻里互访，现在成了要购买的娱乐，不能在家里组织了。经济部门为利用娱乐时间制定了很多选择，从极端刺激的运动到轻松的电视节目。

（三）自然资本

农村占这个国家土地的97%，消费和农村之间密切联系。农村是这个国家未来的食物及能源——包括风能、太阳能和生物燃油最重要的生产地，而来自人们消费的垃圾要在农村被倒掉，如果要成功抗击全球变暖，要在农村建更多的碳槽、种更多的树、设置合适的牧场；农村也是降低矿物燃油——石油、煤、天然气开采的地方。

消费产品和服务需要投入，自然资源和原材料需要一个加工过程，一旦它们的使用寿命结束（产品的使用寿命，从计算机到衣服，都变得越来越短），它们就要被扔掉。对新物品的需要，甚至一部车子，并不意味着要保存更长的年份，人们不停地买卖同样的东西，或为了盈利，或为了得到"更好、更新"的东西。

在生产商品过程中的消费最终影响环境，例如，化肥和种子要在农作物的生产过程中被消费，电能和计算机要在某家公司或教育机构生产产品和服务的过程中被消费。但在生产过程中要消费的其他东西，如水、土地、空气等，它们的成本计算经常被忽略，经济学家指这些成本为"外延成本(externalities)",社会学家看消费则基于总体——投入及外延成本。环境恶化与酸雨、不洁净水、丧失生物多样性(地方动植物)、有毒的垃圾排放和土壤侵蚀等有关,都是消费的副产品;假如提高消费,它们最终会影响生活质量。

二战以来,尽管20世纪70年代汽油价格达到最高峰,然后下降,然后又上升,但美国人均能源消费快速增长。(见图10.1)

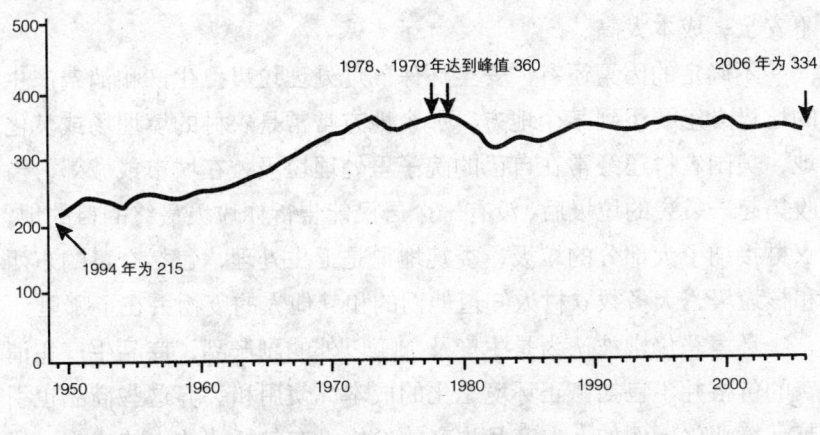

图 10.1 人均能源消费

资料来源:《能源管理信息》、《能源年度评论》,2006。

现在,美国消费的能源大约是世界能源消费的1/4,而人口只是世界人口的5%不到。没有迹象表明公众会支持降低消费水平,然而这是放缓消费的第一步,只有这样才能降低世界范围内温室效应的扩大。降低资源利用,提高资源效率,特别是不能再生的资源,才能维持稳定的生态标准。然而,作为一个社会,我们并没有优先考虑这些,相反,我们依赖相对廉价的国外能源和补贴美国的石油开采，从阿拉斯加到路易斯安那，农村都有严重的环境影响。持续的资源利用似乎只是官方的问题，特别是能源受到威胁，如70年代的汽油禁运，90年代早期的海湾战争，现在对中东恐怖分子的防御。然而，美国政府官方的立场一直就是想通过开采环境脆弱的地区以提高汽油生产，而不是降低消费或提高燃油效率。农村特别依赖私人交通，农村穷人开更旧、更不安全的车，用低标汽油。农村缺乏公共交通更进一步阻碍了穷人的出行，工作时间严格，交通不安全，成本太高。

不确定的因素还有"安全环保"地处理垃圾。生产和消费产生的垃圾必定要运到某个地方，那个地方常常是农村的填埋场或焚化地，美国农村还经常在自己的院子里处理垃圾。在城市或城郊，当收集起一袋袋的垃圾后，没有一个居民能告诉你垃圾最终的目的地。农村接纳了大部分的垃圾，委婉地说是卫生处理，包括有毒的东西和核垃圾，大多数农村人知道他们的和其他人的废物丢在了哪里。

环境恶化常被认为是生产及加工以外的副产品，商品生产和消费的价格并不包括修正环境恶化的成本，使用和丢弃这些商品也引起环境恶化。例如，农产品生产的价格没有包括清洁水的成本，或者是无法估量的健康成本，因为杀虫剂渗透进可饮用的表层水中，进而污染了水管，这些成本被公共部门或个人承担，不合理地也让农村人口承担，而他们实际正遭受健康受损的后果。

生产和消费的后果对农村人特别有影响。首先，他们的物质满足感现在也依赖高水平的消费，在消费水平上，农村居民与城市居民已没有太大的区别；其次，农村人占美国总人口不到1/5，但他们住在97%的地域范围内，更低的人口密度使它在政治上吸引决策者（政治家和技术人员）选择在农村扔弃固体垃圾、有毒垃圾和核垃圾。一般而言，农村人口越少的地方，越有可能被选择作为垃圾处理地。来自技术人员的观点是受直接影响的人数量越少,社会影响就越小;来自政治家的观点是人口越少越分散,在反对某个地方成为垃圾处理地的过程中,政治组织影响的可能性就越小。"别在我的后院子"(NIMBY)可能出现在任何地方,但所有的事都会变得平等,政治家喜欢少一些人反对他们。

休闲活动商品化的增长也使自然资源处于两难境地。每年,到美国国家公园旅游的人数达到极限,公园不能维护洁净的环境,而这个公园设计是作为保护的。为了休闲活动而猛增的越野车也威胁着环境,这样的威胁可能要花几个世纪才能修复。作为消费者的农村居民发现自己也被影响,而且被影响的还有土地——他们曾经利用土地享受到的乐趣。社区发现,他们必须认真地权衡消耗环境的旅游经济利益。

(四)金融资本

美国高水平的消费意味着低比例的存款,不管自愿存款还是被迫存款,存款对从收入中省出来的人很重要。当突然需要钱时,紧急的花费一定要从现有的储蓄中拿出来,此外没有其他选择;更进一步说,美国的负债率相当高,但农村比城市负债率低,大量的债务在信用卡上或向亲戚举债,但农村穷人的亲戚也穷,使他们陷入放高利贷者的手中,产生毁灭性的后果。

爱丽丝生活在一个小的、现在仍然贫困的农村社区,她有4个孩子,与粗鲁的丈夫离婚后,她在当地的纺织厂拼命工作,以提供家庭开支。在宗教活动中,她加入了慈善之家,努力工作,这样可以获得低收入贷款资助,以建设自己的家庭。贷款额根据她的收入以及家庭需要来计算,包括食物、必需品、儿童关爱、汽车费和其他必须花在孩子身上的钱。她刚开始新工作不久,接到一个电话,说提供她一个机会资助她小额贷款,以帮助她还掉债务。那时,她只有一张信用卡用于支付每个月的家用,她拒绝了这种机会。但后来,纺织厂关门,她开始从事兼职工作,在几家餐厅服务,这种工作难得有时间与孩子在一起,所得到的薪水也不够家庭开销,爱丽丝只好增大她的信用卡范围,从不同的信用公司获得信用卡,用一张卡支付另一张卡的开销。

这时同一个人再打电话来,提供她一个机会即如果她想再继续供房子,可以提供她小额信贷并和债务捆在一起,她同意了。新的借贷可以付房贷和信用卡,但反过来,要付2%的利息,即每个月200美元的房款,这样,她实际为房子每个月将付10%的利息和350美元。渐渐地,她陷进房子债务中,最终,她失去了房子。

卡伦和亚当斯也有信用卡的高债务,实际上比爱丽丝付更高的房屋费。他们是专业技术人员,住在大都市附近的农村社区,两个孩子在读大学。亚当斯是安然公司的工程师,卡伦是安达信会计公司的合伙人。20世纪90年代,股市剧增大大提高了他们的股票净值,他们的孩子一从大学毕业,他们就盼望着退休,以享受富裕的生活,他们举债购买被看成是退休后需要的各种东西:游船、一幢新房子和新家具。2002年,股市下跌,他们俩的公司破产,他们的"存款"被另一个合伙人接管,他们没有备用存款(银行中的钱),他们只能求助。卡伦在几家地方企业得到临时会计工作,亚当斯在电子工程业中找到一个缺位,现在他们没有了房子,租住在公寓里。

各种收入水平的人存款都低,穷人和富人都会因此陷入危机,正如第7章"金融资本"讨论的,存款低,对社区最有影响,因为更少的资金可用于新的经营,而这些经营显然能提高经济状况。

农村居民和农村社区被卷进了一个怪圈。

(五)建设资本

美国国家科学院近来要解决持续消费的问题,第一步就是要认识到，迫于全球气候变暖等环境问题，未来的消费模式必须改变，建设资本的转变方式将会产生巨大的差异。

如果人类居住的社区能调动所有的生态创新技术，如能源效率、污染控制、垃圾管理、循环经济、产品生命和零排放等，同样的物质我们就能享受两次，而同时只消耗了一半的自然资源，只产生一半的污染及垃圾。这样，农村私有企业和地方政府作的转变建设资本决策既能提高自然资本，又能提高金融资本。

（六）文化资本

2007年，据报道，在大气中有385ppm的二氧化碳。第四次各国政府关于气候变化的专题报告会指出，大气中二氧化碳混合气在过去的250年内,已升高了约100ppm(36%)。在前工业时代(1000—1750年)，从275ppm到2385ppm，现在达到了最高水平，地球大气层中大约有385ppm。二氧化碳还不是温室效应的唯一气体，这个世纪以来，由人类导致的全球气候变化，其潜在的毁灭性影响提醒人类对家园、对地球选择的有限性。改变我们的选择就要求在文化资本方面有所变化，而不能把提高消费看成是人类成功的一条道路，一种对我们友好和亲近的情形。作为经济健康的一种机制，要在大地上减少我们的脚印，开发新的有道德的生态建设。

分辨农村居民和城市居民的差别是基于财富。过去，农村社区有财产的人是基于他们能生产的东西，现在，就如城市一样，尽管存款不同限制了个人或家庭的消费，但判断有钱无钱还是根据他们消费的东西。购买产品的消费，越来越提高到休闲方面。当然，家庭收入限制着家庭成员想买的东西，以及父母能够开车到多远的地方购买，不同的经济群体有不同的消费版本，从塞克斯公司第五大道到1元店，以及室外购物摊点。但是还有一些农村居民怎么努力也进入不了不断消费的行动中。

10.4 可能阻止浪费习惯吗?

贾尼是肯塔基州尤班克城(Eubank)山区妇女好评会的会员,把循环经济看成是自己的生活方式。对她而言,买二手货不但经济实惠,而且也是降低垃圾填埋一种容易的方法。

"我有很多关于循环问题的想法,作为山地百姓,没有太多的东西,我知道好多循环办法,尽管在我们的圈子中人们并不赞赏。在我的生活中我穿过很多地方的衣服,一直以来,我认为循环穿别人的衣服对我很好,它是一样东西,不论怎样都要去填埋场的一样东西"。

贾尼认为,人们扔掉的东西并不一定是垃圾,人们经常随便丢弃东西只是因为厌倦,很多美国人太关心"赶上邻居",在流行的东西上花钱是为与同辈竞争。他们买新的和丢掉旧的、过时的东西,即便这些东西捐赠给了一间服装店或二手商店,这些店也不能保存所有的东西,因为他们没有空间。

"当我们摆脱了这些东西后,会发生什么?可能会在某个地方被扔掉,善意产业(Goodwill Industries)是一个好的例子。我是一个好奇的人,某天,我看到了他们的垃圾箱,猜猜我找到了什么?很多好东西,我已经捡垃圾一年了,有很多填塞的动物玩具,我拿回家,洗干净并晒干,足够分给我儿子校车上的每个孩子,还有很多给我儿子,校车司机告诉我,每个孩子都非常喜欢这些玩具,就好像他们以前从来没有得到过新玩具一样……很多山民很穷"。

贾尼联系了善意的老总,让他知道被扔的很多东西并不令人"发呕",他鼓励她找一个非营利组织来拿被善意扔掉的东西,但不幸的是她找不到。因为善意的处理跟不上他们收到的捐赠,2002年,公众捐赠估计是975 000吨,诸如善意这样的慈善机构也面临巨大的挑战,越来越多的捐赠最终要在填埋地处理。电器垃圾——老式电话、计算机和电视机在稳定增长,因为含有有害物质,诸如计算机监测器中和电视荧屏中的铅,控制和处理这些东西的成本很高。

对贾尼而言,循环是个人必须做的事,她觉得自己增加给填埋场东西就是一种犯罪,会让她感到沮丧。

> "我自己也明白做了一些扔垃圾的事,如塑料瓶、卫生纸或一次性使用的碗、鸡蛋盒等,其实鸡蛋盒涂上画可以继续使用,但我没有时间。我不是一个喜欢浪费东西的人,但我知道我也扔了很多垃圾,我们怎样阻止这一切呢。"
>
> **资料来源:**
> Lee, Selma Juanita(Janie). 2003. "Public Policy Priorities for 2003."

在很大程度上,我们消费东西不仅由物质享受决定,同时也由文化认同决定,例如,做饭是家庭主妇发挥的显著作用,然而,使用微波炉是一场深刻的革命,在消费方式上,语言和文化的变化也是这一选择的结果,如"微波炉"这个词在20世纪60年代前是不存在的。

更重要的是,家庭主妇的特征也改变了。苏珊的曾祖母为在田里打谷子的人们做饭,关心的是为参加重体力劳动的工人们填饱肚子,而苏珊关心的是营养和控制卡路里;她的祖母以做重油薄面派而闻名整个郡,而苏珊则为她孩子的午餐准备低脂酸奶,尽管她们的饮食有区别,但这些妇女都被同辈们看成是为家庭提供了好的食物。"好食物"的定义以及做它们的时间也发生急剧变化,苏珊做饭的时间更多用在"计划"上,而她的祖母则更多地用在"做"上。

一双由职业篮球明星做广告的运动鞋较之一双便宜的运动鞋,不一定会提高某人的篮球水平,穿它们是为了带来更高的社会地位,不管在自己眼里还是在其他人眼里,消费的东西会变成我们是什么人或我们想成什么人。由消费产生的群体认同使人们痛苦地意识到他们没有显示出"时尚",年轻人特别是这样的,他们变得很快,自利观还在发展,如埃里克和杰克就感到他们需要在"群体"当中。

对那些内心不想工作的人来说，为家庭能够消费产品和服务是工作的唯一理由。提高消费就意味着要工作。社会研究表明，工作人数的增加是因为他们要赚让他们消费的钱，而不是因为他们想要生产东西。这种心态怎样改变呢？没有办法，必须减少不平等。需要关注更有意义的就业，或许要改变社区、企业、政府、社团甚至家庭的组织方法。社会运动作为社团活动的一个方面，毫无疑问直接改变着文化资本，政府在鼓励把地球看成是一个伙伴方面，要发挥重要的作用，而不是利用它获得我们的短期利益。

（七）政治资本

21世纪的第一个十年，政治适时地支持并扩大了现代消费的比例和形式，给庞大的能源消费者税额优惠更增强了这一点。诺曼·迈尔斯(Norman Myers, 2000)指出，三种政策倡议可能促进改变这种持续消费：

1. 不要把国民生产总值（GNP）看成是经济发展的指数，作为指数，它说明我们无需考虑可持续性。美国1976年至1998年间，人均GNP提高到49%，然而，按人均计算的真实发展（经济产出与环境和社会成本，给教育、健康等增加的比重等）实际下降了30%。

2. 确保价格要影响所有的环境和社会成本，如，美国最终至少要付6美元才能得到一加仑汽油（尽管还有污染、交通事故、交通堵塞等），实际上，汽油涨价会降低过分的汽车文化，打开改善公共交通的市场需求。类似的考虑将应用到其他产品的价格中。

3. 停止对忽视环境的补贴，这些补贴实际支持了使用矿油10～15次，而不是使用更新的能源如太阳能或风能。有很多补贴促进了汽车文化、过分地推广农业、浪费可利用的水、过度砍伐森林、过度捕捞等，这一切都扭曲了经济，并对环境带来巨大的危害。

第十章 美国农村消费

这些合理的建议对农村意义重大。一般而言，农村立法者很少抵制政策变化，因为这些人的政治资本可以在当前的消费形式中受益，而他们的这种政治资本又比其他居民更多。

本章摘要

我们消费的东西随产品和服务生产的方式而急剧变化。收入增加、妇女就业增加以及从技术上能够生产更多样的产品既提高了我们的消费水平，也改变了我们消费的特征。这些变化使个人的收入水平更凸显生活"质量"，从而影响个人的自我认同感。消费不在于人们生活在那里，而是他们有多少收入，也无需考虑农村居民可能比城市居民更穷，特别生活在南部和大平原地区的农村居民。

经济和社会的几种因素对消费模式的变化有所贡献。全球化促成了零售和服务公司的联盟。劳动力市场的改变增加了家庭单位参与工作的人数，刺激了服务业增长和农村经济非正式部门的增长。农村的穷人更需要去工作。大众广告使产品标准化，近来，广告一直瞄准有利可图的市场，农村穷人不理这些广告都困难，特别那些青少年，他们想要跟上最新的潮流。

生产产品及服务的方法与这些商品被消费的方式、被消费的地方、为什么被消费等相联系。一件产品或服务的生命循环比生产和购买有更多内容，对很多商品而言，最终的地点是农村的填埋场和有毒的焚化地。由于关注环境、关注社会消费模式的增长，因此更加关注资源、环境和垃圾处理，尽管这些问题现在是农村人民及其社区的个人问题和家庭问题，但这将成为国家的政治问题。

全球气候变暖提供了一个重新考虑后果的机会——重新设计市场、公民社会和管理，由此改变人类与地球、与人类、与技术的联系。

关键词

中心地方理论。在人口集中的、不论是小的交叉社区还是大的城市，从地理上组织有体系的零售和公共服务市场。

商品化。一件产品或服务的转变。由于社区或个人的原因，以前在市场外可以得到的一件产品或服务现在要在市场上计价才能得到。

炫耀消费。购买是为了社会需要而不是为了生理需要。

规模经济。当在一个特定的地方产生巨大的经营量，规模经济就产生了，因为量是分散成本，如交通、土地、建筑物、设备和劳动力的一种方法。

外延成本。没有被工厂生产产品计算的社会成本。但生产的废物被排放到环境中，成本就应该包括受污染的土壤、空气、水。

投入。再生产过程中投入的自然资源和原材料。

参考文献

Cotterill, Ronald W. 2001. "Neoclassical Explanations of Vertical Organization and Perforance of food Industries." Agribusiness: An International Journal 17: 33-57.

Duncan, Greg J., and P. Lindsey Chase-Lansdale. 2002. for Better or Worse: Weflare Reform and the Well-being of Children and Families. New York: Russell Sage Foundation.

Goldman, Robert, and David D. Dickens. 1983. "The Selling of Rural America." Rural Sociology 48,no. 4: 585-606.

Intergovernmental Panel on Climate Change. 2007. "Change in Atmospheric Constituents and in Radiative Forcing." In Climate Change 2007: The Physical Science Basis. Contribution of Working Group I to the Fourth Assessment Report of the Intergovernmental Panel on Climate Change,ed. S. Solomon, D. Qin, M. Manning, Z. Chen, M. Marquis, K. B. Averyt,

M. Tignor, and H. L. Miller. New York and Cambridge, U. K.: Cambridge University Press.

 Also online; available: http://ipcc-wg1.ucar.edu/wg1/report/AR4WG1_Pub_Ch02.pdf; accessed September 1, 2007.

 Lawrence, Barbara Kent, Steven Bingler, Barbara M. Diamond, Bobbie Hill, Jerry L. Hoffman, Craig B. Howley, Stacy Mitchell, David Rudolph, and Elliot Washor. 2002. Dollars and Sense: The Cost Effectiveness of Small Schools. Cincinnati, Ohio: KnowledgeWorks Foundation.

 Also online; available: www.goodsmallschools.org/resources/dollars_sense1.pdf; accessed July 18, 2007.

 Mahter, Mark, and Dia Adams. 2007. "The Crossover in Female-Male College Enrollment Rates." Population Reference Bureau.

 Online;available: www.prb.org/Articales/2007/CrossoverinFemaleMaleCollegeEnrollmentRates.aspx?p=1.

 Meyers, Norman. 2000. "Sustainable Consumption." Science 287:2419.

 Pollan, Michael. 2006. The Omnivore's Dilemma. New York: Penguin Press.

 Stone, Kenneth E. 1995. Competing with the Retail Giants: How to Survive in the New Retail Landscape. New York: Wiley.

 Veblen, Thorstein. [1899] 1967. The Theory of the Leisure Class. New York: Funk & Wagnalls.

第十一章 农村治理

阿瑟像他的父亲、祖父、曾祖父和曾曾祖父一样，一生是船民，只是他的父辈们生活在英国多石的康沃尔海岸，而他一直在弗吉尼亚切萨皮克海湾捕捞蓝蟹，这可以获得好的市场收入。海湾污染和越来越先进的捕捞设备，使捕获下降，蓝蟹越来越难找。但每天捕获一些不够尺寸的蟹还是容易的，而且还可以随手扔掉午餐盒、塑料水瓶和罐头盒，海洋会收留它们。每个星期天，他都去做礼拜，很多人在教堂里谈论蟹的问题，然后才返回家，丹吉尔（Tangier）岛社区几乎所有居民都依靠捕蟹作为他们的生计。

阿瑟和他的同伴们非常关心蟹下降的问题，越来越清楚，光靠政府是不能清洁海湾的。切萨皮克海湾基金会（CBF）的汤姆是志愿监督团的一分子，致力于恢复海湾的工作。他知道，蟹捕捞的下降说明了水质下降和捕捞过度。CBF支持海洋资源委员会（VMRC）制定蓝蟹的捕捞规章，但他们不参与实施，让他们吃惊的是很多法律公然被忽略。CBF和VMRC使用的数据来源于在弗吉尼亚海洋科学研究所（VIMS）工作的科学家，部分数据来源于国立威廉姆与玛丽大学。

1994年，当实施严格的规则时，冲突逐渐凸显，CBF所属的一间货棚被烧。在那种情况下，阿瑟所在教堂的牧师联系了奥塞布尔环境研究所（ASIES），研究所强调他们的任务是"把创造性的知识与《圣经》的教义结合在一起，目的是为基督社区和一般的公众带去对上帝创造和管理的认识。所有的计划和行动都是结构性的和可操作的，是为了提高基督教徒的环境管理"。苏珊·德雷克通过 ASIES 了解到这一冲突,并选择在丹吉尔岛收集人种资料以撰写她的博士论文:"以信仰作为基础的环境保护方式"。1997 年她到了那里,并开始参与教堂活动,参加服务并教授星期天的学校课程。通过与岛上两个教堂的联系,与丹吉尔岛的船民一起工作,她帮助他们写管理协约,解释《圣经》中基本的公民服从,尽管这与法律似乎有些不协调,但《圣经》的教义是要很好地管理土地和海洋。以信仰为基础的管理意味着要服从上帝。

当他们签订契约,并使之成为《丹吉尔岛船民社区管理 2020 年倡议》时,原来以弗吉尼亚海洋资源委员会、切萨皮克海湾基金会、弗吉尼亚海洋科学研究所的科学家为代表的一些不信任者和一些外来的威胁者,开始参加讨论并学习尊重和理解社区以《圣经》教义来解决问题。社区形成了丹吉尔船民管委会(TASC)。几年后,因 CBF 的参与,又实施了渔业和湿地项目。

《2020 年倡议》形成了两个分委员会:持续的经济发展和保护船民文化分委会、渔业管理分委会,并执行了一项调查。让调查者大为惊讶的是,丹吉尔岛是一个父权制的社会,在那里,男人作所有决策。调查还发现,船民也会接受妻子的帮助与政府、环境学家、科学家一起工作以维护船民的生活方式。因此,船民的妻子们建立了一个倡议组织,即"家庭积极参与提高丹吉尔遗产"(FAIITH),在组织会议上,她们收集科学而有规律的信息帮助维护船民的利益。在经济计划选择中,她们也发挥了积极的作用。

这些活动迅猛发展,丹吉尔城镇委员会支持 TASC,并为关心环境管理的参与者们提供了社区基础的参与机制,因为以信仰为基础的定位让他们感到不舒服。FAIITH 与地方校区一起工作,在学校传播遗产保护教育。"保护"现在已成为丹吉尔岛生活方式的一部分,甚至老船民也会把他们的垃圾装在包里带走,不再丢到海水中。旅游业又使多样的经济繁荣起来，而旅游业则主要由妇女经营。

一、什么是治理

如果船民和丹吉尔的居民不参加关键的决策，就威胁了他们的生计和生活方式，通过调动他们周围的文化资本——他们的宗教信仰和当地的自然资源知识，他们能够成为实施决策对话的一分子。对没组织起来的船民而言，要保卫他们的市场利益，他们必须加入州和周围的社团组织以分担未来的情况。但一旦他们摆脱了精神萎靡，他们就能认定社区的核心价值，并让那些有科学和规章制度的地方知识得以签署协议。丹吉尔的人们利用地方研究机构，首先是社团（两个地方教堂）、州（城镇委员会），建立联合会以支持他们未来的市场活动，形成内外联盟的能力：在州一级层面上有发布决定的能力；在地方层面上有作决策的能力。这就是治理。利用广泛的参与基础（提高社区的整合社会资本）并扩大到有共同的区域未来观的那些人身上，质的变化就会在个人、组织和社区的层面上发生。

农村政策研究所确认了三种主要的治理要素（斯塔克，2007）

1. 合作

1）跨部门合作（市场、州和社团）。

2）跨政治界限合作（权限）和认知区域。

2. 持续的公民参与

1）鼓励新的声音，特别是没有代表资格的人和年轻人。

2）想象一个不同的未来。

3. 经营区域资源，包括多样来源和彼此共存的各种资本

1）分析区域的竞争优势（关注力量和认同）。

2) 加强地方官员的能力。
3) 媒介参与的关键。
4) 投资地方资本。

在农村，治理显得特别重要。在那里，政府规模小、政府官员只有很少的预算，他们提供服务也是兼职的，极少有专门人员去发现必要的信息作合适的决策，或是实施他们所作的决策；同时还有大量由上而下的责任和极少匹配的资源。在农村，人们知道市长住在哪里，市长可能会花更多的时间来安抚家里狂吠的狗，或者是修补一根破裂的水管线。如果用大城市的标准来要求他们，当这种期待不能被看见时，他们总是会被责备。事实上，大城市政府服务的标准在农村不适用。

尽管有很大的负担，官员们也不会去寻求与地方市场和社团组织的合作，反过来也一样。地方官员经常认为其他的群体有些不民主，因为他们在形式上没有获得选举，公民社团则把官员看成"账房先生"，认为他们只想得到一些东西。丹吉尔岛有87%的基督徒，城市委员会很努力地工作，让各个教堂和地方保持原样，当通过提高所有的社区资本，有共同的建设目标时，地方政府才会与两个教堂联盟。

尽管有很多方法能让社区从其他合作单位中受益，但大部分州和联邦政府的资金通过狭窄的、鼓励跨权限和跨部门的规划加以分配，例如，受因特网连接限制的小社区不能让地方的私人企业通过学校进行宽带检索，这样可以得到联邦政府支持的安装和维护资金。

治理意味着要超越常规方法，关注结果而不是规则，有些规则限制了使用手段，但常常规则和手段本身即成为结果，而不意味着结束。治理也意味着广泛的社区参与，在国家、市场和社团组织方面更加具体。

治理越过地方官员的选举,为公民参与提供路径;治理也提供具体机制,通过这一机制,社区能应对挑战和机会;治理还提供一个场所,在那里,责任的问题得以探究。

大量情况对治理、分割、断裂政府间、组织间的势力范围之争产生影响。然而,正如在丹吉尔岛的案例中看到的,对农村社区而言,当它们有了可选择的未来,超越权限范围是完全可能的。

首先要讨论地方政府结构,然后要讨论地方政府面对的挑战,从政府到治理的推进能够战胜那些挑战,进而提供合作、支持社区参与及影响区域资源。

二、地方政府的组织及功能

地方政府做什么?具体方法怎样?需要什么来推动从管理到治理?在美国的大部分地方,地方政府控制税收,获得的税收提高了管理所需要的资源;建立日常事务和实施政策以完成那些事务。计划与分区,明确土地利用,是地方政府的一种权力。治理就意味着通过税收增加的资源要与提高其他实体的资源相结合,包括其他权限,如校区、CBF 之类的社团,如船民协会之类的市场组织和在丹吉尔岛的 A&D 电力公司。

这里探讨地方政府拥有的权力、地方治理在农村的类型、谁在做地方治理工作。

(一)地方政府的权力

美国体制在两种管理层面上划分权力,包括税权。美国宪法第十次修正案提出:"权力并不代表立宪的国家,也不禁止它用于各个州,但有区别地,各州和人民可有所保留。"对各个州来说,哪些权力被保留是经常的问题,导致的具体情况是权力的平衡在两个层面之间转前转后,这种管理形式指联邦制。

在美国宪法中没有提到地方治理,事实上它是由各州创造的,符合全国巨大的差异。地方治理权既来自州宪法中权力机构的资助,如有名的"地方自治规定"(Home-rule Provisions),也来自由州立法委通过的一般法律、法规。

理论上,地方治理提供机制,通过这一机制,参与、需求以及责任被联系在一起,允许在治理中直接的公民参与,或者提供代表,即地方公民选举官员来代表他们的利益。新英格兰城镇会议就是一个直选公民参与的著名案例。每年的城镇会议使所有的公民参与确定日常事务及作决策。美国乡镇的数量就从1989年的16691下降到2002年16629;当然,很多地方还是通过城镇会议开展活动。

治理之下,地方居民选举一群人(到城镇委员会、城市委员会、学校理事会、监督理事会)作决策。这些决策与以下几方面有关:1.提供什么服务?2.谁被雇佣提供这些服务?3.怎样提高税收来为服务付费;4.在权威机构下土地怎样被利用?

农村的社区比较小,很大比例的居民要在这些过程中发挥作用,广泛地参与各种服务以符合地方人民的特定需要。税收权要使地方政府确保社区承担责任。提高服务需要的税收,这是社区的价值所在。理论经常缺乏现实,因为,社区中的精英人物会阻碍一定的居民参与,也不可能简单地利用地方资源回应地方需要,在这种情况下,其他层面的治理就会介入。

(二)农村治理的类型

农村治理就像农村经济一样具有多样性,如在表格11.1中所示,治理的很多形式被归为两类:一是一般目的的治理;二是特定目的的治理。一般目的的治理就是回应某个郡、某个城镇和某个城市的一般需要,社区有权增加税收并决定它的利用。州政府可能限制利用某种税收类型,或在税收水平上设定最高限,如在加利福尼亚，1978年限定财产税不超过整个财产"现金值"的1%，这种划分基于评估值。在13号令①之前拥有加利福尼亚财产两年的人，"现金值意味着显示在1975—1976税单上真实财产的评估"（加利福尼亚，州级，n.d.），这些人得到了在财产税上的直接减免，包括房屋、商业和由霍华德贾维斯（Howard Jarvis）纳税人协会评估的田地，总数占到这个州的57%（Fox，2007）。

表 11.1　地方治理单位的数量 2002, 1987, 1962

治理类型	2002	1987	1962
地方治理总数	87 849	83 186	91 185
一般目的的治理			
郡	3 034	3 041	3 043
城市	19 431	19 200	17 997
乡镇	16 506	16 691	17 144
特定目的的治理			
学校区	13 522	14 721	34 678
专门区	35 356	29 532	18 323

资料来源：美国政府人口普查局，2002。管理财经网：http://www.census.gov/Govs/cog/2002COGprelim_report.pdf

1975年后买房子的人，不管这个房子是新建的还是二手房，都要据当时的现金值支付财产税。财产税年度的通货膨胀调整允许

---

① 加利福尼亚州1978年通过的旨在降低财产税的州宪法修正案13号提案。限制增加房地产税，同时要求1978年之后增加税率以及每年预算必须经过两院2/3的多数批准。在如今美国政治结构中要求2/3多数通过任何事情，基本行不通，因此改变税收结构不可能。

第十一章
农村
治理

等于居民消费价格指数变化的百分比，或者提高 2%，不管哪一种都是低的。若房价下降，评估价"可以反映实际的损坏、摧毁或其他引起价值下降的因素"。这一类型的降低没有百分比的限制。这种财产税的限制实际上降低了地方满足公民需要的治理能力，反映在特定目的的治理如校区上尤其严重。

特定目的的治理是回应社区的特别需要，如学校（见第四章人力资本）、水提供、医疗服务等。这些特定的领域常要提高税收以覆盖其开销，但一般要通过收费或财产税。税收自由常被州的管理严格限制，但还能通过用户付费提高收入，水的服务也一样。

在经济发展的名义下，其他税收特权如税收增长金（TIF）也会限制管理支持提供服务的能力。税收增长金是一种工具，常用于大城市降低或消除有破坏性的因素，促进改善并提高每一分区的税收基础。TIF 提供再发展资金，但如果没有政府投资的支持，它不会产生。这种工具让城市着迷于提高州及地方固定财产，以及来自于再发展的销售税，这对 TIF 资金也是有用的。这就要求城市要为每一领域起草再发展计划，确定能否使用 TIF 资金。然而，改变税收的方向意味着特别目的的治理如学校、医院在 TIF 使用期间得不到资金支持。

任何一种类型的农村治理的重要性都因区域而改变，州与州之间也不同。在一些州，小城市是最普遍的一般治理类型。西部和南部的大部分地方，由郡提供更多的地方治理服务，村庄和城镇经常没有被包含进去。在西部，郡甚至比国家的某些区域还大，郡的治理本质上就已具有区域特征；大平原各州，小城市和郡要竞争政治地位，经常提供相互补充的服务。新英格兰和整个北部地带各州，乡镇是最重要的一般目的的治理。传统政治的差异和各州法律反映出地方治理的多样性，这种差异也影响着具体性，即地方治理必须与其他权限、市场和社团组织合作。在丹吉尔岛船民的案例中，因为弗吉尼亚州限制了城镇和郡治理的作用，社团就发挥了作用，和其他的管理层面签署协议。然而，城镇努力支持的2020年计划在它的发展目标中是关键的。

三、地方政府面对的挑战
（一）财政压力

农村治理正经历着财政压力的痛苦。当可能的税收下降，而需要的服务要提高质量，这种痛苦就出现了。例如，工厂关闭、失业、财产税收下降，但又要求社区提高服务，如工作培训、福利和住房等，这种痛苦更加剧了。

一些为了有利可图的服务也需要一定量的用户，当社区人口开始下降，用户数量降到服务人数的底线以下，修理成本就必须让更少的居民分担，在某些情况下，地方治理会决定取消某种服务，让它由更高层面的政府来提供，或者由私人提供。如在中西部各州，当农田被合并，农民的数量下降时，城镇把城镇道路的维修转给郡政府。尖锐的财政压力常常引发决策，而在决策中，地方政府也可能会放弃提供各种服务；对更多的路要担负新责任的郡也可能关闭一些道路，限制财政损失。

大部分的农村治理靠地方、州及联邦政府的资金总和来资助。一般而言，农村社区依靠地方的税收大约是整个预算的65%，这个比例自1977年以来一直在提高。自从联邦政府开始削减预算以回应减税、支持美国参与阿富汗和伊拉克战争以来，就更明显了。地方治理主要依靠财产税，常常还需要地方的销售税补充。商业税、用户付费以及其他收入如罚款等可以带来一些极少量的收入，但几乎没有农村的郡或镇征收收入税。

第十一章
农村
治理

　　税收的种类根据纳税人的支付能力来对照，递增税收把一个大份额的税收负担放到了富人身上，递减税收则把一个大份额的税收负担放到了中等收入和低收入的纳税人身上。地方税收一般不会递增，而销售税在所有税收中一直递减，相反，房地产税比递减更反复无常，仅是松散地与支付能力相关，如拥有自己住房或少量农田的老人固定收入有限，他们却要比事业发达的承租农民或富有的银行家付更高比例的财产税。由于联邦政府资金主要来源于收入税，尽管税收漏洞可能让富人或公司因有好的律师而明显减低了他们的税收负担，但一般而言他们还是积极的。州的资金则来源于交织在一起的或递增或递减的税收。

　　就地方而言，产生税收要依靠地方的经济活动。20世纪80年代，是特别困难的农村治理时期，农田价格下降，能源经济坍塌，伐木业及矿业衰落，全国范围的经济倒退，并伴随着零售业下降。因此，财产税的基础（房地产的价值）和销售税的基础（销售交易）急剧下降，而在同时，联邦政府和州政府转嫁特定的服务给地方，致使地方的财经能力下降，整个80年代和进入21世纪，地方治理实际经受着尖锐的财经压力。克林顿执政的8年，财经压力不断扩大，2001年第三季，经济下跌，由美国国家安全部制定的安全措施费用（2002）明显减少了州和地方政府预算，很多州政府为与联邦政府收入税相适应，2001年在布什政府的联邦减税一揽子计划下，实施了减税。减税使很多州政府收入明显下降（Sawicky，2002）。如果对高收入的部门永远减税，这种情况将会继续下去。

　　尽管财产税一直是地方政府收入的来源，在70年代和80年代，却变得越来越行不通了。结果，一些农村明显降低了对财产税的信任，但在一些农村（少于2500城市居民的郡），财产税还是占了地方收入的60%。

要提高地方的非财产税收相当困难,几种因素阻碍了农村治理:1. 缺乏专职人员和领导者采用和管理创造性的财金;2. 在一些农村收入相对低;3. 在更小的社区零售部门萎缩;4. 非财产税收被州政府限制(Reeder,1990)。

一般而言,现在资助地方社区的机制不一定有效,特别是农村社区面临下降的经济。地方经济健康状况下降,而对农村居民的征税上升,在支持学校教育方面,这个体制的不平等就更明显。肯塔基州和得克萨斯州过去的法庭上,法官们废止了州的财政支持战略,认为城市和农村学生们的开销存在很大差距。法庭坚持,各州要以一定的方式分配州的教育资金,以确保农村和郊区的孩子获得同样高质量的教育。

(二)更多的责任,更少的钱

1981年,里根总统及其政府大幅削减联邦政府给州和地方政府的资金,并作为主要的政策支持1981年的《综合预算调节法案》。在这个"新联邦制"下,《预算调节法案》把77个类目的资助转变成9种新的由联邦政府给州或地方的大宗拨款,削减了60个规划,砍走了地方服务资金,各州被迫做出调整,以应对下降的联邦政府支持。到1987年,一般收入的份额也被取消了,而一些农村治理要依靠一般收入份额至少占它们资金预算的15%。

除90年代下半年外,州的资助也不能补偿联邦政府资金的下降,按照1996年通过的《个人责任》和《工作机会调节法案》,结束了"我们的福利",此时由于经济增长,州政府有了钱,州立法机关增加了工作培训、交通补贴和儿童健康保险的资金以应对联邦政府砍走的福利和儿童关爱。2001年,经济发展放缓,2002至2005之间,州和地方政府资助主要花费在社会服务方面(儿童关爱、儿童福利服务、就业服务、低收入能源支持以及残疾人和流浪者服务)，现金支持低收入者下降了，实际自80年代早期就开始下降(相比联邦政府福利滚动人口数的下降，1996年，由州和地方政府提供的现金支持实际开始下降)；另一方面，非联邦政府给低收入者的健康花费（大量是州的医疗费）自1983年以来快速增长，从每个穷人不到2000美元增加到7000多美元。这种增长主要是因为整个社会健康成本的增加。

联邦政府责任在农村发展中的下降使州一级政府努力提高地方经济发展的责任增加（Brace, 2002）。2003年预算年和2007年预算年之间，主要为农村社区发展或经济发展规划的联邦政府资金（由美国农业部、环境保护机构和健康与人类服务部管理）下降了8%。如果布什政府2008年的预算被采纳，从2003预算年起下降了28%。今天大多数州都有经济发展规划，但除非这些规划包括农村发展的成分，否则农村社区得到来自州一级的资金更少。城市的商业利益经常控制着州的规划，此外，很多州的经济发展规划只关注工业招募，但对较小的农村社区而言，它实际只适合大城市以及区域贸易中心。

从国家的观点看，州的工业政策像是一方得益、一方受损的游戏，为了工业公司，一个州会袭击另一个州，而这些不一定提高整个工业能力，或是扩大净就业的机会。他们只是简单地把工作从一个州搬到另一个州。由于没有采纳合适的政策倡议来鼓励新的就业和打击跨州境的工业袭击，联邦政府实际抛弃了经济发展。

（三）多重的治理结构

在农村，为了有效地传递服务，地方治理的每一个组织提出很多具体的问题。在一个社区中，各种一般的和专门的治理可能发生冲突，另外，需要的服务类型也会逐渐变复杂，有时还需要更高的技术，地方官员处理这些问题的能力有限。几个例子都说明了这些问题的特征。

在鼓励区域合作中，联邦政府和州政府创建区域管理园区。1965年的《地区法案》创建了一系列的区域园区和跨郡园区，通过这些园区，从联邦层面上支持地区发展；另外，州也制定了跨郡战略以传递广泛的服务如区域规划、固体垃圾处理、身体健康及精神健康、老年人服务等。一般说来，这些园区之所以被创建，是为了使用联邦政府或州分配给地方社区的资金，或为了实施基于联邦或州资金要求的方案和计划活动。在很多州，这些区域治理因治理委员会而广为人知，他们能够为小的社区提供所需的技术专业知识，如怎样获得赠款、怎样招聘顾问；治理委员会还提供与外部联系的信息，无论是人力、资金、社会、环境方面的信息，还是政治方面的信息。然而，治委会不与社团联系，只依靠小范围的市场活动者提供服务。

另一方面，这些区域园区与地方政府结合，创建了极复杂的结构来满足社区需要，显而易见，当地方和区域双方要解决同一种需要时，即产生了冲突。多样而重叠的机构也导致所做的工作被分割，最后可能并不是整个社区的需要。如，为提高经济增长，一般目的的治理可以用代表工业或商业的浮动TIF（Tax Increment Financing，税收增额融资）债券，以吸引这些企业或商业。债券的生命期内，任何税收的提高都倾向为新来的公司清偿债券。提倡创建TIF园区的地方治理实际放弃了提高税票。逻辑是如果不怂恿这些新的商业或工业公司来，一般和专门的治理就没有税收的钱花，因为税收基础没有增加。然而，当新公司生产需要更多的公共服务时，摩擦就来了。大量的学校区要依靠财产税的收入才能运作，然而学校并不参与一般治理目的的决策。降低或放弃地方工业财产税的决策虽然有助于提高地方经济发展，但它对地方学校却有害。

例如，堪萨斯州的曼哈顿城市委员会使用增值税金支付城市负担费，建设城市商务中心，它设想商务中心的发展会引起财产评估的上升，增加的收入可用于清偿用于建设商务中心的债券，商务中心建成2~3年后，公民意识到，增值税金限制了扩大学校预算和提升街道满足新需要的能力，因为增加的税收已被转到用于建设商务中心的债券上。这就是一种地方治理——城市委员会，它作的决策影响了另一种地方管理——学校。

（四）支撑农村的治理

民选的官员只会得到象征性的酬劳，因而需要有另外的收入，这经常形成小的治理。用地方税收付酬的市长可以由城市邮政局局长担任，市长薪水由联邦政府支付；也可能由地方灭火队主任担任，没有酬劳。相对于他们的城市同行而言，农村治理更多地要依靠公民自愿，因为公民反对付酬给任何选举和委任的官员。

农村官员除了投入有限的时间外，还面临着很多问题，有时候等同于大的管理机构面临的问题。专业网络和协会有一些帮助，但农村官员较少能参与这样的组织，从州一级机构来的顾问委员会和技术支持经常提供信息以帮助作决策，也会提供培训，提高政府管理。如宾西法尼亚州的小城市从资金投入到农村发展，每一个方面都得到培训和技术支持，提供支持者包括州社区事务部、城镇监督协会、联合拓展服务部、自治协会、大学和学院、私人顾问、周边城市以及宾西法尼亚经济联盟会等。

在地方治理中，小的城市委员会主要依靠少量的顾问和专家，他们可以得到付酬的管理和咨询工作，这些人包括城镇职员、城市代理人、郡的工程师以及城市的财务主管。这些人对社区极有价值，但他们在决策过程中，经常不按规则做事。例如，城市或郡的代理人及工程师，其行为像是社区的监督者，因为他们经常排斥技术专家，关于某个问题，这些人也限制分享信息，或决定去外部找其他资源；一些专家会花更多的时间在地方的事务上而不会花在选举官员上，因为他们拿地方的薪酬，因此，带薪的技术人员一定程度上取代了那些毫无经验的地方官员的政治控制。

四、提供公共服务：一个合作的样本

农村治理面临着共同的问题：用有限的资源提供一定水平的公共服务。对所有的农村社区来说，这个问题是普遍的，不管它们正经历着发展还是倒退。人口增长的社区必须为更多的人提供服务，事实上税收很难与增长要求保持一致，人口下降的社区面对越来越削弱的税收基础和来自州及联邦政府别别扭扭的支持，也要处理提供持续服务的问题。贫穷的社区有极少的税收基础用于提供任何服务，然而这些社区也包括大量需要帮助的人们。

地方资金损失和服务的问题是广泛的。学者理查德（Richard Rathge, 2002）建议，要成功地挽救农村和偏远的郡县，就要依靠"合作冒险，即：培育和提高政府不同层级或组织的合作"。然而，尽管重要，这种合作还是要依靠联邦政府的法案。当自下而上进行组织，而不是州或联邦政府所要求的，这种内部权限的、跨部门的合作会产生吗？

农村的特别挑战还在于提供饮用水，要符合联邦政府洁净水法案的标准。在农村，水的提供常常因安排而被分割，使拓展时期继承下来的事实还在发挥作用。密苏里州西北部水的合作过程就说明，在使用现存的资产时，参与过程怎样在提供关键服务中发挥作用。

工作开始于 2005 年早期，密苏里州的一个地方在过去 10 年里人口和收入增长，但现在却面临着水的危机。来自 5 个郡县的委员们集中在一起，试图组织跨郡的水系统。密苏里自然保护局（DNR）

很关心区域内水的质量和利用,参加了郡委员会在3月举办的会议,7月,郡委员会在杰弗逊市与DNR会面,被告知如果他们能够包括西北部的另12个郡县在内,并起草一份地方性的区域推动计划,他们能够获得州的项目支持。

郡委员的扩大组织和热心的市民使该组织接受了这一挑战,在密苏里州合作拓展部和密苏里州立大学的帮助下,11月,他们举办了一个广泛参与的区域会议,讨论饮用水的问题,会议得到DNR的支持。网络也在扩大,现在包含了市场活动者和社团活动者以及州的各种管辖部门,召开多次会议以后,郡委员会提出了一个任务:密苏里西北部水合作是地方和区域利益共有者的联盟,一起工作以确认长期的、可负担的、高质量的密苏里西北居民水提供计划。利益共有者决定,水是达到区域合作目标的基础,围绕水的联盟有助于加强区域认同感。任务明确后,DNR另外资助的一个计划也开始了。首先,组织人员为83个供水、处理水和分配水的地区绘制资产图,据此,到2006年11月,开发了7个可选择的方案。围绕这个区域,扩大组织了12次城镇会议,200多人参加了会议,其中一个大量利用现有地方资源的方案获得通过。

真正的治理必须有参与,必须通过提高地方水的知识提高人力资本,因此,郡委员会作了大量的努力,和公民一起分享现在的水提供、水的真实成本、水的经济影响和满足水需要可能的区域合作方式等信息。信息分享的结果是合作参与的提高,因为公民认识到了一些地方特别缺水。

DNR要支持选择计划的可行性研究,它要确定输水干线的路线、成本、可选择的财金机制,包括涉及的私人投资者。作为合作的部分,所有的水公告板要有合适的地方展示,密苏里合作拓展部提供有关法律、协议、职责和责任、道德准则、运作维护、设置比例、公众教育、消费服务、系统的弱点和预警回应等的培训公告。在提供社区服务方面推动从管理到治理，就要依靠投资人力、社会、政治、金融、建设资本以及自然资本这些基本的资源。但最重要的是需要文化资本的改变，即区域认同观和信任合作，它比任何一个社区单独行动更有效益。

合作说明了有效的农村治理的关键原理：跨越多个部门，从州（或郡）启动，形成社团组织（密苏里西北部水合作组织）；市场活动者介入，但他们肯定要作为投资人或资助人介入。

五、维护公民参与

贝维尤社会公正公民组织(BCSJ)，由该组织的主席爱丽丝领导，在弗吉尼亚州发动了改善社区的运动。BCSJ由社区成员构成，他们是代表这一地区提高基础设施的积极分子。

贝维尤（Bayview）是弗吉尼亚东海岸的一个城镇，建于奴隶买卖时期，在过去，有独立的渔业和农业。这个城镇曾经繁荣过，但是当那些工业萎缩后，这个城市骤然跌进极端贫困中，这种状况延续了100多年。直到1990年，贝维尤的居民，一批这个城市最初建设者的后代，他们一直生活在沥青铺建的棚屋中，大多数没有自来水、室内管道及供热设备。街道很脏，室外的座位和地被肮脏的下水管道覆盖，春天大雨时脏水渗漏到地下，居民们甚至在污水中洗衣服，因为城市里所有的水都被污染了。井水也需要替代，大部分人对冲厕所这类事毫无办法，一些居民使用公用厕所，有时候6个人用一个厕所，在水桶中洗澡是常事。城市里的工作不稳定，大多数人只有季节性的工作和外出打工，年家庭收入10000美元。很多居民要依靠粮食和水产品加工工作，每个月可多增加收入45～50美元，然而，这些工作还远离城市，要花1个钟头或更多的时间才能到达工作地点。

1994年，弗吉尼亚有关机构想在这个城市附近建一个最大的监狱，尽管监狱可能提供425个岗位，但它也可能会破坏居民的家和环境，包括社区景观。BCSJ由此形成，并努力反对建监狱，他们获得了成功，监狱没建成，但CBSJ改善社区的运动仍在继续。组织决定把运动转向与贫困和不达标的住房作斗争，并从环境保护局（EPA）获得了20000美元的支持制定社区计划、消除不达标住房。这项支持用于支付给技术顾问报酬以帮助组织和居民起草计划，这个计划将改造这个城市，使之成为过去的样子，有零售商店、教堂、邮局、私人拥有的住房、出租的建筑物以及别墅等；另外，要建盖50～100户经济适用房。

在这一改变的过程中，州有色人种协进会（NAACP）委员会付费参观了这个城市，委员们为他们所看到的东西感到羞愧，宣告这个城市的毁灭，并称居民是"当代种族隔离体系"的受害者。郡管理者反驳这些陈述，他们认为，这个城市有问题，但不是种族隔离体系，做了这个陈述几个月后，州长考察了贝维尤，说：情况很糟，需要立刻关注，是把球滚起来的时候了。

BCSJ继续做它的工作以激活这个城市和经济。它与地方和州的商业形成联盟，恳求100多名地区居民参与，获得了美国农业农村发展部、弗吉尼亚住房与社区发展部的赞助和贷款。

重建城市计划期间，EPA和地方自然保护处与BCSJ组成团队，在一年里举办了10次研讨会，很多研讨会的形式是野营、音乐会、聚餐，它要激发参与者的社区观，讲故事也常用在这类聚会中，它鼓励参与者获得社区的历史和文化观。在讨论会期间，设计思想被激发，决定建盖连片的住房，沿着城市边沿可以使更大的空间被保护，组织还买到158公顷的土地，建盖经济适用的出租公寓、单身之家，一些重要的基础设施也将被建设。修订公寓的租住费，不得超过居民收入的 1/3，挖了新的更深的井，这样家庭有了洁净的饮用水和其他用水。

下一步的发展是要为城镇居民创造商业发展，因为，现在他们住在一个安全的、好的物质基础设施的环境中，是发展商业的时候了，社区正准备建儿童关爱中心、社区中心和洗衣坊，以服务当地居民。

六、经营区域资源

1987 年，在南卡罗来纳州的阿布维尔（Abberille），一场大火毁灭了一家有名的古董店，这家店相当吸引游客。事件发生后，这个城镇认识到了巨大的旅游损失，税收损失对社区也有很深的影响，居民认识到他们必须采取行动，社区决定与南卡罗来纳州的公园、娱乐与旅游局（SCPRT）联系，以获得帮助。过去，这个城市的经济成分一直是农业、制造业和旅游业的混合体，但农业基础地位下降，引起了税收转变；地区制造业尽管稳定，但不能为社区周边的商业提供足够的财富，如果没有另外的收入，这些商业不能生存。如果城镇旅游业能创造吸引力让人们到这个社区，那么极可能提供新的财源。古董店的损失沉重打击了这个城镇，居民们不得不想另外的办法吸引游客到这里来。

从 SCPRT 来的琼（Joan Davis）开始与地方居民一起工作，探讨资源开发问题，他问居民：当这个城市求助时他们看到了什么？什么变化引起城市人口数量的下降？很明显，对这一问题的回答就是城中的古董店。SCPRT 是"友好型的管理购买者"，它的代表为技术支持和资金支持地方倡议找到了新的思想和研究机会。他们从其他机构和组织请来专家，提出社区旅游规划，规划包含了地方居

第十一章
农村
治理

民对自然、文化、历史资源的评估。同时，他们尽力找一些新的方法开发这些资源，形成新的产品，创造吸引力，把游客带到社区。SCPRT 让居民看到了怎样使社区已经存在的资源资本化。

阿布维尔的领导者邀请郡的相关人士参与他们的区域旅游规划，通过项目给居民真正的业主观，居民还向领导人提出想法，并付诸行动。社区成员的热情和支持对 SCPRT 是明显的，它使项目获得了成功。

1991 年，开始了包括保护文化资源的项目计划，同时又要产生更多的旅游收入。每个农村社区要开发和实施综合的文化规划以反映它们的多样性，这些规划将变成社区经济发展战略的总体部分。每个社区要有它的特别故事，展示它自己特殊的文化、自然和历史资源，这涉及到四个步骤：组织、记录、开发和提高。其中的思想是使每个地方都变成一个生动的博物馆，讲述南方开发的故事。这个规划也说明了包含在农业中的经济史与社会史（特别是棉花）、革命战争、纺织制造业、美国内战、教育、水权、城镇办公楼和社区发展。南卡罗来纳州艺术委员会给这个组织一项资助，开发演示项目以展示经济发展和文化发展之间的联系。1996 年，南卡罗来纳州的"遗产走廊"被国会决定作为国家遗产检索区，是全美 20 个中的一个。

"遗产走廊"，正如项目所称谓的，延伸 240 英里，包括全州的 14 个郡县，项目中的很多社区类似阿布维尔，在那些社区，由于人口减少和经济基础受损，经济正在下降，近几年，联邦政府的计划也在减少，所以这些城市不得不抓住一些东西使之变化。这类项目希望，遗产型的旅游业通过提供小城市和农村地区一种战略，使各类资源经济价值资本化，由此引领经济的发展。这也为在经济上受到打击的农村提供机会，运用管理技巧和周边城市的基础设施繁荣潜在的历史吸引力。

　　遗产型的旅游业促成景点连成片，城镇组织共同改善他们的经济状况，沿着走廊，在每一个区域建设探索中心，游客对此很欢迎，因为中心提供区域信息，也提供各个区域唯一的解说主题以及整个走廊联系在一起的主题。遗产走廊的四个区域包括山湖区，淡水海岸区（包括了阿布维尔），河流、铁路和十字路口区，洛康特利区。如包含阿布维尔的这个区域，研究社区对南卡罗来纳州和国家政治的影响，这个地区对州农业发展史的影响，当地的历史学家指出同盟军在这里诞生和消亡，第一篇脱离同盟军的文章在其中的一座山顶上被宣读，所有这些都引导着游客对政治史的关注。另外的资助和投入被用于建设淡水海岸探索中心，它在2001年完成。

　　沿着走廊也有丰富的娱乐活动，如沿着艾迪斯托河的划艇游，这是在阿布维尔最好的一种娱乐。整个走廊区还关注口头史，讲过去的故事，听过故事的人都会相信这是一个真正成功的冒险，因为它是老百姓努力的结果，每个人尽力积极进取，保持自己的城市经济繁荣。

　　2001年，400万游客游览了这一走廊，旅游高峰区达到了1720万，每年，游客在南卡罗来纳消费83200万美元，给地方和州带来超过4800万美元的税收。最近SCPRT研究表明，来到这个州参加节日、参观博物馆和参加各种文化活动的游客在历史景点区度过的时间比其他游客多60%，这也带来了另外的70万游客到这个州。研究还得出结论，文化走廊带来1200个全职的岗位，3000多个兼职和临时的岗位，都与旅游业有关。仅在阿布维尔，就有几个历史景点，当然其中的一些也可能在走廊项目中被忽略了，如1908年建的歌剧厅。

　　对社会学家而言，最大的问题是市场、国家、社团的具体网络

第十一章
农村
治理

怎样激励地方社会健康发展。没有人质疑对清洁水或适当食物的需求，疾病和营养不良的孩子不能有效地学习，也不能开发将需要支撑他们自己和家庭的技能。尽管治理可以被集体发展经济的渴望所激励，但正如从丹吉尔岛和密苏里西北部的案例中看到的，围绕许多具体而迫切的问题来看，经济发展可能只是一个提倡合作的副产品。

本章摘要

治理涉及调动社团、参与形式、公私伙伴关系及建立治理机制。它需要从国家官僚主义和常规机制中转变过来，作为合作与决策的中心，它的崛起提出一个重要的问题，较之以管理为中心的地方政府来说，治理是关于选择组织同盟的执行情况。尽管在作决策和实施决策中，各种管理发挥了主要作用，但治理比管理更丰富。

治理提供具体的机制，用这一机制，社区成员参与地方决策、找到创新方法、提供服务和社区设备、联系地方资源满足地方需要。

在农村发现，治理包括很多形式的地方管理，一般目的的治理是创建对郡县、城市和城镇一般需要的回应。特定目的的治理是创建对社区特定需要的回应，如学校、水提供和医疗服务等。兼职官员和公民志愿者经常支撑着农村社区的治理。

为此，成功的农村社区不仅要有地方治理，也要与其他地方的治理联系以及更高层面的政府联系。这些联系是治理的一个重要部分，经常被公民社团组织催化，或被认识到需要系统变化的公司催化。

因为资源有限，大多数的农村治理光靠自己行动，难于提供适当的公共服务，通过托管一定的服务，州和联邦政府会要求地方资源匹配这些服务，而社区并不需要这些服务，这导致各种一般目的和专门目的的治理回应地方社区需要的冲突或分割，或者他们能战胜地方势力的自然保护，合作提供增值及效益。大部分农村治理面临财政压力，这个压力除了来自于提高地方服务的要求外，还来自于有限的税收。对包括市场和社团组织的各种管辖部门来说，拓宽决策和责任能帮助农村治理提供服务和提高公众参与。

关键词

联邦制。是一种管理制度。通过这一制度，各州被统一在中央权力下，但同时也保留州的一定的权力，如税权。

财政压力。农村社区增长的服务要求面临有限的税收基础时，财政压力就出现了。

一般目的的治理。使用这一治理回应郡、城市或城镇的一般需要。

专门目的的治理。使用这一治理回应专门的社区需要，如：学校和水提供。

税率递增。把更大的税收放到富人或公司上。如当支付一定比例的收入作为收入税时，它随一个人的收入提高而提高。

税率递减。把更大的税收放到极少能付税的人身上，销售税会因收入提高，变成一种越来越低的收入份额。比起穷人，富人会把更多的钱存起来或用于投资。

税收增值金（TIF）。是一种基于某个地区税收提高后的资金。例如，一个城市可以划定特定地区，用预期增加（增值）的房地产税收支付新的基础设施，如道路和下水管道。

参考文献

Au Sable Institute for Environmental Studies. "Our Mission." Online; available: www.ausable.org/au.ourmission.cfm; accessed

September 9, 2007.

Brace, Paul. 2002. "Mapping Economic Development Policy Change in the American Street." The Review of Policy Resarch 19: 161-178.

California, State of, Legislative Counsel. N. d. "California Constitution: Article 13A.[Taxation Limitation]." Official California Legislative Information.

Online;available: www.leginfo.ca.gov/cgi-bin/waisgate?waisdocid=348275 5718+20+0+0&waisaction=retrieve; accessed September 9, 2007.

Fox, Joel. 2007. "Propostion 13: A Look Back." Howard Jarvis Taxpayers Association. Online; available: www.hjta.org/content/ARC000024B_Prop13.htm; accessed September 9, 2007.

Gais, Thomas, Subo Bac, and Lucy Dadayan. 2007. "The End of Post-Reform Growth in Social Services: Social Welfare Spending by State and Local Government, 1977-2005." The Nelson A. Rockefeller Insititute of Government. State University of New York, August 9. Online; available: www.rockinst.org/assets/F4E87BAF-B424-4AD0-821D-24C5F7B54105.pdf; accessed September 8, 2007.

Office of Homeland Security. 2002. National Strategy for Homeland Security. Washington, D. C.: U. S. Government Printing Office.

Online; available: www.whitehouse.gov/homeland/book/nat_strat_hls.pdf; accessed September 9, 2007.

Rathge, Richard. 2002. "The Changing Population Profile of the Great Plains." Unpublished Paper.

Reeder, Robert J. 1990. "Introduction." Local Revenue Diversification, Rural Economies(March):1-6. Washington, D. C.: Advisory Commission on Intergovernmental Relations.

Sawicky, Max B. 2002. "U.S. Cities Face Fiscal Crunch: Federal and State Policies Exacerbate Local Goverments' Budget Shortfalls." EPI Issue Brief, no. 181(June 13). Washington, D. C.: Economic Policy Institute.

Online; available: www.epi.org/content.cfm/issuebrief_ib181; accessed September 9, 2007.

Stark, Nancy. 2007. "Eight Principles for Effective Rural Governance----And How Communities Put Them into Practice." Lincoln, Neb.: RUPRI Center for Rural Entrepreneurship. Online; available: www.rupri.org/coreprogramviewer.php?id=33; accessed September 9, 2007.

U.S. Census of Government. 2002. "Government Finance."

Online; available: www.census.gov/govs/cog/2002COGprelim_report.pdf; accessed September 9, 2007.

第十二章 促进农村变化

爱尔马是爱荷华州东北部霍华德（Howard）郡的一个宁静的城镇，尽管人们收入低，但房租也低。城里大多数是已婚的人，夫妻都有收入。几乎半数的工作者要乘车上下班，单程要花上半个钟头。通过爱荷华州立大学拓展部（Iowa State University Extension），地方领导了解到了西北地区基金（the Northwest Area Foundation）的高水平计划（Horizons Program）——帮助农村社区反贫困。社区代表参与了计划介绍会，意识到与机会联系在一起的是要保证有大量的时间。他们签署了这个计划。高水平计划是一个18个月计划，需要5个部门参与，社区必须在规定的时间内满足各个部分的进展以达到高水平计划的各个目标。每一个部门要有助于加强社区的功能和成就，除了参与介绍会外，各个阶段还包括：

1. 关注贫困社区的对话和行动计划。这个部门在两个月的时间内需要花12小时，至少要有30个人参与，或社区人口的2%参与。对社区而言，这一目标要了解贫困现状，社区能做什么。社区建设自身的能力有更多的人参与、越来越具有战略性时，它才有发展的势头。

2. 领导者建设采用领导人培训方式。在这一部门至少花30～40个小时，25个人参与。这是一个普通的部门，因为它是实际的，每个社区成员都可能成为领导。

3. 社区设想与计划关注领导能力的提高和反贫困。社区中要有15%或更多的人参与。

4. 理想的实施。当爱尔马镇把他们的计划投入行动时,爱荷华州立大学拓展部提供了社区支持、指导和其他资源。西北地区基金资助10000美元给那些做完所有计划部门的社区。

社区对话期间,采用专门设计的循环学习指南,关注建设繁荣的社区。社区要保证在每一项活动中,一些资产很少的人也被考虑进来。他们也要估量社区资产,用于促进社区所有公民的繁荣,也包括检视所有的社区资本。在对话中,他们发现社区有大量的资产能使整个社区繁荣,他们也能再重组资产,包括社区基金,以达到目标。

虽然很多人急于工作,制造业方面的工作以及家庭护理方面的工作也能找得到,但在乘车上下班的区域范围内,31名雇主中的一些人促进了多样的社区转变,但都没有包含儿童关爱。三年分两个阶段建设学龄前儿童中心,以衔接社区学校的计划,从社区学习循环活动计划中被提取出来。使用循环学习者的社会和政治资本,公民能够调动金融资本。社区获得了92000美元的资助,其中,通过美国农业部农村发展基金,社区获得50000美元,从教育部获得10000美元的学校特别基金,10000美元来自于社区自筹,22000美元来自学校。第一阶段能产生30个岗位,第二阶段能产生20多个岗位(总共50多个)。由于评估了社区的建设资本,他们定出了一个可行的建设费用,让儿童关爱中心在一年内建起来并开始运行。

在对话过程中,他们也发现,城中70%的年轻人得到免费的或低价的午餐,很多孩子上学不必带任何东西,学习用具也由学校提供,也接受自愿捐赠。通过提供学习用品给每一个人,收入较少的家庭也不会感到害羞。

循环学习也反映出家庭对健康娱乐的强烈要求,但社区缺乏家庭能负担得起的活动设施。牢记社区要合力工作的方法，循环学习的参与者们开始在夏季每隔一个星期就在公园里提供免费的音乐和电影。聚会场所还提供地方与新来者见面、举办欢迎仪式。

为给年轻人提供安全而免费的娱乐，社区申请并从土地与水保护基金处获得45200美元的联邦政府资助以改善公园，地方也匹配了资金，大量来自社团组织，包括霍华德郡社区基金、爱尔马地区社区基金、开发爱尔马地区联系组织、福克斯公园改善基金，以及企业的、特许销售业的和爱尔马的城市基金。

当社区进入项目的下一个阶段时，高水平计划随着感兴趣的志愿者而扩大，指导委员会和循环学习的参与者对如此强烈的回应感到惊讶，以前从来不参与的人也主动来参与了，32名循环学习的成员有半数在以前的社区项目中从来没有像现在一样进步快。

影响也在循环学习外部感受到了，曾经对社区抱消极态度的人变得积极了，针对爱尔马的一切需要积极进言，包括委员会成员、学校管理者和居民。正如一名循环学习者所说："高水平计划已打开了爱尔马的视野。"

社区发展在爱尔马出现是因为社区能够识别它的资产，包括整合社会资本和链合社会资本的水平，并用它们来投资；他们也能够调动社区的各个部门通力合作使社区变化得以发生。爱尔马一直有自我投资和社区参与的历史，从而出现了开发爱尔马地区联系组织的活动和社区资金，这样，调动地方网络并形成新的联系就相对容易获得。经济发展是循环学习的结果之一，但并不是项目的主要激励因素。

在其他一些社区，把握变化似乎已经无望，新来者怀着极大的改变社区的梦想搬到城镇，但他们的梦从来没有实现，或者说地方居民关心的是正在下降的经济基础对工业的吸引，这样更降低了成功的可能性。面对全球化、气候变化、变化莫测的市场和国家规则与协议，什么使城镇之间的发展与变化出现了差异？什么是社区发展的构成成分？什么能使这些成分得以发生？一些社区似乎不能有效地应对。

本章关注不同的社区发展理论，它们源于政治经济背景，在这个背景下产生。所有的理论都设想能克服广泛的地方影响趋势，但它们在机构的来源上是不相同的，在什么情况下它们是线性的还是系统的途径也是很不同的，要看哪些资本能投资社区，对社区其他资本的影响和社区三重底线的影响（健康的生态系统、活跃的经济、社会包容），理论设想随后还要说明社区怎样才能实践这些理论。

一、社区与发展

"社区(community)"一词来源于希腊词汇"团体(fellowship)"，团体意味着互动，那么社区发展就意味着生活在同一地方的人们长期以来互动的质量。"互动"既依靠社区，也要贡献给社区，提高社区内每一个成员的生活质量，包括更好的住房、更好的教育、更好的娱乐和提高文化修养的机会等。社区发展概念的核心是集体能动性的思想。集体能动性就是一个群体的能力，通常情况下，这些人居住在同一个社区，一起解决共同的问题，为了社区发展和集体能动性得以体现，社区人民必须相信合力工作才能产生明显的效果，集中组织解决他们共同的问题。在整个社区，现有的文化资本经常会灌输一种受伤的心态——事情发生后，除了容忍和抱怨外，他们什么也不能做。他们只关注失意和一些根本没有的东西。

社区发展比经济发展更宽泛。有人提出经济发展要对照社区发展，有两个原因：一是经济发展不一定涉及集体的能动性；二是经济发展不一定促进生活质量提高。例如，在新兴城市，高速的经济增长对社区的发展有消极影响，社区中一些成员的收入可能提高，但犯罪率也会提高，学校过于拥挤，房价飙升，邻里关系下降，大多数居民的生活质量反而恶化；特别是当社区的经济增长靠一个漫不经心的公司来激活，不管这是一个油料公司还是一个煤炭公司、一个娱乐公司还是一个跨国制造公司。

社区发展，要看当地人做了什么来改善整个社区的生活质量，在1990年和2000年经济困难时期，经济发展确实是社区谋利的主要手段，但所带来的就业不足，以及带来的糟糕的岗位种类，反而降低了社区的生活质量。我们现在要看由社区成员及领导为提高他们的集体福利所采用的方法，以及这些方法怎样与集体能动性相关。理查德·弗罗里达（Richard Florida）致力于研究创新经济，即通过吸引高质量的人力资本，鼓励创新，这一工作再次关注生活质量，通过用新的方式组合才能、技术与耐力而获得。在这种情况下，发展目标就是以系统的方法认定和提高社区资产，而不是单一地解决某个问题。

二、社区发展的模式

社区发展的三个主要模式已由詹姆斯·克里斯腾森（James Christenson）在1989年提出，即技术支持模式、冲突模式和自我帮助模式。对此，我们要补充鉴赏调查（Appreciative Inquiry）模式。每一种模式都明确了不同的作用、不同的目标任务、不同的使用者、不同的个人想象、不同的变化观念、不同的核心问题和不同的行动目标。

现有的社区发展理论和实践正面临着实际的、以解决问题为方式的限制，那些理论长期指导着北部和南部的发展工作。二战后，再建欧洲和亚洲，很容易让人相信，解决问题强调转换技术，把钱从发达的地区输送给寻求发展的地区。这一目标就是现代化，采用技术解决人类问题。那么发展就是提供技术支持，包括财金技术、建造技术以及教人们使用技术。一名优秀的社区专家是一名优秀的诊断学家，但不幸的是，通常发现的关键问题就是技术专家要进行技术修正的问题。解决一个问题总是暴露出另外一个问题，因而依赖外部专家被形成模式，还要变得"时髦"——更多地生产、更多地消费，这要求有技术的变化和人们思想倾向的变化。

（一）技术支持模式

社区参与水平低的情况下，社区领导经常要寻找可以带来资源的技术支持。可能要吸引外来公司，雇一名工业招募者，或找一名专家解决具体的问题。

技术支持模式采取解决问题的方式：

1. 确定社区的需要或问题；
2. 分析原因；
3. 找出解决方案，但经常是从外部找；
4. 实施方案。

基本的假定是：提供社区没有的东西和修正不起作用的东西。

技术支持模式强调要被执行的任务，一些地方领导可能决定社区需要儿童关爱，在私下里谈论后，他们会请一名技术专家评估地方情况，并找到有效的方法建立和管理儿童关爱中心。建设它可能需要获得政府资助或找到私人投资者，顾问和地方领导还将决定找资金的办法，建设地点也会在专家指导下被选择。项目的成功与失败是基于现场判断，或是在一个规定的时期内这个中心是否建起来。儿童发展专家将根据技术类别被选择，如果是一名能干的管理者，项目就可能继续，然而，如果雇用的人效率低或不诚实，它也只会提交到城镇领导者（如果是政府拥有）那里或交给理事会（如果是私人拥有），而不会交给儿童关爱中心的用户来修正这种情况，那么有限的社区监督就可能导致有限的社区成功。

这一方式假定对社区问题的答案能依科学规律获得，问题本身就能从技术词汇中被描述，关于大量技术上的具体选择、技术词汇需要有专门的指导。这种方式要求地方居民（希望参与决策的居民）消化和吸收大量复杂的法律和科学问题，这会极大地降低对参与的激励。共同的回应是只有一种合适的技术选择，这些专家应该留下来自己处理它。

另一种技术支持方式的假定是发展应该被评估，并根据事先确定的要达到的监测目标加以评估，达到这些目标不仅重要，它所产生的效率也很重要。成本利益分析是经济学家开发的一种技术工具，确定项目让公众受益的成本比例，是对技术支持方式特别有用的工具。地方公民被看作是发展的消费者，而不是发展的参与者。例如，儿童关爱中心的成功可能由以下方面来决定：是否盈利、地方工人是否利用它、中心的孩子做得怎样、是否提高了劳动力的参与及其参与的规律性和及时性。如果爱尔马社区要评估成就，所有以下的东西都是重要的：金融资本、人力资本和社会资本都要得到提高。只放大一个目标，如利润，它将不会被有效地管理，而要创造多样的社区资本，它才能被有效地管理。技术支持方式不会让自己做这么复杂的检测。

官僚主义最喜欢技术支持方式。因它建立议事日程的能力使这种方式对利用权力最奏效，权力经常能避免特别的问题到达公众讨论的层面，或者为了其他的原因，避免从技术上可能解决的公众问题不被现实的选择所考虑。

政治和技术支持方式彼此联系的一个例子是工业招募。成功的发展机器把工业招募看成是基本的经济发展目的，特别在那些服务与人口都缺乏的地区。如果确认要通过有影响的组织，如城市商业委员会或社区发展办公室产生新的就业，工业招募是唯一的技术选择，那么工业招募就产生了。事实也如此，例如一个正在下滑的社区，在那里老年人构成比例高、转移支付（社会安全、医疗保健、医疗补助以及私人年金和健康保险支付）占社区收入一个很大的比例。比起一个潜在的新工厂而言，被退休人员使用的地方自己的服务发展计划就是保持社区内钱的流通，或许就能产生更多的就业、更大的就业稳定和收入稳定。但在大多数情况下，工业招募获胜是因为老年人收入递增提不到议事日程。再有，一些考虑搬迁的公司要到决策完成才会公开它，他们就只希望与能代表整个社区的某个人打交道。在努力招募工业计划中，所有的事都削弱了广泛的社区参与。

实施技术支持模式，在纯技术支持模式中，一个地方单位，即地方政府和私人部门如商业委员会，请一名外来的专家，要么开发与评估解决特定问题的效果与效率，要么设计有效的方法来执行一定的任务，这是对事先确定的问题实施事先确定的解决方案。后一种情况代表了绝大多数技术支持的专家，专家不对分配的任务提问，也不提问那些问题是怎样确定的，专家只开发解决方案并实施它。

很多时候，地方专家如规划者也能提供技术支持，他们一般会从地方或区域政府官员那里得到命令，参与有效实施规定的任务，但任务是什么则由政治家们保有。马克·朗平（Mark Lopping）、托马斯·丹尼尔（Thomas Daniel）和约翰·凯勒（John Keller, 1989）提出地方规划者为有效的经济发展应该采取的步骤。在这种技术支持方式中，有技术能力的人被请来完成过程的每一步，这是一个线性的、重复的过程：

1）收集信息和数据；
2）确定问题；

3）分析问题；
4）确定目标与目的；
5）确定可替代的解决方案；
6）选择某种解决方案；
7）实施解决方案；
8）加强计划；
9）监督进度和给予反馈；
10）再调整解决方案。

（二）冲突模式

对技术支持模式的批评及它附带产生的依赖性，1960年后期出现在南半球。学者和行动者质疑现代化后面具有因果关系假定，当然他们并不质疑现代化的目标，从革命运动到解放理论、到再分配，这不仅仅只是做大馅饼，当然大馅饼也是必要的。社区发展，意味着要组织受排斥的人分析他们自己的问题和受压制的情况以解决那些问题。主要的工具就是反击，他们要阻止已获得赞同的解决方案。

采用冲突方法，地方权力结构外部的一群当地人聚在一起讨论他们的问题和需要，如地方精英人物提出建高尔夫球场作为经济发展项目，寻求赋权的群体就会发动一个反提案，如建儿童关爱中心，也可能提出创造就业，为父母提供参与成为劳动力的学习方法，为他们的孩子提供关爱和教育机会。特别是为那些不能加入高尔夫俱乐部、课程学习以及绿化费用的家庭，既不请外部专家，也不与地方精英人物一起进行非正常的工作。定位冲突的群体要确定一个潜在的地方，然后与城市委员会和地方业主接触，提出土地是捐赠还是购买。这样组织者要关注建立强大的群体来提出要求。强调缺乏儿童关爱中心是一个重要的问题，特别为那些收入很低的社区成员；

强调关注社区内权力者的责任，即城市委员会和地方业主，在回应社区需要的过程中要有负责任的行动。在另一种冲突模式中，一旦高尔夫球场被建，地方群体就要要求球场为年轻人、少数民族、老年人开放，补助交通费和公共设施费，以便在整个社区范围内，集体的资源得到加强。

在美国，社区发展的冲突方法源于城市，这一方法被阿林斯基（Alinsky）编辑成典。1930年，芝加哥的一个波兰住宅区，以"后院子"（Back of the yards）而闻名，阿林斯基是一名社区组织者。通过与社区中的工人阶级一起工作，确认他们的不公平待遇，帮助他们向城市政府提出特别的要求，这一方法后来扩展到芝加哥、罗切斯特、纽约、波士顿、堪萨斯城、密苏里的黑人组织。自从凯撒·沙维斯培训了阿林斯基的组织后，它成为农业工人联合（the United Farm workers）组织的基础。社区改革组织协会1970年被韦德创建，基于阿林斯基的组织原则，努力工作并提炼冲突方式，全国很多社区的组织者继续使用并不断修正这一方式，包括土地代管计划，它把明尼苏达州的农民、沿田纳西至墨西哥边界殖民区的工业地区基金会组织起来了。

阿林斯基说世界上的任何一个社区都是一个地方，一个政治权力的地方，主要靠即时的自我利益推动（1971），因而，技术支持方式把现有的权力结构看成社区的核心利益，冲突方式则高度怀疑那些有着形式上社区权力的人。

冲突方法假定权力从来没有消失，它必须采用："变化意味运动，运动意味摩擦（Alinsky, 1971）"，摩擦生热。冲突方法的目标就是建立组织，让组织中的人而不是权力通过直接的行动达到目的。既然无权者的组织不能获得货币资源，他们就必须依靠自己的成员。他们的力量只有通过组织的力量才能被认识。

这些组织必须是民主和参与式的，阿林斯基相信受压制的人(他称他们为"穷人"，相对于富人和中产阶级)要通过参与获得尊严。被拒绝参与是"穷人"的核心。从方法上要把民主和参与看成：作为手段而不是终结。社区组织的彻底终结应该是：公平、公正和自由。但是像美国这样一个开放的社会，不能获得民主的穷人组织否定了那些终结。阿林斯基也强调学习的过程，组织应该有意识地努力拓宽范围，教育有助于保护穷人，一旦他们成为有产者、中产阶级，就不会在狭隘的自我利益中行动。

实施社区冲突模式，因为受现有权力结构的控制，一名外来的组织者进入社区常会催化冲突方式，要采取以下的步骤建立长期的、解决多种问题的社区组织，达到地方成员的利益目标并与全州或全国的其他有同样想法的组织联系：

1) 外来的组织者进入社区，通常是在地方群体的要求想要变化时：

——评估地方领导能力，既要看社区内的正式机构，也要看非正式机构；

——分析社区的权力结构，谁有权，他们的弱势和优势是什么？

——分析现状和领域，什么是主要的目标问题，什么冲突引导解决方案，哪种冲突方式取得胜利。

2) 建立组织或是联盟

——刺激外部权力结构要倾听来自社区的不满，既要创造社区领导组织委员会，也要使在家居民的讨论有声音。

——综合这些不满，形成要陈述的问题，为此，有效的战略是邻里家庭会议，为使冲突方式有效，必须一次关注一个问题，当然组织不能只是一个单一问题的组织。过程中关键是组织要挑出一个问题，一个能够取得胜利的问题。

——把问题与组织联系起来。要与现有的公民权组织一起工作，创造新的组织并形成潜在的同盟支持，组织的过程必须提供表达愤怒和战胜恐惧的机会。

3）参与直接的行动

——通过直接行动说明大多数人在一起工作并从传统的权力结构中获得成功的价值，特别是获得立法。组织需要稳定提供公共管理专家雪莉·阿斯坦（Sherry Arnstein）命名的"可传递性"：很快取胜，并从政治和经济机构获取可视的利益。

4）形成组织

——开发永久的组织结构，要有相应的权利，成员在这个结构中参与政策、财金计划，完成组织目标，改善社区。

在农村，特别是在美国中西部农村，与某个邻居的冲突被看成是扰乱和无礼，最有效的利用冲突组织就是抵制外来者，特别要努力抵制核垃圾的倾倒、输电线、学校联盟、排污的工厂等。

这类组织的一个例子是保护坎伯兰山组织（简称SOCM）。SOCM建于1972年，是一个适当付费的会员制的组织，它聘请专业组织者。这个组织位于田纳西西部的坎伯兰高原区，到2002年，已有2000名成员，他们都属于某个郡或社区。

SOCM委员会是这个组织基本的政治单位，它是一个非营利的田纳西平民组织，做与环境有关的、社会和经济公正等地方层面的工作，如森林、矿带、有毒的垃圾问题、税改及消除种族主义。各委员会组织选派代表进入更大的SOCM理事会，或者进入以问题为驱动的指导委员会，如立法委员会，在纳什维尔，它更主要的是游说州的立法者。SOCM理事会及各个委员会都拥有大量的组织权力，计划组织的政治活动要得到专职人员的支持，各委员会必须标明他们已在所确认的问题上积极开展工作，以回应地方社区最初的问题，对"地方队"来说，专职人员的工作要像"指导员"。SOCM 的成功包括赢得了一场耗时 10 年的战争，保护瀑布河（Fall Greek）国家公园避免受到酸厂管道的损害，这个厂得到联邦政府拨给的 61000 英亩的土地，但并不适合建厂，成员们还主办了首届研讨会以抗击种族主义。

肯塔克人联邦组织(KFTC)，是一个有同样结构的组织，在阻止矿带不让土地业主获得权利或发表看法的多次战役中获得胜利。组织形成在广泛的矿业契约中，即 1900 年早期购买土地者能够买成百上千英亩的矿场权。肯塔克人联邦组织通过合法手段，建立了广泛的服务基金并获得松树山周围的土地，当地学校也宣布脱离矿带的限制。2006 年，KFTC 庆祝成立 25 周年。

所有的例子都说明面对外来的公共或私人单位，要阻止一个确实对社区居民有害的项目或政策，依靠来自社区外部的组织以及来自本地组织的支持，是委员会成功反对外部力量的重要因素。

（三）自我帮助模式

自我帮助模式强调过程，社区内部的居民要一起工作，达到组织决策目标，采取行动改善社区。从国际上来看，当精英人物对冲突模式的回应极为有效，甚至更有杀伤力时，自我帮助的模式就产生了。在新自由主义政策下，州一级的财政危机重重，这意味着要削减安全保障计划，重新分配现有资源。

自我帮助过程要建设公民能力，开展集体活动，分享社区的未来观。像冲突模式一样，它定位于体制变革。在建设社区机制、加强社区联系、达到理想社区的基础上，要使变革的过程制度化，社区确实不能更多地调动资源完成这些特定的项目。爱尔马新的免费娱乐就包含着自我帮助社区发展的主要要素，因为把资源放进了合适的地方，加强了社区互动、合作、决策。代理机构成为社区投入的推进者，而不是一些反贫困的知识，他们帮助社区联系技术支持，采取相关行动，评估成本和选择各种利益。

在爱尔马，鼓励儿童关爱项目是因为需要获得每个人的投入，形成适合的委员会，对委员会的报告有所回应和建议。另外，一旦儿童关爱中心被建，它就要成为公共事务的一部分，需要地方参与经营和确认城市政府参与了它的建设和维护。针对农村社区的特征，有大量的假定是自我帮助的模式（Littrell & Hobbs, 1989）。当假定社区机制是错误时，自我帮助作为一种战略是难于实施的。假定包括：1）社区成员要有相同的兴趣，社区发展要有一致性；2）使参与一般化，社区内的民主决策才可能是必然和可行的；3）社区要有一定的自由度，这样，社区活动者才能真正影响社区的命运。

社区发展自我帮助模式的核心假定是：社区是同质和一致的。事实上，尽管"我们都是人民"这一准则在很多农村社区得到支持，但大多数社区在收入和获得其他资源方面越来越有差距，因此，依靠现有地方领导人作为社区组织的一个基础，发展工作从体制上看可能会偏离弱势公民的问题，反过来，这一偏离会增加不平等和贫困以及社区发展活动的冲突。事实上，社区内部的利益也有冲突，正如在第六章中看到的，那就是政治资本。

参与和民主决策对自我帮助的发展模式至关重要，这一模式假定它确实能激励广大的社区成员参与社区事务。然而社区居民如果没有兴趣和激情，也不想介入，参与就不能发生，一些地方居民组织也不会把社区与他们的利益联系起来。如一些农民，他们认为自己的利益要完全依赖政府计划，因而这些农民仅只是在社区里过路，只有在商业组织中才会积极参与，他们关注国家层面而不是社区层面。如果在一个特定的社区没有居民积极参与解决社区的问题，广泛的社区参议可以说就不存在。

第十二章 促进农村变化 355

由自我帮助方法规定的时间保障可能让很多人退出，这就危及到这一方法的进程，即使社区发展一开始的目的达到了，如果参与这个过程的人极少，也不能说发展工作是成功的，这一方法不能解决其他的社区问题，因为不能推进新的互动手段和提高互动质量。换句话说，这个过程不是机制上的，从自我帮助的观点上看，社区发展工作并没有成功。在小城镇，影响利用自我帮助方法的一个障碍是人们彼此认识，因而带来了一个公众态度的风险，有时候，有效的讨论是必需的，但可能会不赞成某个老板、客户或是同事的观点，在小城镇中，这种风险会被放大。

再有，不同的社区部门有不同水平的参与技能，高等教育和专门的工作把那些不均衡的声音提供给社区中更有特权的部门，部分是因为他们有参与的经验，正如在第三章看到的，那就是文化资本和遗产。中产阶级的年轻人被培养了会口头表达和讨论的技巧，要到正面冲突的情况发生（工人阶级社会化的一个部分），他们才可能服从。

最后，自我帮助发展模式假定有明显的社区自主度，然而正如在前几章看到的，农村社区在很大程度上会涉及区域的、国家的、甚至是国际的联系，这些联系对他们有极大的影响。依靠全球经济并不意味社区实施自我帮助的活动无用，理解了全球经济的发展趋势后发现，自我帮助非常重要，自我帮助过程的一部分要包括全球经济、社区内部现在发展趋势的本土教育。

弗吉尼亚州的艾芬豪例子说明了这一点。艾芬豪（Ivanhoe）市民联盟的第一个工作就是控制郡政府的框架建筑以吸引某个企业入驻。沿着这个主要的思路，市民联盟得出结论，成人教育和青年计划对社区更有利。艾芬豪市民联盟一直在努力工作使艾芬豪成为一个让所有居民喜爱的地方，教育计划包括社区成人基础教育／一般发展教育（ABE/GED），联盟将提供专门教育、青年家庭指导、包括指导专业和培养工作阅历、专业发展研讨会、计算机教育和成人识字课。1993年，一所职业教育学校建在艾芬豪市，它提供办公设施和教育设施，成为社区大学的基础，让学生了解矿业时代的资本。

艾芬豪的公民决定他们的社区文化财产和景观财产应该被那些具有积极的社区未来观的人们分享。90年代中期，艾芬豪市民联盟开展社区自愿者活动，现在有17个社区正在培训自愿者，社区服务和社区庆典活动继续发挥着积极的作用。他们主办每年的社区圣诞聚会、感恩节的祈祷服务、欢乐节日庆典以及其他的社区活动。他们还建设社会资本，以确认社区观和建设链合的社会资本以调动各种资源，从地方上为艾芬豪投资，在那里，年轻人和老年人一起繁荣兴旺。

实施自我帮助方式。自助方式有多种方法来实施，最为普及的一种是建立实施步骤，要强调现有的社区发展部门合作拓展服务，这是社会活动的一个过程。这一方法涉及大量的步骤——设想、决定理想的未来和长期目标、广泛参与、确定社区财产、利用这些财产分析可选择的方法达到集体认同、选择特定项目推动社区向未来发展、创造社区保障、计划实施进度、具体的实施和最终的评估。这一过程关注社会资本，一般不涉及政治和文化资本问题。因而，这一过程要大量依靠现有权力机构所建立的议事日程，即有对任何提案的否决权。

当以资源为主导的社区经历了严重的移民问题、失业问题、服务质量下降问题，扩大合作已包含了广泛的社区参与，而不是等着组织出售阶段的到来，要再认识与传统社区领导的密切关系，传统领导人是自我支持的代表；也要明白快速变化的需要，从战略上规划未来的实践。因而一个来自社区的代表组织，就需要建立战略优先和赋权所有参与的方法，或者认真选择来自各个组织和职业的代表，或者为选择的村庄举办城镇会议寻找问题。

（四）鉴赏式调查模式（AI）

鉴赏调查（AI）首先要建在现有的社区资本上：

1）发现社区的资产和什么要素在发挥最好的作用；

2）设想怎样让正在发挥作用的要素变得更好；

3）设计怎样在现有的资产上建设，要达到理想的未来，什么会发挥作用。

基本假定：在已经存在的、正在发挥作用的要素上加以建设。AI作为一个工具一开始是为商业领导者建立更有效的组织，基于发现事物的积极方面和在它周围建立的资产。第一次将AI用作社区发展工具是在尼泊尔。AI包含了很多自助的要素，而且关注社区实力，而不是社区需要。AI关注社区内什么在发挥作用而不是存在什么问题或需要什么。尽管前面的三种方式是通过发现社区的缺陷而定位于改正这些缺陷，但AI要鼓励社区伙伴积极对话，了解对成功有贡献的要素。AI要求面对社区发展转变机制，从共同学习到共同建设，既有专门的知识，也有来自地方的智慧或称"实际知识"。

较之其他方式，AI需要不同的调查形式。确定社区资产，有时要利用社区资本框架，实施转折性的改变。当然这需要考虑现在有什么将在未来发挥更好的作用，以及在过去为社区的利益已发挥了什么作用。

AI强调向其他人学习的重要性：

1）讲故事的作用；

2）需要认识其他人的智慧；

3) 提问中好奇心的重要性；

4) 听故事的价值；

5) 谈话与对话的重要性。

这些工具反复用在"6D"阶段中：

1) 定义（Define）：决定关注什么；

2) 发现（Discover）：发现什么正在有效地发挥作用，以确认社区的积极方面；

3) 设想（Dream）：想象可能的东西，分享那些美好未来的画面；

4) 设计（Design）：找到创新的方式创造未来，关于社区该是什么样的有争议的建议；

5) 传递（Delivery）：实施设计和维持变化；

6) 执行（Debrief）：协同工作，包括分享社区资本变化的检测（积极的、消极的），面对社区未来所取得的进步。

6个阶段能引发一系列新的发现，采纳创新的观点可以促进积极的变化。

AI要求一类新的代理人，即指导员。指导员的一个职责就是确定多样的社区参与者已被包含在6D过程中，就像在爱尔马，目标就是促进繁荣，不仅包括经济状况好的人，也要包括经济状况不理想的那些人。组织中，CEO需要所有雇员参与"AI峰会"，在峰会之前就要彼此谈话，社区参与则要从精神上去说服而不是行政命令。公开呼吁参与将招募到一些总是对市民事务热衷的人，拓展培训的教育者在爱尔马就是指导员，努力工作就是要使爱尔马的居民广泛参与，包括单身的母亲、寡妇、鳏夫、商业领袖、老年关爱工作人员、建筑工人。因此，在学习圈子里，总数32名的人员中有12名是新参加者，若要发现社区核心问题，他们的想法很重要。

尽管AI假定大多数变化的资产来自于社区内部，变化的动力

第十二章 促进农村变化

从内部产生，但大量的经验表明，指导员和促进者的行动也像代理人一样，要确认社区内部资产和激发热情，并把他们与相关的合作者联系起来，获得私有企业的设想（Sirolli, 1999）或者社区的设想（Rubin, 2001）。权力处理的一个部分就是通过社区团队，联系个别的关键资源，如人力资本（技术专家）、金融资本，把单个的链合社会资本转变成社区层面的社会资本。

实施 AI。围绕美国和南半球，AI 要在计划、谋略和监督变化过程中，进行动态操作，具体方式是：

1）以资产为基础；
2）制定 AI 方法框架，这一方法要与人们合作工作和有所变化；
3）确定在社区资本框架中 AI 所处的位次。

社区资本框架（CCF）让社区成员看到一个整体，各类资本怎样彼此互动，AI 使社区成员彼此参与过程，讨论、计划、实施和监督。如果说社区资本代表了必须用于工作的一些东西，那么 AI 就决定了怎样用它们来工作。

分析"家乡竞争计划"（HTC），通过培训年轻人设计建设私人企业的社区，增加财富和创造私人业主及领袖，在尼布内斯卡州，北部中心区农村发展研究中心利用 CCF 确认了三个关键的资产转变（Emery & Flora, 2006）。首先，持续的变化常始于社区外部的新方法，"通俗知识"结合地方的智慧，"专门知识"创造新的社会实践。社区大学在广泛的事务中调动专门的和地方智慧，如北达科他州的龟山社区大学。

当 HTC 开始发挥作用时，二次资产转变就会发生，更多的人了解了新方法，随后的数据也说明了人力资本的扩大，社会资本中的资产也将新的参与者集中到了新的实践中。变化过程中的这一点，也在文化资本中有所反映，可接受的生活方式确实包括了新的实践和人们可能预见到的健康的社区观。居民们讨论有助于他们找到共同点的计划、获得继续教育的权利、鼓励他们寻找新的命运，因此而建设人力资本。他们更关注个人，并支持用含蓄的假定来支持参与者，即，假定个人文化、社会、人力资本的增长将会影响社区的所有资本，如进行大量实践，通过关注学术、社会技能、文化认同，帮助年轻人做好上大学的准备。

在HTC研究中，我们发现一些证据，说明一旦社会资本包含了社区在未来能够和将要负责的内容，支持社会实践的各种资源也会提高，包括金融资本的多样性。新的文化资本还包括要相信社区能对它的未来负责，它有资源采取行动。案例中，我们发现吸引金融资本的实践来自于多样的资源，如北达科他州西廷布尔社区大学中的联盟大学建设计划，以及在夏威夷的一个恒温箱、农民市场和农村健康中心都包括了介绍应用传统文化的通俗知识，由此引导与赋权，培育与社区代理机构相关的新的文化资产，每一个项目还得到了更多的资金，也得到了社区大学的创办资金。

资产图不仅提供现存的社区资产以及那些资产怎样得到改善的画面，它也产生了历史的纪录，显示着不同社区资本的螺旋上升和下降，有助于社区成员理解什么样的社区资本在不同的社区发展过程中是关键的。

在社区建设中，阿尔马的"高水平计划"对螺旋式的上升发展有贡献（见图12.1），研究整个过程发现，最初是架构社会资本，当地方的智慧与专门人才结合在一起时，创造整合的社会资本。第一个项目是通过关注早期的儿童教育、设计儿童关爱中心和书包计划，关注社区学龄儿童的成功，目的是提升人力资本，在建设资本上产生的投资用于儿童关爱中心，这同时还利用了政治资本、金融资本、社会资本和现有的建设资本。计划成功也促进了文化资本，因为社区相信它的能力，能产生整体提高的积极变化。当团队关注户外健康活动（也被爱荷华州东西部食品与健身倡议所鼓励），让社区公园得以改善，那么自然资本也将被提高。调动各类资源以得到这些因素确实还提高了地方、郡、州和联邦层面的政治资本。最后，一旦儿童关爱中心发挥作用，工人家庭的金融资本将得以增加，对区域的经营而言，能提供更多熟练工人，对社区本身而言，经历了儿童关爱中心产生的这一工作，（参看 Trail and Brown, 2005 经济发展中的儿童关爱），积累了经验。

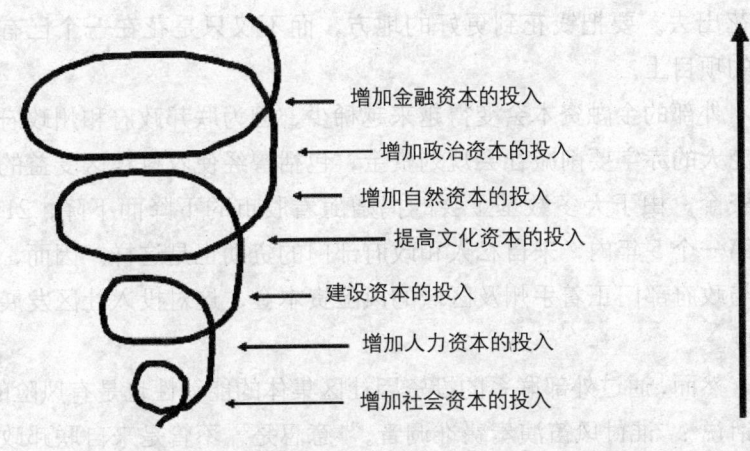

图 12.1　螺旋向上：通过投资社区资本提升繁荣

资料来源：Emery and Flora, 2006, 22

三、影响变化的因素

在社区发展的四种模式中，有两个重要的因素：与外部的联系；规划／设想过程。这有助于我们了解各种模式的差异性和相似性。

（一）社区变化联系

我们介绍的社区发展模式强调获得社区发展的外部资源，在技术支持和冲突模式中，外来者和组织群体是这两种模式的中心；自我帮助和 AI 模式强调依靠地方资源。然而，也要看到，调动地方资源的能力经常也说明了一些控制外部资源的人对自我帮助很重要，因此，在调动地方资源和获得社区外部资源的能力之间要有一个补充。在各种情况下，创造战略意义上的伙伴关系非常必要（Blakely & Bradshaw，2002），特别是外部资源很有限时，这是非常必需的，因为控制资源的人需要保证他们的资金被有效地花出去。要把钱花到更好的地方，而不仅只是花在一个已有资源的项目上。

外部的金融资本会变得越来越稀少，因为联邦政府和州政府面对庞大的赤字要削减社会规划资金，包括曾经使农村社区受益的那些资金。由于大多数基金会的捐赠随着股市的下降而下降，21 世纪第一个 5 年内，来自私人和政府部门的资助也是这样。因而，私人与政府部门正着手州及区域的风险资本金，这对投入社区发展很重要。

然而，通过外部联系的投资因社区集体的能动性也是有风险的，俗话说："谁付风笛演奏费谁调音。"意思是，不管是来自联邦政府的还是来自跨国公司的资金都可能附加大量的条件来传递资本。同时，那些附加条件还会花掉社区比资金本身更多的资源。例如，大量的研究表明，20 世纪 80 年代，免税、基础设施建设和吸引企业的资金投入刺激都没能有效地补偿地方公共投入，为地方创造的财富也相当少。

外部联系另一个重要的类型是丢开集体能动性，这样有很小的等级制度、很少的风险。越来越多的社区与其他社区正形成平行联系，他们面对和处理相似的问题，通过社区组织的横向学习提高联系，也不妨碍集体能动性。社区组织分析自己的情况并考虑选择解决它的方法，经常是社区中的某个成员了解到另一个社区所面临的相似问题，人们之间的交流就产生了，也像组织一样试图找到一种既有过程也有结果的解决方案，也可以提供给其他社区。

例如，当尼布内斯卡州的列克星敦（Lexington）成为肉包装厂的地点时，社区领导与来自爱荷华州丹尼森（Denison）的官员见面，因为丹尼森又开创了爱荷华州牛肉包装厂，又在堪萨斯州的花园市建了最大的肉加工厂。会面了解了这些情况并讨论了潜在的问题，作为在食品业走向联盟的一个公司，2001年，列克星敦肉包装厂要被泰森食品公司收购。由于社区在之前已有了相互联系，他们就能更好地协同工作，理解业主变化的意义。获得社区信息与横向学习有关，特别是当他们共同进入风险时，技术支持能加强维持集体能动性的能力，获得外部资本的手段能提高他们自己的生活方式。

（二）实施变化战略的规划与设想

社区逐渐认识到规划是发展的关键部分，规划可以为任何类型的社区发展提供服务，但是，规划方式根据社区追求的发展模式而有显著的差异。

规划是社区发展技术支持模式的一个整体部分，在这个模式下，最主要的关注是最终的产品，那么规划就能被看成是一张地图，显示那些必须被执行的隐含的任务。负责做社区规划报告的专门规划者要咨询社区，必要时也要与设计者谈话，做调研和介绍社区会议的结论。社区成员要参与整个过程，他们不仅是决策过程的积极参与者，也是做这一决策的信息提供者。

规划者随后要开发一个总体战略和行动计划，这一计划通常由基础推断和理想的经济活动水平构成，以及把这两个方面联系在一起的描述方法。

一旦作出规划，它的实施成分就要成为优先的活动，清除那些没有包含在其中的内容或人。在这种情况下，规划要主张技术思想而不是靠政治解决问题。例如，如果规划建高尔夫球场，在技术支持模式下，极少需要社区广泛投入建设和运作的系列决策。

越来越复杂的社区决策被迫交出大量的权力给城市工程师和管理者，因为他们最有可能得到技术信息，理解那些神秘的技术语言也是他们的专业，税收选择也助长了这一过程。就像在过去，城市或郡的代理人，能够通过说某个提案不合法从而打发掉一个申请（迫使要做事的人或群体必须雇一名律师得出一个可替代的观点，那么个人或群体就要接近更高的权力机构），现在，在社区资源管理中，城市工程师说"这不符合规划"就能打发掉任何申请。此时社区发展的冲突模式就派上用场了。因为社区组织可能转而寻找其他的专家支持。但经常地，第一次的"技术"判断不会出问题，因为技术支持方式要依赖人力资本（多数来自于社区外部，少数来自于社区内部），逐步改善的建设资本和金融资本一般不会与现有的政治、社会和金融资本发生冲突。

社会变革的冲突模式更多依赖于文化资本，冲突总是要通过分享未来的社区观而获得协调。要依靠设想社区曾经存在的东西（更多兼容性和环境友好的），即使是现在的地方也曾经是祖先们生活过的地方。这就提供了未来观，即使时间、地点已经改变，它也要与过去协调。冲突模式首先要建立文化资本，以调动其他资本为了系统而改变。

按照定义，冲突模式是被那些没有权力的人所用，目标与手段之间的关系较之于另两种模式很少观察到，实施目标的战略规划更

第十二章 促进农村变化

加依赖回应的力量,特别是在实施冲突方式的行动前。战略可以每天发生变化。阿林斯基(Alinsky)强调要攻其不备,是对付权力之人的关键,是需要具体而快速的反应,并与事实联系起来。首先,社区组织者必须是建立组织的催化者,这是一个趋势,要对少数人,或是对某个过窄的决策发生影响。在达到组织目标上,组织的长期存在和影响要依靠广泛而深入的支持力量,甚至是对自己组织不利的一些组织。支持力量最好还要通过广泛和积极的参与加以维护。既然社区组织控制的资源极少,如果没有民主决策,参与就要成为维护组织支持力量的中心,可以替代一定数量的财金资源。因此在民主与集权控制之间,紧张关系永远存在于组织或运动中。当组织成功地获得各种资源后,参与和民主可能会下降,除非民主决策的过程在组织阶段有明确的参与,因此,除了设定目标,组织战略是组织利用冲突模式进行规划的一个中心。

自我帮助的模式不会挑战现状,但要基于对理想未来的设想和文化信仰。这是由地方驱动的改变,非常重要。但有一些人认为地方社区不能控制他们的命运,仅只会受影响,因此,自我帮助的模式就包含了具体的要素,更多地根据社区观,而不是一个一成不变的规划。自我帮助社区发展的参与者喜欢不同版本的规划过程,当在更高的参与程度上来操作时,规划不仅要让社区的集体观念得到发展,而且要提供一致认可的指导以达到目的。例如,保障社会活动的方法和结合各阶段分别设定目标和设计实施手段。不像技术支持模式,自我帮助模式要被植入参与方式中。社区成员在参与社会活动或相似活动中能发挥很大的作用,形成目标以及实施目标的手段(具有社区观的社区领导人已经开辟了解决特定问题或规避特定问题的社会活动),广泛参与决定了基本的问题会被问到,但自我帮助规划的另一面是,较之技术支持模式,它明显要花更多的时间。

四、经济发展方式

以上讨论的四种方式是基于社区发展,而不是经济发展。但当农村社区继续受到全球力量的冲击,经济发展就会使全面的发展变得模糊不清。关于需要什么样的经济发展,不同的人有不同的想法,有的人把经济发展等同于提高社区收入;有的人认为是扩大就业的数量;还有的人可能认为经济发展涉及提高人口数量。社区发展和经济发展之间的关系要依靠所从事的经济发展类别,明确多宽、多窄的经济发展和怎样获得成功,这使经济发展的方式有所变化。

(一)公司招募

技术支持模式的经济发展方式是公司招募。假定私有部门要找更好的地方从事经营,他们就要慎重考虑地理上的流动性。1950年至1970年的发展中,公司招募的早期战术很直接,涉及这样一些东西,比如某个地方要发展企业,要通过城市提前进行企业招募。假定那个地方有一系列的优势提供给公司,而公司也发现地方不错,招募就成功了。但到1970年,越来越清楚地看到,尽管合适的大环境适宜国内企业的发展,但社区要想获得成功,他们必须开发成熟的公司招募方式。规划者和社会科学家做了大量研究来看公司当前所在的地方,当他们想选择新地方时,他们要找到什么。

1980年经济下滑,各州各地区发现,一些公司每年都在搬动,他们通常是到海外寻求更便宜的劳动力和更松懈的污染控制,一些公司在美国热衷于重新寻找厂址的竞争也变得激烈了,一些州开始制定广泛的措施吸引公司,包括:赞助、贷款、贷款担保、税收刺激、企业收益债券、增值税金以及州一级企业园区等。当一个州或一个地方提供了刺激,其他州和地方就会感到他们也必须这么做。

1980年，虽然没有宣传，但在州和联邦政府层面上的变化仍然普及开来了，这就是：弱化的劳动力组织。社区用低薪酬作为吸引公司的筹码，事实上，大量高速发展的地区，其公共基础设施的投入和受到赞赏的税收结构才真正能吸引公司，付低酬的工作和工作条件极差的地方，不得不招募移民工人去填充。在堪萨斯州和尼布内斯卡州的肉制品包装厂就是这种企业招募的例子。政治科学家彼得·艾辛格（Peter Eisenge, 1988）指出：这是试图在地方上降低土地、劳动力、资本、基础设施和税收的成本作为供给方的发展。

公司招募的方式最能与技术支持的社区发展途径协调一致。地方政府雇用经济发展专门人才获得建设资本，开发地方税收刺激的一揽子计划，招募新公司，这些计划极少需要平民参与，事实上与广泛的社区参与相对立。获得资助只需要官方的技术知识、步骤，特别是政治联系。最好是秘密地与公司签协议，然后公司就可以搬来社区，公司要保守秘密以使社区之间彼此去争斗。公司认为，搬迁只要对付一个人，而这个人能代替整个社区做主。这种方式打击了广泛的社区参与。

（二）自我发展

自我发展是不同于以公司招募为基础的经济发展方式。艾辛格提出了需求定位的方式，即，寻找新市场和符合新市场的产品，而不仅仅只是提供刺激给想要搬迁的公司，要形成公私伙伴关系，这种关系有助于确定什么样的公司将被公众认定有最大的成功潜力及积极的社区影响。

"需求方"类型对农村社区的自我发展非常有效，这会涉及管理部门，通常是市和郡的管理部门，要与社区内的私有部门通力合作，建立地方控制的企业。国家自我发展项目目标中，农村社会学家简·福罗拉（Jan Flora）、盖瑞·格林（Gary Green）、福雷德里克·施密特（Frederik Schmidt）和克琳丽娅·福罗拉（Cornelia Flora）通过研究工作，确认了一系列自我发展的类型与机制，每一种类型的关键问题是从地方上投入时间和资本，再加上恰当的管理机制、与外界资本和信息的有效联系。尽管在创造就业方面，短期内还不能吸引跨国公司的分厂，但发现参与自我发展的社区有较低的风险和更持续的成功，甚至比公司招募获得成功的社区都好。再有，尽管社区不太可能提供巨大的税收利益或者政府投资的基础设施建设，但自我发展的社区比那些不能自我发展的社区更能吸引分公司。

自我发展要维护地方的经济发展活动，不论是新移民、妇女，还是少数民族，鼓励广泛参与。它也依靠和鼓励社区组织的发展，因为自我发展对社区发展做出了贡献并鼓励参与，这给了社区成员一种控制社区经济命运的感觉。简单地说，它提高了社区集体的能动作用，与社区自我发展形式最为协调一致，通过它，能与冲突方式相协调。

成功的自我发展模式要再组织和调动地方资产（Kretzman and Mcknight，1993；Geen and Haints，2002；Feikema、Segalarich and Jeffries，1997）。已有地方社区资产图的社区和组织意识到了地方资产的力量，这一力量可以作为调动工具把人们召集在一起，正如爱尔马案例所说明的。

社区资产图是发现、了解社区有什么的一个过程，如果做得恰当，这个过程将引起社区成员间新的互动，当围绕一个问题反复思考时，它是最有效的。然而社区资产图还不够，必须要有当地人的贡献，找到再组合的资产以解决问题。内陆领导发展中心、尼布内斯卡社区基金会、尼布内斯卡合作拓展部一直参与制作以问题定位的社区资产图，并把它作为社区活动的基础。

资产图很重要，因为它让社区不受伤害，并认识到通过合作工作能实现社区的变化，这意味着信任地方的人民能推进他们的计划（Alinsky，1946），促使社区变化。当社区的问题被逐一解决或被缓解时，资产图最能发挥作用。农村社区的成功应该是一个学会解决复杂问题的过程，这些问题包括社区内的不平等、政府和私人部门长期对社区投资不足等。

关注资产并不意味着一个社区看不到社会力量的影响，恰恰更要关注经济、提高竞争和改变政府计划。有些人把以资产为基础的社区发展方式看成是要忽略这些问题，但通过加强地方的社会资本，以新的方式调动地方其他资本，更有可能创造一种获得成功的环境。

本章摘要

社区发展是人们做一些事情来提高社区的整体生活质量，尽管社区发展经常涉及经济发展，但它意味着更多的东西。社区发展的核心概念是集体能动性的概念，集体能动性是一起解决共同问题的能力。

社区发展的三种模式说明了改变社区的不同方法。自我帮助关注过程，人们要协同工作达到集体决策并采取行动。它假定社区是同质的和有共同的认同观；技术支持模式关注要完成的任务，利用外来的专家帮助社区完成那些任务。这一模式假定能有目的地得到答案，要使用科学方法；冲突模式关注在社区成员中重新分配权力，假定社区不曾得到权力但还要被夺走权力。每一种模式都引发了不同的社区发展战略。

三种模式中有两个要素很重要，第一是联系，社区需要与外部联系，可以是外部的代理机构也可以是其他社区，产生横向学习；第二个要素是规划，它是发展的关键部分，但要依靠社区发展模式进行不同的探讨。

经济发展是社区发展的一个部分，经济发展战略类型应该与社区发展模式相匹配，两种常用的模式是公司招募和自我发展。为了社区发展和经济发展，在社区内外必须形成新的合作。

关键词

AI。是一个过程，通过这一过程，当社区实施积极的参与时，感兴趣的社区成员或在场的社区成员要立即作出反应。什么能促使事件发生，什么是可选择的未来，规划和设计都要建立在加强社区的力量上，发挥社区的积极性。

资产基础的发展方式。相对于过去的"评估需要"，这一方式现在被大多数社区开发者使用。评估需要是关注社区中没有的东西，并开发一系列希望的项目和规划。资产基础的方式则是联系存在于社区的各种资本，使这些资本与达到理想的社区未来结合在一起。

宽泛的矿业契约。指1900年代早期土地购买者，买走了成百上千英亩的矿权。在那个世纪的中期，当矿业技术兴起，使地表的业主"合法"地得不到帮助以保护受矿带破坏的家园。

集体能动性。群体解决共同问题的能力。

社区发展。人们做一些事提高社区的整体质量。

冲突方法。社区发展的冲突方法关注社区群体间重新分配权力，或与外界重新分配权力。

公司招募。经济发展的公司招募方式，假定私人公司考虑地理迁移时，要找社区资源以吸引那些公司到社区。

未来。"未来"是一个过程，被社区开发者和规划者使用，它集中少数但有代表性的群体评估现在的环境、开发战略规划、根据评估确定优先项，要与规划、组织或社区的任务一致。

自我发展。公私部门一起工作建立地方拥有的企业。

技术支持模式。关注需要完成的任务，利用外来的专家帮助社区完成任务。

愿景。是一个过程，社区开发者和规划者用它与广泛的公民组织一起工作，为社区的发展决定理想的未来和长期的目标。

参考文献：

Alinsky, Saul D. 1946. Reveille for Radicals. New York: Random House.

————. 1971. Rules for Radicals. New York: Vintage Books.

Arnstein, Sherry. 1972. "Maximum Feasible Manipulation." Public Administration Review 32(September): 377-492.

Blakeley, Edward J.,and Ted K. Bradshaw. 2002. Planning Local Economic Development: Theory and Practice. Thousand Oaks, Calif.: Sage Publications.

Christenson, James A. 1989. "Themes of Community Development." In Community Development in Perspective, ed. James A. Christenson and Jerry W. Robinson Jr., 28-48. Ames: Iowa State University Press.

Eisenger, Peter K. 1988. The Rise of the Entrepreneurial State: State and Local Economic Development Policy in the United States. Madison: University of Wisconsin Press.

Emery, Mary, and Cornelia Butler Flora. 2006. "Spiraling-Up: Mapping Community Transformation with Community Capitals Framework." Community Development: Journal of the Commnity Development Society 37:19-35.

Feikema, Robert J., Joanne H. Segalavich, and Susan H. Jeffries. 1997. "From Child Development to Community Development: One Agancy's Journey." Families in Society: The Journal of Contemporary Human Services 78, no. 2: 185-195.

Green, Gary Paul, and Anna Haines. 2002. Asset Building and Community Development. Thousand Oaks, Calif.: Sage Publications.

Kretzmann, John P., and John L. McKnight. 1993. Building Communities From n the inside Out: A Path toward Finding and Mobilizing Community Assets. Chicago: ACTA Publications.

Lapping, Mark B., Thomas L. Daniel, and John W. Keller. 1989. Rural Planning and Development in the United States. New York: Guilford.

Littrell, Donald W., and Darryl Hobbs. 1989. "The Self-Help Approach." In Community Development in Perspective, ed. James A. Christenson and Jerry W. Robinson Jr., 48–68. Ames: Iowa State University Press.

Rubin, Sarah. 2001. "Rural Community Colleges as a Catalyst for Community Change: The RCCI Experience." Rural America 16, no. 2: 12–19.

Sirolli, Ernesto. 1999. Ripples on the Zambezi: Passion, Entrepreneurship, and the Rebirth of Local Economic. Stony Creek, Conn.: New Society Publishers.

Traill, Saskia, and Brentt Brown. 2005. "Increasing the Supply of Quality, Acessible, Affordable Child Care: An Economic Development Strategy for the North Central Region." Policy Brief, North Central Regional Center for Rural Development, April.

Online; available: www.ncrcrd.iastate.edu/pubs/policybriefs.html; accessed September 9, 2007.

Walzer, N., S. C. Deller, H. Fossum, G.. Green, J. Gruidl, S. Johnson, S. Kline, D. Patton, A. Schumaker, and M. Woods. 1995. "Community Visioning/Strategic Planning Programs: State of the Art." RRD 170. Ames, Iowa: North Central Regional Center for Rural Development.

Online;available: www.iira.org/pubsnew/piblications/RETAC_Other_147.pdf; accessed September 9, 2007.

图书在版编目(CIP)数据

农村社区资本与农村发展 /（美）福罗拉（Flora, C.B），（美）福罗拉（Flora, J.L）著；肖迎译. —北京：民族出版社，2011.11

ISBN 978-7-105-11900-4

Ⅰ.①农… Ⅱ.①福… ②福… ③肖… Ⅲ.①农村社区-社会发展-研究-美国 Ⅳ.①D771.283

中国版本图书馆CIP数据核字(2011)第238356号

责任编辑	彭素娥
出版发行	民族出版社
地　　址	北京市和平里北街14号　邮编:100013
网　　址	http://www.mzcbs.com
印　　刷	北京迪鑫印刷厂
经　　销	各地新华书店
版　　次	2011年11月第1版　2011年11月北京第1次印刷
开　　本	880毫米×1230毫米　1/32
印　　张	12.5
字　　数	320千字
定　　价	38.00元
书　　号	ISBN 978-7-105-11900-4/D·2334(汉325)

该书若有印装质量问题，请与本社发行部联系退换

编辑室电话：010-58130917　　发行部电话：010-64224782